DIE ANTWORT DER ENGEL

DIE ANTWORT DER ENGEL

Ein Dokument aus Ungarn,
aufgezeichnet von Gitta Mallasz.

Deutsche Fassung und Herausgabe
von Lela Fischli
mit freundlicher Hilfe von Gitta Mallasz.

Daimon Verlag, Einsiedeln

Bücher und Tonbänder von Gitta Mallasz
(siehe auch Seite 416):

Die Engel erlebt
ISBN 3-85630-014-7
176 Seiten, br.

Weltenmorgen
ISBN 3-85630-025-2
176 Seiten, br.

Sprung ins Unbekannte
ISBN 3-85630-035-X
160 Seiten. br.

Vorträge 1983
ISBN 3-85630-018-X
2 Kassetten

Vorträge 1985
ISBN 3-85630-026-0
2 Kassetten

10. Auflage 1996

ISBN 3-85630-007-4

Dieses Buch ist ein Dokument.
Es ist weder Dichtung noch Journalismus,
sondern ein getreuer Bericht von Geschehnissen,
die sich während der Jahre 1943 und 1944 in Ungarn ereigneten.
Der Leser muss es nehmen, wie es ist.
Oder sein lassen.

Eine kurze Einleitung ist nötig, um Hintergrund und Ausgangspunkt der zukünftigen Ereignisse verständlich zu machen. Ich möchte zeigen, wie alltäglich das Leben war, das meine drei Freunde und ich bis zum Beginn der Gespräche führten – ein gewöhnliches Leben, das aber dennoch eine Vorbereitung auf die Ereignisse zu sein schien, die uns in der Zukunft erwarteten.
Ich war 16 Jahre alt, als ich Hanna begegnete. Es war im Jahre 1923. Wir studierten beide an der Kunstgewerbeschule in Budapest, wo unsere Arbeitstische nebeneinander standen.
Gleich von Anfang an bekundete mir Hanna eine so warmherzige Freundschaft, die mir – aus einer Offiziersfamilie stammend, wo die Parole regierte «Man kann nie genug abgehärtet sein!» – fast etwas zu überschwenglich vorkam. Gefühle zu zeigen wurde als Schwäche bewertet und ein Abschiedskuss rief allgemeine Verlegenheit hervor.
Hanna, deren Vater Pädagoge war, lebte dagegen in der viel natürlicheren Atmosphäre einer jüdischen Familie und zeigte offen, was sie fühlte. Ungehindert dieser Verschiedenheiten entstand zwischen uns während der drei Studienjahre eine tiefe Freundschaft.
Allerdings trennten sich unsere Wege nach den Schlussprüfungen wieder. Hanna setzte ihre Studien in München fort, während ich mich blindlings in den Sport stürzte. Meisterschaften im Schwimmen, Landesrekorde und die Vergötterung, mit der Ungarn seine Sportgrössen umgibt, schmeichelten mir und liessen mich an dieser oberflächlichen Lebensweise festhalten.
Zu dieser Zeit machte ich Lilis Bekanntschaft. Sie gab Bewe-

gungs- und Entspannungskurse. Ihr warmes, herzliches Wesen zog mich sofort an und ich sah bald, dass ihre Kurse deshalb so überlaufen waren, weil ihre Schüler dort etwas fanden, was mehr war als bloss körperliche Entspannung.
Von Hanna erfuhr ich in dieser Zeit wenig, ausser dass sie Joseph geheiratet hatte. Er war Möbeldesigner.
Joseph war ein stiller, etwas trauriger Mensch, dessen blosse Gegenwart jedoch einen beruhigenden Einfluss auf seine Umgebung auszuüben vermochte.
Als wir später im Dorfe Budaliget wohnten, konnte ich dies öfters gut beobachten. Wenn wir in die Dorfschenke eintraten, wo meist mit heissen Köpfen und viel Lärm über Politik gestritten wurde, beruhigten sich die Leute nach wenigen Minuten und wurden friedlich. Das war die Wirkung, die jeweils von Josephs wortloser Gegenwart ausging.
Des Sportes endlich überdrüssig geworden, entschloss ich mich, Hanna aufzusuchen. Sie und Joseph hatten sich in einem Atelier mit herrlicher Aussicht auf die Donau eingerichtet.
Hanna half mir mit viel Geduld, zu meiner künstlerischen Tätigkeit zurückzufinden, die ich in den vergangenen Jahren vollkommen vernachlässigt hatte. Ohne Hanna hätte ich kaum mehr die Freude an der schöpferischen Arbeit wiederfinden können. So aber gelang es uns dreien bald, ein gutgehendes Atelier zu gründen.
In den Jahren 1934–35 war der Antisemitismus in Ungarn schon stark fühlbar. Meine Rolle war es, staatliche Aufträge zu erhalten, hauptsächlich touristische Werbeinstallationen, wobei mir mein Sportruhm und meine Herkunft als Tochter eines höheren Offiziers sehr zustatten kamen. Natürlich musste ich jeweils verheimlichen, dass meine Mitarbeiter Juden waren.
Die Seele unserer gemeinsamen Arbeit war unleugbar Hanna. Sie besass eine grosse, ungewöhnliche Konzentrationsfähigkeit

und Intuition, was ihr erlaubte, jeweils sofort das Wesentliche in der künstlerischen Konzeption sowie in der praktischen Ausführung einer Aufgabe zu erkennen.
Die Probleme des Alltags löste sie mit viel gesundem Menschenverstand, mit treffender psychologischer Erkenntnis und vor allem mit viel Humor.
Hanna hatte schon einige Schüler, die bei ihr Graphik lernten. Eine dieser jungen Künstlerinnen, Vera, erzählte mir viele Jahre später folgendes:
«Die Intensität von Hannas Unterricht durchdrang nicht nur unsere berufliche Entwicklung, sondern unser ganzes Wesen, was einen so grossen Anspruch an uns stellte, dass manche Schüler es nicht ertragen konnten und Reissaus nahmen.»
«Hanna korrigierte nie einen Entwurf, ohne dass wir uns zutiefst betroffen fühlten, selbst wenn es sich um ganz gewöhnliche Werbegraphik handelte. Sie sah jede Zeichnung als Ausdruck eines inneren Geschehens. Während des Unterrichts hatten wir einen ganz anderen Kontakt mit ihr als im übrigen Leben. Sie stellte sich intuitiv auf eine andere Wellenlänge ein und las in unseren Zeichnungen wie ein Arzt in einer Röntgenaufnahme. Dies geschah mit Liebe, Strenge und in erster Linie mit viel Humor. Bevor sie zu sprechen begann, hatte sie keine Ahnung, was sie uns sagen würde. Ja, sie war oft erstaunt, Dinge auszusprechen, die sie vorher nicht wusste.»
«Ich war eine junge Schülerin und hing sehr an ihr. Sie war mein Vorbild. Hanna aber lehnte diese Anhänglichkeit ab. Sie sagte uns: «Nach zwei bis drei Jahren Unterricht müsst ihr den Meister in euch selbst gefunden haben.» Ihr grösstes Anliegen war es, in uns den 'Neuen Menschen' zu wecken, das von der Angst befreite, schöpferische Individuum.»
Unser Atelier ging sehr gut. Trotzdem hatten wir immer mehr das Gefühl, am Rande eines Abgrunds zu leben. Die kollektive

Blindheit nahm täglich zu und die Flut der organisierten Lüge wuchs stetig. Zu gleicher Zeit aber wuchs in uns ein tiefes Bedürfnis, das von soviel Falschheit überdeckte Wahre zu finden.
Diese Umstände trugen dazu bei, dass Joseph und Hanna unweit von Budapest im Dorfe Budaliget ein einfaches Haus mieteten. Wir änderten unsere Lebensweise. Wir arbeiteten nur soviel, als es unsere täglichen Bedürfnisse erforderten. Lili verbrachte jedes Wochenende mit uns.
Das stille Dorfleben begünstigte unsere innere Entwicklung. Meinerseits begann diese Periode mit einem Gefühl von wachsender Leere. Die unerklärliche Erwartung von irgendetwas, das diese Leere ausfüllen sollte, beunruhigte mich tief. Oft begab ich mich auf lange Wanderungen durch die Wälder, um Ruhe zu finden. Ich überraschte mich auch während der Mahlzeiten, wie ich durchs Fenster zum Gartentor spähte, in Erwartung von irgendetwas, das kommen sollte, um mein Leben zu ändern.
Abends versuchten wir jeweils, die Ursachen unserer Probleme klarer zu erfassen. Hannas intuitive Fähigkeit war dabei von grosser Hilfe, aber trotzdem fühlten wir uns alle in einer Sackgasse. Wir hatten die Bibel, die Bhagavad Gita und Lao Tse gelesen. Keiner von uns übte seine Religion aus.
Wir standen ratlos vor einer Welt der Lüge, der brutalen Niedertracht und dem anscheinenden Sieg des Bösen. Aber wir sagten uns, dass der Sinn unseres Lebens irgendwo verborgen sein musste, und wir dachten, dass die Hindernisse, ihn zu finden, in uns selbst zu suchen seien.
Wir beschlossen deshalb, dass ein jeder von uns die persönlichen Probleme, die ihn bewegten, so klar wie möglich niederschreiben solle, um sie nachher besser zusammen besprechen zu können.
Eines Tages, beim schwarzen Kaffee, las ich Hanna meine Aufzeichnungen vor, worauf sie meinte, ich hätte nur altbekannte Tatsachen aufgewärmt.

Das war nur zu wahr und meine offensichtliche Oberflächlichkeit bedrückte mich. Ich stellte Hanna Fragen, die ich mit geringer Anstrengung selbst hätte beantworten können, aber ich fand es viel bequemer, die Antwort fertig aufgetischt zu bekommen . . .

(Nun beginnen die Gespräche, die während 17 Monaten jeden Freitagnachmittag um 3 Uhr stattfanden.)

Die folgenden Dialoge wurden erstmalig in einer Sprache geführt, die nur 10 Millionen Menschen sprechen: im Ungarischen.
Diese Sprache ist ihren Wurzeln noch nahe, nahe der wahren Bedeutung des Wortes.
Das Wort «Gott» wurde in den Dialogen selten erwähnt. Es wurde durch das ungarische Fürwort «Ö» ersetzt, das für den Begriff des Männlichen *und* des Weiblichen steht und dementsprechend klar die göttliche *Einheit* ausdrückt.
Bei den Übersetzungen in andere Sprachen wurde dafür das Fürwort HE... IL... ER... usw. gewählt, das dem alten religiösen Vater-Begriff des okzidentalen Menschen entspricht.
Jedesmal, wenn ich diese nur männlichen Fürwörter benütze, empfinde ich sie wie einen – leider noch nicht zu umgehenden – Verrat an der göttlichen Einheit.
Es wäre schön, wenn in allen Sprachen ein Wort geboren würde, das der *Ganzheit* des Gottesbildes entspräche.

Gitta Mallasz

TEIL I

DIE GESPRÄCHE IN BUDALIGET

«Gibt es etwas Natürlicheres,
als dass wir miteinander sprechen können?»

Freitag, 25. Juni 1943

ERSTES GESPRÄCH MIT GITTA

(Hanna fühlt, wie angesichts meiner oberflächlichen Bequemlichkeit eine Spannung in ihr entsteht, die in eine ihr unbekannte Entrüstung übergeht. Sie hat mit offenen Augen folgende Vision:
Eine Kraft erfasst meine Aufzeichnungen, zerreisst sie und wirft sie vor mich hin, als Zeichen völliger Missbilligung dieser Arbeit, die so tief unter meinen Fähigkeiten ist. Hanna will etwas sagen, stockt aber plötzlich, da sie fühlt, dass es nicht mehr sie selbst ist, die sprechen will. Sie hat gerade noch Zeit, mich zu warnen: «Nicht mehr ich werde zu dir sprechen!» . . . und dann höre ich folgende Worte:)

— Unnötiges Fragen wird dir abgewöhnt werden.
Gib acht! Bald wirst du Rechenschaft ablegen müssen.

(Ich höre Hannas Stimme, aber gleichzeitig weiss ich mit völliger Gewissheit, dass sie jetzt nur ein Werkzeug ist. Ich habe das Gefühl, den, der diese strengen Worte zu mir spricht, zu kennen und bin dementsprechend nicht so sehr erstaunt, sondern fühle, dass etwas ganz Natürliches, das geschehen musste, nun endlich geschieht. Ein helles Licht erfüllt mich, aber es ist nichts Beglückendes dabei. Im Gegenteil: es beleuchtet in unbarmherziger Klarheit meine dunklen Seiten und ich bin gezwungen, mich selbst ohne Lüge zu sehen. Es wird mir gezeigt, was ich der Wirklichkeit entsprechend hätte niederschreiben sollen.
Ich bin tief erschüttert und schäme mich.

Hanna fühlt, wie die Entrüstung desjenigen, der durch sie spricht, sich angesichts meiner aufrichtigen Scham mildert.)

— Jetzt ist es gut. Bereuung ist gleichzeitig Vergebung.
Von Grund auf musst du dich ändern!
Sei selbständig!
Du hast zuviel und zuwenig.

G. Das verstehe ich nicht.

— Zuviel träger Stoff – zuwenig Selbständigkeit!
(Ich fühle, dass damit meine Trägheit im selbständigen Denken gemeint ist!)
Auf harte Kruste wird kein Same gesät.
Du wirst aufgepflügt werden durch ein Suchen ohne Rast.
Was bisher gut war – wird schlecht.
Was schlecht war – wird gut.

(Eine lange Stille bereitet folgende Frage vor:)

— Kennst du mich?
(Diese Frage berührt mich tief. Ich weiss, dass ich ihn kenne, dass er mein innerer Meister ist, und ich weiss es mit unbedingter Gewissheit. Aber ich habe kein Erinnerungsbild. Ich fühle nur dichte Nebelschichten, die mich davon trennen. Ich versuche sie zu durchdringen, bin dessen aber unfähig.)

— Kennst du mich?
(Diese erneute Frage durchdringt mich noch tiefer. Ich bin an der Grenze des Erinnerns und versuche mit allen Kräften, die trennenden Schichten aufzulichten. Umsonst! Hanna fühlt, dass mein Meister mich während meinen Versuchen mit Liebe betrachtet.)

— Du bist heidnisch, aber das ist gut so.
(Ich ahne, dass mit dem Wort «heidnisch» das Ursprüngliche, «Wurzelhafte», gemeint ist.)

— Du wirst getauft werden mit dem Wasser des Lebens.
Einen Neuen Namen wirst du erhalten.
Der Name ist vorhanden,
aber ich darf ihn noch nicht entsiegeln.
Bereite dich auf ihn vor!

Du darfst fragen.

(Ich bin unfähig, auch nur eine einzige Frage zu stellen. Das langsame Bewusstwerden dessen, was mir geschieht, erfüllt mich zu sehr.)

— Die «Sprechende» ist müde, gib ihr Kraft!
Wir werden uns wieder treffen.

(Nach dem Gespräch notieren Hanna und ich das Gehörte. Das ist leicht, denn jedes einzelne Wort hat sich uns unauslöschlich eingeprägt.
Hanna beschreibt ihr persönliches Erlebnis folgendermassen: «Während des ganzen Gesprächs war meine Wahrnehmung erweitert. Ich sah das Zimmer, dich, und was in dir vorging, mit erstaunlicher Klarheit. Gleichzeitig war ich mir der belebenden Anwesenheit deines Meisters voll bewusst. Ich nahm seine Gefühle wahr, die von einer ganz anderen Art waren als die unsrigen. Trotzdem kann ich sie dir nur mit gewöhnlichen Worten wie «Entrüstung», «Liebe», «Milde» beschreiben.
Ich musste die richtigen Worte finden, um zu übersetzen, was er durch mich mitteilen wollte. Gleichzeitig war ich auch Zeuge der Worte, die ich formte, Zeuge meiner gespannten Erwartung, meiner Freude und meines Erstaunens.
Eine Frage liegt mir am Herzen: . . . und das Versprechen

des Wiederkommens, wann wird es sich wohl erfüllen?»
Hanna antwortet: «Vielleicht in sieben Tagen.»

Abends erzählen wir Lili und Joseph, was sich ereignet hat. Joseph, der in seiner Jugend Materialist war, ist etwas skeptisch und nimmt eine vorsichtig abwartende Haltung ein. Lili hingegen möchte gerne nächste Woche anwesend sein und ist bereit, das Gespräch zu notieren.)

Anmerkung
Alle folgenden Gespräche wurden sofort mitgeschrieben. Einige Gespräche fehlen, andere sind unvollständig. Der Text in Klammern wurde entweder gleich nach dem Gespräch oder später anhand von kurzen Aufzeichnungen beigefügt.
Während der Gespräche waren wir von einem spürbaren Kraftfeld umgeben, das von einer bisher unbekannten Intensität war und jede Zelle unseres Körpers zu erfassen schien. Wir fühlten uns von einer ungeahnten Kraft durchdrungen. Manche Worte hatten beinahe greifbare Qualität und prägten sich uns so tief ein, dass es unmöglich war, sie zu vergessen, was wir graphisch durch Grossbuchstabenschrift anzudeuten versuchten. Die Worte, deren Betonung besonders eindrücklich war, wurden durch Kursivschrift hervorgehoben. Diese Schreibweise vermag dem Leser einen annähernden Eindruck der Lebendigkeit dieser Worte, die nicht nur gehört, sondern mit dem ganzen Körper erlebt wurden, zu vermitteln. Der Tonfall liess uns auch vermuten, wenn jeweils von Gott oder von Jesus gesprochen wurde. Mit *ER, IHM, SEIN,* ist Gott gemeint, mit *Er, Ihm, Sein,* Jesus. Der ungarische Artikel war «Ö», der männlich und weiblich zugleich ist. Der Begleittext, der bei jeder Übersetzung wieder frei erzählt wurde, weist in den verschiedenen Ausgaben einige geringfügige Unterschiede auf.

Freitag, 2. Juli 1943

2. GESPRÄCH MIT GITTA

(Diese Woche war schwer. Die Ungewissheit, ob das Gespräch wieder stattfinden wird, beunruhigt mich. Auch ist das unbarmherzig wahre Bild meiner selbst, das mir gezeigt wurde, nicht leicht zu ertragen. Wir warten etwa um drei Uhr auf das Kommen meines Meisters und ich bin mir angstvoll bewusst, keinen Fortschritt aufweisen zu können. Bald hört Hanna folgende Worte:)

— Was hast du erreicht?
Hast du gelernt?
(Ich denke an die vergangene Woche zurück und möchte mich am liebsten im Erdboden verkriechen. Trotzdem fühle ich, dass ich mich etwas verändert habe und sage zögernd:)

G. Ja.

— Vorläufig oder endgültig?
(Ich fühle mich so wertlos, dass ich in Tränen ausbreche.)

— Kein Selbstmitleid!
Fürchtest du dich vor mir?
(Ein freudiges Vertrauen erfüllt mich.)

G. Nein!

— Auch ich diene.
(Diese Worte trösten mich: auch er dient und darin sind wir uns ähnlich.)

— Frage!
(Hanna hatte mir als Geburtstagsgeschenk ein Bildnis gemalt: ich sitze auf einer Bergspitze und halte eine Kristallkugel, deren Facetten in vielen Farben schillern. Das Symbol der Lichtkugel scheint mir von grosser Bedeutung.)

G. Wie könnte ich das Symbol der Lichtkugel nicht nur verstehen, sondern auch leben?

— Die Lichtkugel befindet sich bei mir.
ICH STEIGE NIEDER ZU DIR,
DU ERHEBST DICH ZU MIR.

G. Wie ist das möglich?

— Glaubst du es, so wächst du durch diesen Glauben.

(Ich fühle in dem Wort «Glaube» eine lebendige Kraft, die nichts mit der intellektuellen Bejahung einer Konfession gemein hat.)

— Ist die Zeit reif, so wird es geschehen.
Könntest du die Lichtkugel ertragen?

(Ich antworte leichtfertig:)

G. Ja.

— Bist du ihrer würdig? Bist du rein genug?

(Ich werde sofort unsicher:)

G. Du weisst es . . .

(Hanna fühlt, dass er mich wie ein Kind betrachtet, das nicht weiss, was es sagt.)

— Die Kugel ist schwerer als der Erdball,
aber das KIND spielt mit ihr,
denn es ist aus Gleichem geformt: aus LICHT.

(Das Wort «KIND» hat eine ganz neue Bedeutung, die ich nicht erfassen kann. Ich beginne, wie durch Nebel zu hören und frage ganz stumpf:)

G. Darf man damit spielen . . .?

— Das KIND spielt – der Erwachsene erschafft.

(Der Nebel in mir wird immer dichter. Ich bin ganz verwirrt.)

G. Also bin ich zu klein für die Kugel?

(Blitzschnell kommt die schneidende Antwort:)

— Zu gross!

(Hanna sieht, dass mein kleines «Ich» zu gross ist.)

G. Wovon muss ich mich also befreien?

(Hanna fühlt die aufsteigende Entrüstung meines Meisters über meine Stumpfheit. Sie hätte eine mich reinigende, kraftvolle Gebärde ausführen sollen, findet aber nicht die nötige Kraft in sich und kann nur folgende Worte formen:)

— Du musst neugeboren werden.
Was gross ist – stürzt ein.
Was hart ist – zerbröckelt.

(Die Gebärde voller brennender Kraft, die Hanna nicht übermitteln konnte, hätte dieses «Einstürzen» und «Zerbröckeln» in mir bewirken sollen.
Nach einer langen Stille höre ich die tröstenden Worte:)

— Du bist nie allein.

Freitag, 9. Juli 1943

3. GESPRÄCH MIT GITTA

(Diese Woche war etwas leichter, aber mit dem Freitag kehren auch die verdunkelnden Nebelschichten zurück. Jetzt erst nehme ich wahr, dass ich 36 Jahre lang unbekümmert in diesem Nebel dahingelebt hatte, ohne mir seiner bewusst zu sein. Nun aber sehe ich ihn und leide darunter.
Nach dem Kaffee plaudern wir noch, als Hanna plötzlich ein strenges Wort hört:)

— Genug!

(Es ist drei Uhr und ich hätte bereit sein sollen, meinen Meister zu empfangen.)

— Hast du dich festlich gekleidet?
(Ich fühle mich so wertlos, dass ich zu weinen beginne.)
— Weine nicht vor mir! Dazu ist keine Zeit!
(Meine Weinerlichkeit empört ihn. Ich hätte freudig, mit erhobenem Haupte vor ihm erscheinen sollen.)
— Frage!
G. Wie könnte ich *immer* deine Stimme hören . . .
(Mit verächtlichem Tonfall wird mein Satz beendet:)
— . . . und nur eine *Marionette* sein!
G. Das verstehe ich nicht.

— DANN WÄRST DU NICHT SELBSTÄNDIG.
Du musst dich mir nähern.
G. Darf ich fragen?
— Deswegen bin ich da.
G. Soll ich am Freitag jeweils fasten?
(Ich dachte, dass Fasten ein Läuterungsmittel sein könnte.)

— Nein! Das Mass jeden Tages sei dein Fasten!
(Auf Hanna weisend:)
— Gib ihr zu trinken!
(Ich hole etwas erstaunt ein Glas Wasser.)
G. Warum kann ich meine Familie nicht genug lieben?
— Die Familie ist das Fleisch . . .
(Hanna sieht, dass meine Familie das verstärkt, was ohnehin zu dicht in mir ist: die Materie.)
— Wenn nichts Überflüssiges mehr in dir ist,
wirst du lieben können.
G. Bin ich weit davon entfernt?
— Weites ist nah – Nahes ist weit.
G. Darf ich deinen Namen erfahren?
(Hinter dieser Frage verbirgt sich mein Bedürfnis, ihn immer rufen zu können und so in Sicherheit zu sein.)

— Der Name ist noch Materie. Suche, was dahinter ist!
(Die dunklen Nebelschichten beginnen mich zu peinigen. Meine Frage ist wie ein Hilferuf.)

G. Ich bin im Dunkeln . . . was soll ich tun?

— GEHE DEINEN EIGENEN WEG!
ALLES ANDERE IST IRRWEG.
(Stille)

— Singe für mich im Walde!
(Ich traue meinen Ohren nicht. Ich . . . und singen! Das scheint mir unmöglich – so hart ist der Panzer hinter dem ich seit meiner Kindheit meine Gefühle verberge.)

G. Ich habe deine Worte nicht gut gehört . . .
(Jedes Wort ist nun eindringlich betont und berührt mich tief:)

— Singe für mich im Walde!
(Etwas löst sich in mir und ich seufze erleichtert auf. Ich beuge mich vor, aber eine Geste hält mich zurück. Sollte meine dichte Ausstrahlung meinem Meister unerträglich sein? Oder aber ist seine Ausstrahlung zu intensiv für mich?)

G. Ich hatte einen Traum, dessen Sinn mir nicht klar ist.

— Du bist ein Wegstück,
ich bin ein Wegstück.
Er ist der Weg.

(Das Wort «Er» wird mit tiefer Verehrung ausgesprochen. Hanna ist zu müde, um weiter zu übersetzen. So bleibt das, was sie noch hätte mitteilen sollen, wie eine Botschaft in ihr, die sie mir später übergibt:)

— Wollen ist nicht Stufe, sondern Wand.
(Ich fühle, dass sich das auf mein verkrampftes Streben bezieht.)

Freitag, 9. Juli 1943

3. GESPRÄCH MIT LILI

(Lili hat sich entschlossen, auch ihrerseits Fragen zu stellen. Hanna ruht sich ein wenig aus und Lili nimmt den Platz ihr gegenüber ein, während ich mich vorbereite, das Gespräch zu notieren.)

— Ich bin da.
Du hast mich gerufen.
Ich habe dich gerufen.
(Die Stimme ist milde geworden und entspricht nicht dem viel strengeren Tonfall meines Meisters.)

— Frage!

L. Wann werde ich mich nach oben öffnen?

— Du lügst dich noch an.
Lüge ist Furcht.
Du hast keinen Grund zur Furcht.

L. Was ist meine erste Aufgabe?

— Kennst du dein Zeichen? Das ist dein Zeichen: 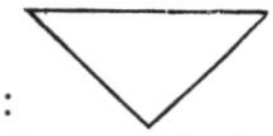
(Geste eines nach unten hin zugespitzten Dreiecks)

L. Könntest du mir meine Aufgabe auch anders erklären?

— Du wirst «Helfende» genannt.
Die «Helfende» fürchte sich nicht!
Eine gute Botschaft bringe ich dir:
du bist mir lieb.
Willst du mich wieder sehen?

L. Ja.

— Dann wirst du mich nicht sehen.
Wünschest du mich wieder zu sehen?

L. Ja.

— Dann wirst du mich nicht sehen.

(Wie klar sehe ich nach der Botschaft der vergangenen Woche, dass weder Wollen noch Wünschen uns unseren Meistern näherbringt. Augenblicklich ist es Lili, die es nicht versteht. Sie sagt etwas verwirrt:)

L. Ich möchte dich nur besser sehen . . .

— WENN DIE AUFGABE ES ERFORDERT,
WIRST DU MICH SEHEN.

Ich gehorche.

L. Ich möchte auch gehorchen können.

(Lilis Stirne berührend:)

— Hier ist zuviel . . .

(Lili war das letzte Kind einer zahlreichen Familie.)

— Im Körper bist du als Letzte geboren.
Im Geiste bist du die Erste unter den Neugeborenen.

Ich nehme Abschied.

(Ich bin beglückt, dass Lili ihren Meister gefunden hat. Die milde, liebevolle Ausstrahlung seiner Gegenwart hat auch mich vollkommen entspannt.
Während der folgenden Tage denke ich oft an das «Nicht-Wollen» und «Nicht-Wünschen», das mir so wichtig erscheint.)

Anmerkung
Leider sind Lilis persönliche Aufzeichnungen verloren gegangen. Nur der Text ihrer Gespräche ist geblieben.

Freitag, 16. Juli 1943

4. GESPRÄCH MIT GITTA

(Endlich bereite ich mich mit Freude auf den Freitag vor. Mein Leben hat eine grundlegende Änderung erfahren. Eine Türe hat sich geöffnet und ungeahnte Möglichkeiten stehen vor mir.
Doch da packt mich plötzlich eine kalte Angst und der Gedanke drängt sich mir auf: «. . . wenn er nicht mehr käme?»
Ich will das nicht denken, ich verscheuche es, aber es bemächtigt sich meiner mit erneuter Kraft, genährt von der Angst, in die Leere meiner ehemaligen Lebensweise zurückzufallen. Da erkenne ich, dass ich mich selbst an das, was mir am meisten bedeutet, nicht binden darf. Ich muss mein angstvolles Anklammern aufgeben.
Diese strenge Forderung steht unausweichlich vor mir und ich bin mir bewusst, dass es entscheidend ist, sie zu befolgen. Dieses innere Loslösen ist schwerer als alles, was ich bis jetzt erfahren hatte. Es ist mir, als ob ich mein eigenes Leben abschneiden würde.
Hanna ruft mich, es ist 3 Uhr. Ich fühle bald die Anwesenheit meines Meisters und eine lange Pause folgt. Ich weiss nicht, ob er zu mir sprechen wird. Mit einem Seufzer der Ergebung sage ich in meinem Inneren: «DEIN Wille geschehe!»
In diesem Augenblick fühle ich vor mir ein Feuer, dessen Rauch zum Himmel steigt. Danach höre ich folgende Worte:)

— Die Zeit ist da. *Jetzt* darfst du fragen.
G. Was ist mein Weg?
— Höre gut: AN EINEM ENDE – DIE LIEBE,
AM ANDERN ENDE – DAS LICHT.

— ZWISCHEN DIE BEIDEN BIST DU GESPANNT.
DAS IST DEIN WEG.
Hundert Tode sind zwischen den beiden.
Die Liebe ist Träger des Lichtes.

LIEBE OHNE LICHT IST NICHTS.
LICHT OHNE LIEBE IST NICHTS.

Verstehst du mich?
(Ich verstehe wohl, aber es kommt mir schwer vor, mein kleines «Ich» hundert Tode sterben zu lassen, es hundertmal zu überwinden. Ich senke den Blick.)

— Sieh mich an!
(Das wohlbekannte Gesicht Hannas, das gewöhnlich weder schön noch hässlich ist, nimmt einen anderen Charakter an und spiegelt eine beinahe erschreckende Würde.)

— An einem Ende - ich.
(Geste nach unten:)

— Am andern Ende - *es.*
Zwischen den beiden - du.

G. Wer ist *es*?

— Dein kleines «Ich».
(Ich denke mit Verachtung: Wie? Dieses primitive, egoistische Wesen, das kleine «Ich»!

G. Das kleine «Ich», das kenne ich gut, nur zu gut,
dich aber kenne ich nicht genug.

— Törichtes Kind!
(Hanna sagt mir später, was diese zwei Worte bedeuten: «Wie könntest du dein kleines „Ich" kennen? Nicht einmal eine einzige Zelle deines Körpers kennst du! Ebensowenig wie mich! Wie lange wirst du noch so blind bleiben?»)

— Ich und *es* sind vereint in der Aufgabe.
Trenne nicht, was eins ist.

— Urteile nicht!

G. Belehre mich, denn ich weiss nichts!

— Habe ich dich nicht belehrt?

(Ich sage mit falscher Bescheidenheit:)

G. Doch, ich weiss, ich stelle dumme Fragen.

(Hanna nimmt seine Gedanken wahr: «Was spielst du mir da vor!» aber sie fühlt sich nur zu folgender Antwort berechtigt:)

— Du bist töricht!

(Ich fühle mich durchschaut, als ob ich aus Glas wäre und sage:)

G. Ich habe viele Fragen, aber du weisst ja ohnehin im voraus, was ich fragen will . . .

— Vom Herzen bis zum Mund ist eine Handspanne.
Gehe den Weg!
Möchtest du viel wissen?

G. Nur soviel, wie zur Aufgabe nötig ist.

— FRAGENDE SIND *IHM* LIEBER ALS WISSENDE.

(Vergangene Nacht sah ich im Traum einen Menschen in leuchtenden Farben, der Harmonie, Kraft und Ruhe ausstrahlte.)

G. Was bedeutet mein Traumbild?

— Es ist der nach deinem Bild geformte Neue Mensch.

G. Werde ich zu diesem Neuen Menschen werden,
wenn ich das Überflüssige ablege?

— DU BIST FORMENDE — NICHT GEFORMTE.

G. Was muss ich tun, um Formende zu werden?

(Nun scheint auch Hannas Körper ein Instrument zu sein, das vollbewusst dient, denn ihre Gebärden werden bedeutungsvoll, einfach und sehr würdevoll.

Selbst ihr Arm scheint verändert. Es sammelt sich eine Kraft darin in grosser Konzentration, die Muskeln spannen sich an und ich muss unwillkürlich an die Skulpturen Michelangelos denken. Nun folgt eine Geste, die wie ein Blitz anmutet:)

— BRENNE!

(Ich bin erschrocken, erschüttert und voller Staunen. Aber das verschwindet schnell beim Anblick Hannas. Sie zittert vor Kälte und sagt mir: «Bring reinen Alkohol!» Nie hatten wir im Haushalt reinen Alkohol gehabt, aber heute hatte ich «zufällig» ein Fläschchen gekauft. Ich träufle ein wenig davon auf einen Zucker und gebe ihn Hanna. Bald erlangt sie ihre Kräfte wieder und sagt: «Ich musste alle meine Energien zusammenraffen, damit ein Funken brennender Kraft sich in dir entzünde. Dein Verzichten auf das Kommen deines Meisters war unvermeidlich, denn du musstest entsagen lernen.»)

Freitag, 16. Juli 1943

4. GESPRÄCH MIT LILI

(Nach einer Ruhepause fühlt sich Hanna für das Gespräch mit Lili bereit. Lili hat einen blauen Rock und eine rote Bluse an.)

— Du hast dich verkehrt gekleidet.

L. Warum?

— Blau sei oben - Rot sei unten!
Das Rot trage das Blau!
Das bezieht sich auch auf deine Arbeit.

(Lili besinnt sich auf die Ereignisse der vergangenen Woche und deren Folgen.)

— Achte nicht auf die Folgen!
Was ist – ist nicht mehr.
Die «Helfende» wende ihre Aufmerksamkeit dorthin,
wo das WERDEN entsteht.
Es nimmt wenig Raum ein,
doch von dort kannst du alles formen.

(Lili war krank.)

— Bist du müde?

L. Nein, ich fühle mich nur nicht wohl.

— Wir wissen es gut.
Ist das Blau oben, so erstarkt es.
Ist das Rot unten, so wird es schwächer.
Der schwache Körper ist ebenso Last,
wie der allzustarke, der die Oberhand hat.
Rot – Eros – ist irdische Liebe. Blau ist himmlische Liebe.
Purpur ist *Seine* Farbe.

(Das Wort «Seine» schwingt in tiefer Verehrung.)

— Du kannst noch eine Frage stellen.

L. Erhalte ich in meinem Beruf Hilfe,
oder muss ich alles selbst beginnen?

— WENN DU SELBST BEGINNST, ERHÄLTST DU HILFE.

(In der folgenden Pause frage ich mich, was für Entwicklungsmöglichkeiten dem Menschen wohl noch offen stehen und sofort erhalte ich Antwort auf meine stummen Gedanken:)

— Ich spreche zu dir:
Dies ist die Richtung der menschlichen Entwicklung: ↗

(Diese Worte werden von einer Geste nach oben begleitet, die genau zwischen waagrechter und senkrechter Richtung liegt.)

Freitag, 23. Juli 1943

5. GESPRÄCH MIT GITTA

(Ich dachte während der ganzen Woche an das «Brenne!». Während wir auf das Gespräch warten, fühlt Hanna hinter sich in halbkreisförmiger Anordnung die Gegenwart hoher Wesen.)

— Sprich!

G. Letzte Woche sprachst du von den «hundert Toden».
Ich möchte schon «sterben», mein «Ich» überschreiten können...

— Nicht «Sterben», sondern *zur-Brücke-werden* ist nötig.

(Ich freue mich so sehr über die Anwesenheit meines Meisters, dass mir Tränen in die Augen treten.)

— Nicht mit Wasser soll der Same begossen werden!

(Ich verstehe, dass auch meine Rührung in Brennen verwandelt werden müsste.)

G. Ich brenne noch immer nicht.

— DER FUNKE ENTSPRINGT ZWISCHEN TAT UND MATERIE.

(Ich weiss, das mir etwas Entscheidendes mitgeteilt wurde, bin aber weit davon entfernt, dessen Sinn zu verstehen. Wieder fühlt Hanna hinter sich die Gegenwart hoher Wesen in kegelförmig angeordneten Halbkreisen. Alle Blicke sind auf mich gerichtet.)

— Viele sind wir.
Viel erwarten wir von dir.

(Ich fühle mit Freude eine grosse Verantwortung.)

G. Ich würde schon so gerne der Aufgabe dienen können.

— «Aufgabe» ist einstweilen nur ein Wort für dich.

G. Kannst *du* mir die Aufgabe mitteilen?

— Die «Sprechende» findet keine Worte.

G. Was in mir wird diese Worte gebären?
— Dein tiefer Wunsch.
G. Mein Wunsch, der Aufgabe dienen zu können?
— Gross und wunderbar ist deine Aufgabe . . .
(Die Schwingung dieser Worte vermittelt mir den Vorgeschmack einer ganz neuen Lebensintensität.)

G. Du sagtest: «Viele sind wir.» Wer?
— Der CHOR.
(Hinter diesem Wort spüre ich eine sich ergänzende Vielfalt. Plötzlich frage ich mich: «Sollte mein innerer Meister ein Engel sein?»)
(Den Blick gesenkt, die Hand nach oben weisend, leise:)
— Wir singen SEIN Lob.
(Zum erstenmal ahne ich, was Anbetung ist.)
G. Siehst du *IHN* immer?
(Abwehrende Geste, als hätte ich etwas Verbotenes gefragt.)
— Du weisst nicht, was du fragst. Stelle eine andere Frage!
G. Wie könnte ich immer die Stimme meines Herzens hören, ohne dass sich mein Kopf einmischt?
— Fühlst du den Unterschied nicht?
G. Doch, aber alles geht so langsam,
und ich würde schon so gerne dienen!
— Du verirrst dich oft . . .

(Hanna fühlt in ihm ein Zögern: vor mir liegt ein Weg voller Hindernisse, der Weg des allmählichen Bewusstwerdens, ein sicherer, aber langer Weg. Mein Meister sieht ein Unwetter kommen und die schwere Last meiner Familie sowie mein Mangel an Selbstvertrauen könnten mich niederdrücken, bevor ich zum Ziel gelange. Die Zeit aber drängt. In diesem Augenblick bittet Hanna in ihrem Herzen: «Zeige ihr den kurzen Weg, bitte! Ich bürge für sie.»)

— Höre gut: DEIN WEG IST NICHT SCHWER.
Sei heiter! Sei leicht!
Die «Sprechende» findet keine Worte.
(Nach oben flammende Geste von erstaunlicher Leichtigkeit.)

— DAS FEUER IST HEITER – DAS WASSER IST SCHWER.

Fühlst du Schwere, so irrst du.
(Hanna erklärt mir später ihre Schwierigkeit, die richtigen Worte zu finden: «Du musst eine noch unbekannte Heiterkeit, ein neues Lächeln finden. Drückt das Schwere dich nieder, so verlierst du den Weg.
Trägst du Schweres leicht, so bist du auf deinem Wege. Doch sei nicht oberflächlich! Du wirst dieses neue Lächeln nur in der Tiefe des Lebens finden können!»)

— Frage!
G. Wo sind meine Grenzen?
— Grenzen gibt es nur hier . . .
(Die Hände formen einen Zylinder, der seitwärts begrenzt ist, nach oben hin aber geöffnet, und ich begreife, dass Grenzen in der Materie notwendig sind, der Weg nach oben aber frei ist.)

G. . . . also bin ich – du?
(Lächeln:)
— Noch nicht.
Genug für heute.
(Hanna ist nach dem Gespräch so müde, dass sie sofort einschläft. Lili konnte heute nicht kommen.)

Freitag, 30. Juli 1943

6. GESPRÄCH MIT GITTA

(Diesmal habe ich mit grosser Sorgfalt viele Fragen vorbereitet.)

— Heute habe ich wenig Zeit.
(Dieser Anfang enttäuscht mich. Ich frage zaghaft:)
G. Darf ich fragen?
(Nur ein stummes Kopfnicken.)
G. Warum wart ihr letzte Woche so zahlreich?
— Weil deine Aufgabe gewachsen ist.
G. Was erwartet ihr von mir?
— Wenn der Same keimt, wirst du es erkennen.
G. Begiesse ich den Samen genug?
(Ich hatte mich während der letzten Woche sehr bemüht und hätte gerne ein Lob gehört.)
— Du weisst es genau.
(Der trockene Ton der Antwort macht deutlich, wie falsch mein Heischen um Anerkennung war.)
G. Die Toten meiner Familie kamen zu mir im Traum.
Kann ich etwas für sie tun? Versäume ich hier etwas?
— Es gibt viele schwache Tote . . .
G. Wie könnte ich ihnen helfen?
— Mit der Ernte.
G. Wie soll ich Ernte bringen?

— *ER* HAT DICH NACH MEINEM BILDE ERSCHAFFEN.

(Diese Antwort berührt mich tief.)
G. Warum hast du heute wenig Zeit?
— Um dich Mass zu lehren.
Ich antworte noch auf eine Frage.

(Ich suche schnell die wichtigste Frage.)
— Ich habe Zeit.
(Ich entspanne mich und meine Frage kommt von Herzen:)
G. Was in mir gleicht deinem Bilde am wenigsten?
Ich werde es aus mir herausreissen.
— Die Unsicherheit.
G. Das verstehe ich nicht.
— Schwanke nicht!
(Ich senke den Blick.)
— Sieh mich an!
(Sein Ausdruck beinahe furchterregenden Ernstes erschüttert mich.)
— Ich scheide.
(Ich fühle noch einige Minuten seine wortlose Gegenwart und in dieser Stille erwacht in mir der tiefe Wunsch, seinem Bilde gleich zu werden.)

Freitag, 30. Juli 1943

6. GESPRÄCH MIT LILI

L. Danke, dass du wieder gekommen bist!
— Danke *IHM! ER* sandte mich.
L. Warum fällt es mir so schwer,
mich von meinem gewöhnlichen «Ich» zu befreien?
— KOSTEST DU DAS BESSERE,
SO VERLÄSST DU DAS SCHLECHTERE.
Mit unauslöschlichem Durst wirst du das Bessere suchen.
L. Warum bin ich so unsicher,
dass ich nicht einmal weiss, was ich tun soll?
— Frische deinen Gaumen auf,

denn du hast ihn mit vielen unnützen Speisen verdorben.
(Lili hatte jeden Sommer in den Bewegungs-Schulen des Auslandes neue pädagogische Richtungen studiert.)

L. Warum komme ich so langsam vorwärts,
und warum haste ich so kopflos?

— Eines kommt vom andern. Haste nicht!
Ich behüte dich ja.
(Beschützende Geste.)

L. Ich weiss nicht einmal,
was für einen Namen ich meiner Arbeit geben soll.

— Der Name ist schon Ergebnis. Du bist noch Anfänger.

L. Schon von Anfang an scheint etwas meiner Arbeit zu fehlen.
Was kann das wohl sein?

— DER GLAUBE AN *IHN* – AN MICH – UND AN DICH.

— Höre jetzt gut: Versuche bis zum nächstenmal das Wesentliche deiner Arbeit zusammenzufassen.

L. Danke.

Freitag, 6. August 1943

7. GESPRÄCH MIT GITTA

(Da ich letzte Woche belehrt wurde, Mass zu halten, beschliesse ich, heute nur wenige Fragen zu stellen.)

G. Mein Blick ist trübe, mein Herz unsicher.
Wie könnte ich dich klarer sehen und fühlen?
Ich könnte mich dann besser nach deinem Bilde formen.

— Das Geschöpf nimmt den Mangel wahr,
aber *IHN* – die einzige Wirklichkeit – kann es nur erahnen.

— Dein Ahnen leite dich!

G. Wie könnte ich mir deine Worte besser einprägen?
Ich habe immer Angst, dass sie verblassen.

— ANGST IST DIE ZUFLUCHT DER SCHWACHEN.

(Ich will auf keinen Fall zu den Schwachen gehören!)
G. Ich habe nicht *so* Angst!
— Du hast *so* Angst.
G. Dann werde ich arbeiten, um mich davon zu befreien!
— Arbeite nicht - glaube!
Glaube, so hast du nichts zu befürchten!
(Ich fühle, dass Glaube kein Bekenntnis zu einer Konfession ist, sondern eine lebendige, wandelnde Kraft.)
— Gib gut acht! Du kennst das Mass des Leidens nicht.
(Seit meiner Kindheit weiche ich dem Leiden wenn möglich mit Lügen aus. Leide ich aber, so quäle ich mich lange.)

— EMPFANGE DAS LEIDEN ALS EINEN BOTEN DES HIMMELS, DOCH LASS IHN WEITERZIEHEN, WENN ER SCHEIDEN WILL!

G. Wie kann ich das Leiden annehmen und dennoch heiter sein?
— *(lächelnd:)* Weil du auf gutem Wege bist.
(Ich habe noch Fragen, doch fühle ich, dass er sprechen will und so schweige ich.)
— Ich spreche: Wir täuschten uns nicht in dir.
(Im Worte «wir» ist wieder der vollkommene Einklang des Chores spürbar. Hanna sagt mir später: «Du hast das Mass des Schweigens richtig gefühlt. Deine unbeantworteten Fragen werden dennoch Antwort erhalten. Stelle dir ein weisses Blatt vor! Die Antworten werden sich darauf einschreiben. Am Feuer deiner Frage werden sie sich entzünden.»)

Freitag, 6. August 1943

7. GESPRÄCH MIT LILI

L. Ich danke Gott, dass du wieder kommen durftest.
(Eine Atmosphäre tiefster Andacht folgt dem Worte «Gott».)

L. Ich danke für alles, was ich diese Woche erhielt.
(Lili hatte eine unerwartete Hilfe gefühlt.)
L. Ich habe mich nicht im Gebet dafür bedankt . . .

— DEINE ARBEIT IST DEIN GEBET.
DAS GEBET IST DER FLÜGELLOSEN FLÜGEL.

Deine Flügel wachsen schon.
L. Darf ich erfahren, was mein schwächster Punkt ist,
um daran arbeiten zu können?
— Nein. Einstweilen erfreue dich!
(Lili hatte eine freudlose Jugend gehabt. Freude war ihr grösster Mangel.)
L. Ich war diese Woche so froh wie noch nie zuvor!
(Lili hatte versucht, das Wesentliche ihrer Arbeit zu definieren.)
L. Ich konnte meine Aufgabe aber nicht beenden . . .
— Du wirst sie nie beenden können.
L. Ich hätte so gerne etwas Ganzes, Abgerundetes gebracht.
— Das Runde ist ein Teil des Endlosen . . .
(Bewegung, die eine Spirale darstellt.)
L. Ich fühle, dass ich jetzt sehr viel arbeiten muss.
— «Viel» ist nur Schein. Fühlst du «Viel», so irrst du.
Nicht «Viel» – nur eines hast du zu tun!
(Erhebende, darbringende Geste.)

Freitag, 13. August 1943

8. GESPRÄCH MIT GITTA

(Schon einige Zeit vor Beginn der Gespräche – und lange Zeit danach – hatten wir oft sehr eindrückliche Träume, die wir «Lehrträume» nannten. Wir konnten sie nicht vergessen, denn sie übten jeweils eine grosse Wirkung auf uns aus. Wir erzählten sie einander beim Frühstück und versuchten dann gemeinsam, ihren verborgenen Sinn zu entschleiern. Hannas Träume bezogen sich oft auf zukünftige Ereignisse.)

— Die Zeit ist da.
G. Ich träumte heute von einer neuen Hostie,
ich kann den Sinn des Traumes aber nicht verstehen.
— Die Hostie ist Bild der Schöpfung.
Die Neue Hostie ist Bild der Neuen Schöpfung.
G. Die Materie schien mir im Traume wichtig,
aber auch das ist mir nicht klar.
— Höre zu!
Die Sünde des Menschen – Adams – hat die Materie verflucht.
Endet der Fluch, so wird die Materie wieder Heiligtum.
DIE MATERIE IST DAS KIND GOTTES.
Frage!
G. Wie könnte ich meinen Glauben so stärken,
dass er mich zu dir erheben kann?
— Nicht dein Glaube – dein Sehen ist schwach.
G. Das verstehe ich nicht.
— Du schaust, doch du *strahlst* nicht.
Nicht zum Schauen ist dein Auge da.
G. Schaue ich zu sehr nach aussen?
— Nein. Du musst dich wenden!

(Es folgt ein blitzschnelles Umwenden der Handfläche. Ich verstehe die Geste nicht, fühle aber, dass ich das «Umwenden» leben werde.)

G. Meine Liebe versagt oft.
Es ist so schwer in meiner Familie . . .

(Gebärde der linken Hand:)

— DAS GESCHÖPF ERSEHNT LIEBE.
(Gebärde der rechten Hand:)

— DER SCHÖPFER LIEBT.

Die beiden sind noch nicht im Gleichgewicht,
und das wird noch lange so sein in dir.

G. Letzte Woche erwartete ich deine Antwort auf weissem Blatt aufgezeichnet. Sie kam in anderer Form.

— Dein Fehler war, dass du nur auf die Form geachtet hast.

G. Das ist wahr, du hast mir aber dennoch geantwortet. Danke!

— DIE WAHRE FRAGE BRINGT ANTWORT.

(Hanna sagt mir später: «Verlasse dich keinen Augenblick auf die Kraft deines Meisters! Nur dein Feuer ruft die Antwort hervor.»)

G. Auch jetzt habe ich Rührungstränen in den Augen,
und ich weiss, dass du das nicht liebst.

— *Diese* Gefühle trennen dich von mir. Dorthin . . .
(Geste nach unten:)

— . . . kann ich mich nicht herablassen.
Das *wahre* Gefühl ist anders. Bald lehre ich es dich.
Lasst uns *IHN* anbeten!
(Eine gesammelte Stille folgt. Mein Herz erhebt sich und ein tiefer Friede erfüllt mich.)

— Das ist *wahres* Gefühl. *ER* segne dich!

Freitag, 13. August 1943

8. GESPRÄCH MIT LILI

L. Ich danke Gott, dass du wieder kommen konntest.
— Ich höre dich an.
L. Darf ich mich ganz gehen lassen, wenn ich allein bin?
— Nur nach oben hin.
L. Warum bin ich so oft verzweifelt und entzweigerissen?
— Ver-*zwei*-felt. Ent-*zwei*-gerissen.
Du bist nicht immer *eins* mit deiner anderen Hälfte.
Du bist nicht weit vom *Eins-Sein.*
Du machst Fortschritte.
L. Darf ich kleine Kinder unterrichten?
— Du bist ja auch eines. Was stört dich?
L. Ich habe nicht genug Kontakt zu ihnen.
— Der trennende Schleier ist das «Gewusste».
Glaube mir: Es gibt keinen Unterschied
zwischen Kindern und Erwachsenen.
L. Warum kann ich so selten Kind sein?

— ERKENNST DU DEN *VATER,*
SO WIRST DU WIEDER ZUM KLEINEN KIND.

L. Ich *will* den *VATER* noch zu sehr suchen.
— *ER* IST ES, DER DICH SUCHT.
LASS DICH FINDEN!
L. Das ist das Schwerste . . .
— Das ist deine Aufgabe.
Hilf allen andern, das zu erlernen!
L. Ich bin jetzt so froh und möchte immer so erfüllt sein, doch bin ich so oft «platt». Warum?
— Weil der Keim noch klein ist.

L. Ich habe Angst, in die Stadt zurückzukehren.
(Lili verbringt nur die Wochenenden in Budaliget.
Die politische Unsicherheit löst in Budapest eine zerrüttende Nervosität aus.)
— Wovor hast du Angst?
L. Die Stadt wird mich niederziehen,
weil noch nicht genügend Kraft in mir ist.
— Fürchte dich nicht - ich helfe dir!
Wir werden uns treffen.
Die Stadt ist ein leeres Muschelgehäuse - sie ist nicht mehr.
Erstarrter Fluch ist sie, Fluch selbst ihr Staub,
da nichts mehr in ihr wächst.
In dir aber wächst der Keim - bewahre ihn gut!

Erhebe dein Herz zu *IHM*!
(Lili fühlt zum erstenmal in ihrem Leben die Kraft des wahren Gebets. Sie bricht in Tränen aus.)
— Sieh wie nah *ER* ist!
Erhebst du dich ins Grenzenlose,
so können wir uns immer treffen.

Freitag, 20. August 1943

9. GESPRÄCH MIT GITTA

(Letzte Nacht träumte ich, dass ich auf einer endlos scheinenden Ebene stand. Plötzlich erscheint ein weisses Pferd voller Kraft und Schönheit. Gleichzeitig wächst ein spiralförmiger Weg in die Höhen. Ich fühle, dass das weisse Pferd mich in die Höhen tragen könnte.)
— Ich bin bereit.

G. Was bedeutet das weisse Pferd?
— Du musst es reiten können.
G. Wie kann ich das?
— Indem du leichter wirst als das Pferd.
(Hannas Sprache ist während der Gespräche von grosser Schönheit, nahe den Wurzeln des Ungarischen. Augenblicklich findet sie für das, was sie jetzt sagen soll, bloss einen etwas trivialen Ausdruck, den mein Meister nur nach einigem Widerstreben annimmt:)
— Lass dich vom Irreführer nicht «anschmieren»!
(Ich erinnere mich, gestern recht scharf geurteilt zu haben.)
G. Gestern . . .? Ja, da bin ich schön in die Falle gegangen.
Wie könnte ich das vermeiden?
— Werde immer wachsamer!
G. Wie könnten meine Bilder das Neue Licht enthalten
und in jedem Betrachter eine Sehnsucht danach wecken?
— Das LICHT strahlt aus durch dich.
Ich enthülle etwas:
Das LICHT ist dasselbe wie das Licht,
sein Ton ist derselbe.
Das Gewicht des Tones – die Betonung – aber nicht.*
G. Soll ich zu malen beginnen?
— Es wird dir sicher gelingen.
Jedes deiner Bilder ist eine Stufe nach oben.
Beginne unten! Fliege nicht!
Du hast Flügel, viele haben keine. Verstehst du jetzt?
G. *(sehr froh:)* Oh ja! Jetzt sehr gut.
(Hanna fühlt, dass auch er froh ist.)
— Wir können schon miteinander sprechen. Frage!
G. Wie kann jede meiner Taten Opfer werden?
— Jede Tat, die du nicht für dich selbst tust, ist Opfer.

* Die Schwingung

G. Wie könnte ich mich von meinem kleinen «Ich» befreien?
Ich verachte es!
— Indem du es *nicht* verachtest.
G. Ich denke nicht an meinen Körper . . .
— Ich weiss wohl, woran du denkst. Mir ist es klar.
Du verachtest es, weil du es fürchtest.
Es belehrt dich ebenso, wie ich dich belehre.

— LERNST DU DAS VERFLUCHTE ZU LIEBEN,
SO FINDEST DU DEINEN PLATZ.
G. Wie finde ich meinen Platz am schnellsten?
— INDEM DU NICHT EILST.
Wer eilt, eilt nur dem Tod entgegen.
(Geste zum Garten hin, wo Joseph liest:)
— Er säumt.
G. Wer?
— Der «Sohn». Namen kann ich nicht nennen.
(Ich erkenne, dass der Rufname nicht der wahre Name ist, der die Berufung zum Ausdruck bringt.)

— WER EILT, NÄHERT SICH DEM TOD VON VORNE.
WER SÄUMT, NÄHERT SICH DEM TOD VON HINTEN.
ZWISCHEN DEN BEIDEN IST DAS EWIGE SEIN.

WER ZUR RECHTEN ZEIT WIRKT,
KENNT KEINEN TOD.
(Hanna sieht das Gesagte bildlich: In einer haarscharfen senkrechten Linie vibriert das Leben. Wer zur rechten Zeit tut, ist in dieser Linie – im Jetzt – und lebt.
Wer eilt, ist in der Zukunft – im «Tod von vorne».
Wer säumt, ist in der Vergangenheit – im «Tod von hinten».)
— Genug für heute! Du wirst schaffen können!
(Segnende Gebärde über meine Hände.)

Freitag, 20. August 1943

9. GESPRÄCH MIT LILI

L. Darf ich fragen?
(Bejahende Geste.)
L. Ich verstehe die Lehre nicht,
die ich letzte Woche in Budapest erhielt.
(Lili versuchte zu spüren, in welchen ihrer Schüler der neue Same wohl keimen könnte.)
— Urteile nicht!
ER ist die treibende Kraft.
Ist ein Same da, so keimt er empor.
Suche nicht zu wissen, wo er ist. Dein Urteil ist nicht nötig!
L. Danke! Und danke für den Traum dieser Nacht.
— Erwachtes Sein ist mehr, als Träume zu träumen.
L. Ich möchte schon so gerne erwachen!

— DU WIRST GETRÄUMT.
L. Das verstehe ich nicht.
— Träume sind Bilder - auch du bist ein Bild.
ABER BALD WIRD *ER* IN DIR ERWACHEN.
(Stille)
L. Wie kann ich meinen Familienmitgliedern helfen?
— Gross ist deine Familie . . . *ER* hilft durch dich.
Vertraue *IHM*!
L. Warum habe ich jeden Morgen im Rücken und Nacken Schmerzen?
(Seit ihrer Kindheit stand Lili unter dem Druck der Familie.)
— Du musstest dich vor Unwürdigem beugen.
Wenn du dich vor *IHM*, dem einzig Würdigen, beugst,
wirst du aufgerichtet werden.
L. Ist die Ursache jeder Krankheit psychisch?
— Der Baum trägt Frucht. Ein guter Baum gute Frucht.

— Das Stoffliche ist des Guten und Schlechten unfähig,
denn sein Wesen ist Trägheit.
Deine Rückenschmerzen kommen *nicht* von deinem Rücken.
(Stille)
— Jetzt bin ich es, der fragt:
Worüber freutest du dich dieser Tage?
L. Über meinen Traum, meinen guten Tag in der Stadt,
und vor allem über dich.

— NUR IN DER FREUDE BIN ICH GEGENWÄRTIG.
Der Himmel segne dich!

(Während der Gespräche bin ich hie und da mit dem Mitschreiben im Rückstand. Jedesmal, wenn dies geschieht, tritt eine kleine Pause ein, die es mir erlaubt, den Text zu ergänzen. Also bin ich überzeugt, dass genaues Mitschreiben erwünscht ist.)

Freitag, 27. August 1943

10. GESPRÄCH MIT GITTA

(Endlich eine Woche freudiger Erwartung!)
— Lasst uns Dank sagen!
(Mit strahlendem Lächeln:)
— Heute ist es gut, hier zu sein.
*(Hanna sagte mir später, dass sie während der ersten Gespräche oft fühlte, wie schwer es meinem Meister fiel, zu uns zu kommen und bei uns zu bleiben. Heute aber erleichtert meine Freude sein Kommen.
Auf das bereitstehende Trinkwasser weisend:)*

— Wasser bringt mich dir näher.
Was für mich Wasser ist - ist für dich Feuer.
Worin kann ich dir helfen?

G. Wenn ich jemanden berühre, den ich liebe, spüre ich oft, wie eine Kraft meine Hände durchströmt, nicht aber die Augen.

— Die Kraft hat deine Augen noch nicht erreicht.
Ich erkläre ein Gesetz:
Du strebst von unten nach oben.

(Die Hände formen einen Kegel:)

— So bist du gebaut: unten stark - nach oben verjüngt.
Die Materie ist träge.

(Die Augen bezeichnend:)

— Hier berühren sich Materie und Geist.
Bis hierhin musst du die Materie erheben,
denn hier entflammt sie und strahlt durch die Augen.

(Die Kehle bezeichnend:)

— Hier sperrst du durch Gefühle ab
und alles wird zu Wasser und fliesst zurück.
Von der Kehle bis zum Auge verfeinert sich die Materie,
bleibt aber immer noch Materie.
Halte den Weg rein!

(Stille)

G. Ich kann noch nicht zur rechten Zeit tun . . .

— Das zu Tuende hat seine Stimme
und du hast Ohren, sie zu hören. Schliesse die Augen!

(Ich tue es und spüre Kraft in meine Ohren strömen.)

— Von nun an wirst du besser hören.
Frage!

G. Ich leide darunter, nicht lieben zu können.

— Weisst du, warum?

G. Weil ich nicht malen konnte . . .?

— Du konntest nicht malen, weil du nicht lieben konntest:
JEDE WAHRE TAT ENTSTEHT AUS LIEBE.

— Der «Namenlose» hat dich irregeführt . . .

(Ich sehe sofort, um was es sich handelt. Gestern hatten junge Schüler den weiten Weg von Budapest nach Budaliget zurückgelegt und erschienen unerwartet. Ich war gerade am Weggehen, um im Wald «für ihn zu singen» und mich so auf das heutige Gespräch vorzubereiten. Nach kurzem Zögern überliess ich es Hanna, sich mit den jungen Freunden zu befassen und ging. Wie zu erwarten, konnte ich natürlich nicht singen. Eine gähnende Leere war in mir.)

— Der «Namenlose kann selbst *meine* Gestalt annehmen,
um dich irrezuführen.

(Ich fühle die Angst in mir aufsteigen, dass ich meinen wahren Meister nicht mehr vom falschen unterscheiden könnte.)

— Du erkennst den «Namenlosen» in deinem Herzen,
denn sein Name ist: Leere.

(Auf dem Tisch steht eine Flasche mit Soda-Wasser.)

— Dieses Wasser ist nicht gut,
es enthält erzwungene Leere.

G. Ich weiss, dass Leere und Lustlosigkeit Fallen sind,
und dennoch falle ich hinein.

— Du gehst zu weit.

— DU BLEIBST NICHT STEHEN, WO DU SOLLTEST.

(Meine Aufmerksamkeit ist gewöhnlich nach aussen gerichtet. Wenn der «Irreführer» sich in mir eingenistet hat, merke ich dies erst, wenn es schon zu sichtbaren Auswirkungen gekommen ist. Würde ich meine Aufmerksamkeit nach innen wenden, so könnte ich das Nahen des «Irreführers» beizeiten erkennen und dementsprechend abwehren.)

— Frage!

G. Warum ist trockenes Brennen in meinen Augen?

— Weil du weinst.
Lebewesen benötigen Wasser zum Brennen.
Dein Brennen hat begonnen . . . das Wasser fehlt dir.
G. Was ist der Unterschied zwischen wahrem und falschem Gefühl?
— Wahres Gefühl ist *unbewegt.*
Du aber liebst zuweilen dieses, zuweilen jenes.
(Es folgt eine Geste der Wellenbewegung:)
— Das Wasser wogt.

WAHRES GEFÜHL IST UNBEWEGT,
LIEBT ALLES UND STRAHLT.

Dein Zeichen ist die Sonne.
Die Sonne ist unbewegt und strahlt überall.
Nicht die Sonne, die du mit den Augen siehst,
denn auch sie ist nur Bild.
— Sprich!
G. Einen Augenblick lang habe ich meine Aufgabe klar gefühlt, und dann war alles wieder verschwommen.
— Ewig dauert dieser Augenblick,
er hat nie begonnen und kann nie vergehen.
Nur *du* schwankst.
— Bemühe dich sehr!
Jedesmal nehme ich dein Bild mit mir und zeige es vor . . .
(Hanna sieht ein durchsichtiges Bild von mir, das mein Engel auf frühere, durchsichtige Bilder legt. So wird meine Veränderung von Woche zu Woche gut sichtbar. Die Bilder liegen in der Mitte von immer kleiner werdenden Kreisen, in denen der «Chor» kegelförmig angeordnet ist. Aller Blicke sind darauf gerichtet, ohne Urteil, ohne Kritik, aber mit einer alles durchdringenden Klarsicht. Aus der Höhe, aus dem Mittelpunkt aller Kreise, kommt SEIN Blick.

Hanna erklärt mir anderntags, dass Gefühle notwendig seien, doch müssten sie umgewandelt werden. Werden die aufsteigenden Gefühle zu früh verdrängt, so bleiben sie in der Kehle stecken und verkrampfen sich. Steigen sie dagegen unkontrolliert bis zu den Augen auf, so zerfliesst ihre Kraft in Tränen. Werden sie aber IHM dargebracht, wenn sie die Kehle erreichen, so verwandelt sich ihre Kraft im Aufsteigen zu Licht, das durch die Augen strahlt.)

Freitag, 3. September 1943

11. GESPRÄCH MIT GITTA

(Eine schwere Woche ist hinter mir. Wir warten sehr lange auf das Gespräch und Hanna fühlt, dass meinem Meister heute das Kommen schwer fällt.)

— Sprich!
G. Gott sei Dank, dass du kommen konntest.
Bitte lehre mich das wahre Gebet,
damit sich mein Gefühl über das Wasser erhebe.
— Sein Name ist: Darbringen.
Ich erkläre ein grosses Gesetz:

JEDE KLEINE ZELLE BETET.
DAS GEBET ALLER ZELLEN VEREINT
IST DAS WAHRE GEFÜHL.

— Verstehst du das?
G. Nicht ganz . . .
— Für dich ist das Emporheben schwer –
für mich das Niedersteigen.

11. GESPRÄCH MIT GITTA

G. Es soll dir nicht schwer fallen!
Ich will alles tun, um es dir zu erleichtern.

— Nimm nicht *viel* auf dich!
Deine Aufgabe ist das *Wenige.*
Das *Wenige* ist schwer.
Sieh den Unterschied zwischen *Vielem* und *Wenigem.*
Das *Viele* ist verwässert . . .
(Zerfliessende Geste nach unten zu:)

— Es gibt *viele* Menschen . . . verwässert!
Das *Wenige* ist *IHM* näher.
Und *ER* ist eins.
(Lange Stille)

— Erhebe dein Herz, heute ist es schwer, hier zu sein.

G. Diese Woche konnte ich schon ein wenig lieben, doch es ist noch so weit von dem entfernt, wonach ich mich sehne.

— Der Mond ist nur hell, wenn die Sonne ihn erhellt.
Du aber bist kein Mond.
Warte nicht, bis es nötig ist, zu strahlen!
Deine Monde sind finster.
(Ich sehe eine Sonne, die ihre eigenen Strahlen verschluckt! Die Sinnlosigkeit dieses Bildes ist mir unerträglich.)

G. Das ist schrecklich . . .
(Hanna leidet oft an stechenden Herzschmerzen ohne jegliche organische Ursache.)

G. Was kann ich tun, um die Schmerzen meiner Freundin . . .
(Eine abwehrende, verbietende Geste unterbricht mich:)

— Bist du noch immer ohne Glauben!
Ihr seid in der Aufgabe vereint.
Person, Schicksal, Ereignisse . . .
das alles ist nur Wellenschaum auf dem Meere.
(Das Gehörte ist erschreckend, ich bleibe still.)

— Noch zwei Fragen bleiben dir.

G. Die Sonne ist mein Zeichen.
Ich verstehe es, aber lebe es noch nicht.
— Du hörst auch meine Worte nur mit Ohren.
G. Warum konnte ich gestern nicht für dich im Walde singen?
— Weil ich ferne war.
G. War das mein Fehler?
— Es war Prüfung - nicht Strafe.
Ich war dort, wo wir einst vereint sein werden.
Die Entfernung ist ein Mass für die Grösse der Aufgabe.
Gib acht! Wir sehen alles, nichts bleibt verborgen.
Ehre auch im Geringsten *SEIN* Gesetz!
Freue dich, du hast allen Grund dazu! Alles ist Prüfung.
Ich tröste dich: du formst dich schon.
Ich werde mit dir sein.

Freitag, 3. September 1943

11. GESPRÄCH MIT LILI

— Lege deine Last nieder!
L. Das verstehe ich nicht.
— War diese Woche schwer?
(Lili, die letzte Woche nicht kommen konnte, ist durch viele Schwierigkeiten ganz niedergedrückt.)
L. Sehr schwer . . .
— Was schwer ist - ist Last.
L. Warum fiel ich so schrecklich tief?
— Die «Helfende» muss in die Tiefe niedersteigen.

ICH GEBE DIR DEN SCHLÜSSEL ZUR TIEFE.
SEIN NAME IST: DIE AUFGABE.

— Du bist erwählt:
Jederzeit kannst du niedersteigen,
jederzeit dich erheben.
Das hängt nur von dir ab. Ist es so?

L. Ja, ich glaube es und ich danke Gott für diese Gnade.
(Eine intensive Stille folgt. Ich sehe verwundert, was für eine Macht das Wort besitzt. Kaum verklingt das Wort «Gott», versenkt sich Lilis Meister in eine so tiefe Anbetung, dass wir alle seine Ausstrahlung fühlen.)

— Jedes deiner Gebete leite ich weiter.
Vergiss nicht, zu bitten!
Ich bin immer zur Hand . . . immer zur Hand.

JEDE DEINER TATEN TUST DU AN MEINER STATT.
GIB ACHT! VERUNSTALTE MICH NICHT!

Nur *eine* Scheidewand kann zwischen uns sein:
Ich könnte sie die «Trugperson» nennen.
Vergiss den Schlüssel nicht!

IN JEDER DEINER TATEN KANN ICH GEGENWÄRTIG SEIN,
WENN DU MIT MIR WIRKST.

Viele Prüfungen warten noch. Ich bin immer bei dir.

Freitag, 10. September 1943

12. GESPRÄCH MIT GITTA

(Wir sind heute alle froh. Joseph kommt zum erstenmal als stiller Zuhörer zu dem Gespräch.)

(Er hat die Aufzeichnungen gelesen und fand, dass sie eine «wahre Nahrung» seien.)

— In *SEINEM* Namen. Ich warte.

G. Danke für den Traum dieser Nacht.
Ich habe viel daraus gelernt,
aber ich verstehe das Zeitlose *noch* nicht.

— Was wünschst du zu wissen?

G. Da du mich *schon* unterrichtet hast,
sollte ich doch das Zeitlose auch verstehen.

— «*Noch*» und «*schon*» sind Zeit.
Ich belehre dich und du verstehst es *noch* nicht.
Das ist die Entfernung zwischen uns.

G. Wie könnte ich sie überbrücken?

— MIT DER MITTE.
TAT ZUR RECHTEN ZEIT
IST TAT AUSSER ZEIT.

Nur dort bin ich und dort verstehst du mit dem Herzen,
und nicht mit dem Kopf. Ist das klar?

G. *(sehr froh:)* Oh, ja!

— *Jetzt* hörtest du mit dem Herzen.
Das Zeitlose ist *jetzt*,
weil du mich *rechtzeitig* erwartetest.
(zu Lili gewandt:)
Ich segne die «Helfende».
(Dieser Segen erfüllt mich mit Freude.)
Deine Freude erleichtert mir das Hiersein.
(Ich hatte innerlich ein unvergessliches blaues Licht gesehen.)

G. Was bedeutet das blaue Licht?
(Schnelle, abwehrende Geste. Hanna sagt mir später, ich dürfe dies auf keinen Fall mehr fragen.)

G. Ich freue mich so, dass du hier bist . . .
— UNERGRÜNDLICHER GNADE ZUFOLGE . . .
(Lange Stille)
Ich belehre dich:
Dein Zeichen ist die Sonne. Schliesse die Augen!
(Ich schliesse die Augen.)
Siehst du die Sonne?
G. Ich sehe sie nicht.
— Stelle sie dir vor – das genügt. Siehst du sie jetzt?
(Ich versuche, mir die Sonne in übernatürlichem Glanze vorzustellen. Mein Meister zieht einen Kreis vor meinen Augen.)
— Siehst du sie jetzt?
(Mein Gesicht ist gespannt, die Augäpfel rollen unter den Lidern suchend umher.)
— Du *willst* mehr sehen, als nötig.
(Einen neuen Kreis ziehend:)
— Und jetzt – siehst du sie?
(Ich beginne innerlich die Sonne in wolkenlosem Himmel zu sehen.)
G. Ja.
— Gut. Ist das Bild klar?
(Das Bild der Sonne schwankt noch auf und ab.)
G. Noch nicht.
— Du *willst* noch immer. Ist es klar, so sag es mir.
(Das Bild wird klar, aber ich fühle mich noch immer unsicher und schwer.)
— Sei ruhiger!
(Einen dritten Kreis ziehend:)
— Und jetzt?
(Ich beginne, nur auf die Sonne zu achten und denke an nichts anderes.)
Ist das Bild klar, so öffne die Augen!

— GEFÜHLE, WILLE UND WÜNSCHE SIND ZEITBEDINGT.
DA, WO SIE ENDEN, IST DAS ZIEL DEINES WEGES.

(Das Bild der Sonne ist nun ganz klar und löst sich dann auf.)

Jetzt bist du da!

(Ich öffne die Augen.)

Gib acht! Du gleitest schon.

(Erst als ich mich in immer dichtere Schichten sinken fühle, merke ich, «wo» ich war.)

G. Ja, ich gleite . . .

— Du wirst es lernen.
Es ist noch schwer für dich . . . und für mich auch.

(Ich spüre ahnungsweise, dass ich für einen Augenblick lang eine noch nie gekannte Lebensintensität erreicht hatte, in der meine ungenügend erwachten inneren Sinnesorgane nichts wahrnehmen konnten. So blieb ein Gefühl totaler, eindrucksloser Leere zurück.
Hanna sagt mir später, dass sie mich in verschiedenen Schichten sah, die unten dicht und beinahe unbewegt waren und von heller werdenden Schichten gefolgt wurden. Die obersten waren durchsichtig.
Hanna fügt hinzu: «Das sind Gefühle und Gedanken. Gewöhnlich sinkst und steigst du in diesen Schichten auf und ab. Gelingt es dir aber, dich nur für einen Augenblick lang über die Oberfläche zu erheben, so bist du im Zeitlosen. Dieser Augenblick ist ewig.»)

(Um Wasser bittende Geste. Ich reiche es. Indem Hanna trinkt, erleichtert sie - durch das Wasser beschwert - das Niedersteigen meines Meisters.)

— Wie schwer ist Wasser! Hast du noch Fragen?

12. GESPRÄCH MIT GITTA

G. Worin bin ich noch «heidnisch»?
— Sei es in allem, denn das ist die Wurzel.
Aber du sollst schon blühen,
doch ohne Wurzel ist es nicht möglich.
Du irrst dich in etwas:
Wo du nicht *empfindest,* dort bist du nicht «heidnisch»,
dort bist du *verdorben.*
Das wirf weg!

(Wo ich gefühllos bin, dort sind tote Gewebe, dort wohnt der «Feind des Lebens».)

— Ihr alle!
Gebt sehr acht auf die geheimen Türen!
Der Feind lauert.
Heute gab die «Sprechende» beinahe nach.
Da können wir nicht helfen – nur mahnen.
Hast du noch eine Frage?
G. Ich möchte *IHN* mit allen meinen Taten loben.
Wie könnte ich dies *dauernd* tun?
— Heute fragst du immer dasselbe:
Dauer ist noch Zeit.

Nichts Schöneres gibt es, als *IHN* zu loben.
Lasst uns *IHN* loben!

(Ich merke, dass unsere Meister selten das Wort «Gott» aussprechen. Vielleicht deshalb, weil dieses Wort mit soviel spekulativem Denken und sentimentalem Fühlen überdeckt und durch den Menschen entheiligt wurde?
Wenn aber unsere Meister «ER» oder «IHN» aussprechen, fühlen wir uns in der Tiefe unseres Seins berührt und eine neue, heilige Dimension öffnet sich.
Das von den Engeln gebrauchte ungarische Wort «Ö» («ER») ist weiblich und männlich zugleich.)

Freitag, 10. September 1943

12. GESPRÄCH MIT LILI

L. Worauf sollte ich mich in meinen Kursen konzentrieren, um am besten helfen zu können?
— Auf dich selbst!
Bist du in guter Verfassung, so wird dir alles gegeben.
L. Woran merke ich sofort, ob ich in guter Verfassung bin?
— Das Zeichen ändert sich,
da du dich ständig änderst.
Dennoch gibt es ein sicheres Zeichen:
ob du *lieben* kannst - alle *lieben* kannst -
denn das ist dir gegeben.

— DAS IST GRÖSSTE GNADE - DENN DAS IST *ER* IN DIR.

L. Jetzt verstehe ich den Schlüssel zur Tiefe . . .
(Lange Stille)
— Welch wunderbarer Glanz in der ganzen Schöpfung!
Unsagbar!
Du kannst fragen.
L. Warum fällt mir das Fragen so schwer?
— Du wurdest zusammengedrückt, als du fragen wolltest,
und das hat sich noch nicht in dir gelöst.
(Lili litt darunter, dass sie ein unerwünschtes Kind war.)
— Erhebe dich ins Strahlende
und wie eine Lilie wirst du dich öffnen.
L. Ich versuche mich zu erheben,
doch fühle ich, dass ich es erzwinge.
— Hast du schon einen kleinen Vogel gesehen,
der zu fliegen beginnt?
Als erstes öffnet er die Flügel.

— Das ist es, was du vergisst.
L. Was soll das bedeuten?
— Der Flügel ist Vermittler
zwischen Materie und Luft.
Du bist Mensch. Dein Arm ist dein Flügel.
ALS ERSTES MUSST DU UMARMEN KÖNNEN –
DANN WIRST DU AUCH FLIEGEN KÖNNEN.

— Anders geht es nicht.
(Um Wasser bittende Geste. Ich bringe es.)
— *IHN* bewundere ich auch im Wasser.
Oh, könnte euch doch alles verwundern,
denn alles ist Wunder!
L. Soll ich auch wissenschaftlich arbeiten?
— Die Wissenschaft ist das Kind des Verwunderns.
Verachte sie nicht!
Verwunderung und Neugierde sind nicht dasselbe.
Viele Neugierige gibt es.
Doch es gab auch Verwunderte. Sie waren ebenfalls Boten.
Suche sie, sie werden dich belehren.
L. Bücher oder Menschen?
— Das ist gleich.
Achte darauf, dass es solche sind, die sich verwundern können.
Dem Suchenden wird der Lehrer gegeben.
In ferner Vergangenheit kannst du Verwunderte finden . . .
und auch jetzt.
UND SIE KOMMEN.
L. Wie gut ist, zu wissen, dass es jetzt viele Verwunderte gibt.
— Frage!
L. Ich fühle immer mehr, dass ich nicht rein bin.
Wie soll ich *so* den Menschen helfen?

— ALLES, WAS AN SEINEM RECHTEN PLATZ IST, IST REIN.

— Du bist nur unrein,
wenn du nicht am rechten Platz bist.
L. Wie selten fühle ich mich am rechten Platz!
— Die Quelle der «Helfenden» ist die Not.
Du wirst benötigt.
Heute lehrte ich dich das Strahlen
und es herrscht unsagbare Finsternis.
Ihr Grund liegt in den Menschen selbst,
denn sehend sehen sie nicht.
In unendlichem Elend leiden sie.
Das mache dich unermüdlich!

L. Warum wünschen und kennen die Menschen das Strahlen nicht?
— Den Lauen ist schwer zu helfen . . .
Doch sorge dich nicht, selbst das wird dir gegeben.
Du aber – *du* darfst nie lau sein,
sonst wirst du hinweggefegt!
(Lili erschrickt.)
Dein Herz kenne keine Furcht,
denn die Furcht ist das Heim des «Flüsterers»!

L. Wenn die Kraft, die ich jetzt spüre, nur wachsen würde!
— Sie wird wachsen.
Wer sich wundern kann,
um den öffnen sich Wunder.

DAS GRÖSSTE WUNDER IST DER MENSCH.

— Unter euren Händen werden Wunder spriessen.
Ich werde dort sein.
Die Finsternis schwindet.

Der Himmel segne euch!

Freitag, 17. September 1943

13. GESPRÄCH MIT LILI

— Freuen wir uns zusammen!
L. Warum lasse ich so schnell nach, wenn ich etwas mit grosser Begeisterung beginne?
— Zu Beginn läuft der gute Läufer nicht schnell,
seine Kraft ist gesammelt,
aber zeigt sich nicht sofort.
Jeder Beginn ist Sammlung – nicht auslaufende Zerstreuung!
Ein winziges Loch im Ei –
und der Vogel kommt nicht zur Welt.
L. Wie könnte ich dieses Loch im Ei erkennen?
— Nicht leicht zu verstehen ist, wonach du fragst,
doch ich werde dich darauf führen:
Nicht im Loch liegt der Fehler – er liegt an der Zeit.
Nur dem noch nicht Ausgereiften schadet das Loch.

— Höre gut! Der Säer sät.
Du bist die «Helfende».
Teilen kannst du den Samen nicht.
Grabe ihn tief ein
und er wird reifen und vielfach Frucht bringen:
die kannst du dann austeilen.
— Vergrabe tief den Samen, tief,
und lange schliesse sich die Erde über ihm, lange.
Du aber kannst es kaum erwarten,
den Samen auszuteilen.
Hier ist dein Fehler.
Sei geduldig wie die Erde,
aus der du genommen wurdest,
und du wirst vielfach Frucht bringen!

— Ich belehre dich:
Achte in deiner Arbeit auf Harmonie!
L. Auf Harmonie in mir selbst?
— Nein. Viele deiner Schüler sind beisammen,
ohne *zusammen*zugehören.
L. Soll ich sie trennen?
— Ordnen! Gib sehr acht:
Ordne nicht mit dem Kopf, ordne nicht mit dem Herzen,
aber ordne mit Demut, denn *ER* ordnet alles.
(Stille)
L. Warum fühle ich mich in der Stadt so anders
als in der Natur?
— Zwei Kräfte wohnen in allem, was lebt:
die Kraft des Lebens und die Kraft des Todes.
Die eine baut auf, die andere zerstört.

— DU BIST NICHT NUR ERSCHAFFENES GESCHÖPF,
DU ERSCHAFFST UND ZERSTÖRST – VOR ALLEM DICH SELBST.

L. Meinem Gefühl nach geht das Erschaffen so langsam.
— Würdest du es ganz *IHM* überlassen,
so würdest du es nicht langsam finden.
L. Was hindert mich noch *immer* daran?
— Nicht *immer*!
Wenn nichts dich hindert, so merke es dir gut!
Was du einmal kannst,
kannst du immer wieder.
Sorge dich nicht: Auch das Hindernis stärkt.
Je grösser das Hindernis,
desto grösser das Vertrauen in deine Kraft.

DIE GRÖSSE DES HINDERNISSES IST NICHT STRAFE,
SONDERN VERTRAUEN.

— *(zu uns allen;)* Gebt acht!
Es gibt keinen noch so dunkeln Abgrund,
keinen noch so verschlungenen Irrweg,
der nicht WEG wäre.
Dass euch Schrecken und Grauen nicht irreführen!
Habt ihr Glauben, so könnt ihr nicht nur über das Wasser,
sondern über die Leere, die schwarze Leere, schreiten.
Fürchtet euch nicht! Auf dies eine achtet:
Stützt euch auf nichts!
WAS EUCH SICHERSTE STÜTZE SCHEINT,
WIRD SCHWÄRZESTE LEERE.
ERGREIFT DIE STÜTZE NICHT –
SONST WERDET IHR SELBST ZU LEERE!

— NUR EINE *EINZIGE* STÜTZE GIBT ES, DIE NIE TÄUSCHT!
Doch wie wunderbar:
Ein jeder eurer Schritte über die Leere
wird zu einer blühenden Insel,
auf die andere ihren Fuss setzen können.
Doch nehmt nichts Altes auf den Weg!
Leere zieht Leere an.
Unbekleidet müsst ihr euch auf den Weg machen.
Ein Neues, nie gesehenes Kleid erwartet euch.
(Zu Lili gewandt:)
— Verlass das Alte auch in deiner Arbeit!
Suche das ganz Neue!
Wenn du das Alte nicht ablegst,
kannst du dich nicht neu kleiden.
ER kleidet die Lilien des Feldes.
Wie sollte *ER* nicht dich kleiden,
wenn du Glauben hast?
L. Ich fühle, wie das Alte mir im Wege steht,
aber ich sehe das Neue nicht klar.

— Sieh nicht – GLAUBE!
BEGINNE DEINE ARBEIT,
ALS HÄTTEST DU SIE NOCH NIE GETAN!
L. Wenn ich es nur könnte!
(Segnende Gebärde über Lili:)
— Du wirst es können.
Die «Sprechende» ist müde.
Sie hat eine schwere Zeit hinter sich.
Stelle eine letzte Frage!
L. Wo soll ich mich zu bessern beginnen?
— Was ich dir sage, scheint eigenartig:
Schminke dich nicht!
Dich schminken ist dich verbergen, verschliessen.
Bist du müde beim Unterricht,
so schäme dich dessen nicht, und deine Müdigkeit wird weichen.
Bemale dich nicht.
Wahre Farbe wird dir immer gegeben.

Nichts bleibt verborgen:
Alles kommt ans Tageslicht.

Freitag, 24. September 1943

14. GESPRÄCH MIT GITTA

— Begrüssen wir *IHN*!
Ich höre dich gerne an.
(Ich bin um Hanna besorgt, die in den letzten Tagen Schweres zu ertragen hatte.)
— Sorge dich nicht! Die «Sprechende» ist jetzt leicht
und hat keine Schmerzen.

— Hast du mir Fragen gebracht?
G. Ja. Was ist wahre Demut?
— BEUGST DU DAS HAUPT
UND FÜHLST DICH ERHOBEN,
SO IST ES WAHRE DEMUT.
BEUGST DU DAS HAUPT
UND FÜHLST DICH ERNIEDRIGT,
SO IST ES FALSCHE DEMUT.
Bist du mit mir, so erhebe immer dein Haupt.
Beuge es nur, wenn auch ich es beuge.

DU BIST MEIN DICHTERES EBENBILD –
verstehst du?
G. (mit Freude) Oh ja!
— So ist es gut.
G. Könnte ich nur in allem dein dichteres Ebenbild sein!
— Du bist es in allem, nur bist du dir dessen nicht bewusst.
Du musst zuerst Punkt um Punkt erwachen.
JEDE DEINER KLEINEN ZELLEN MUSS ERWACHEN.

— Spürst du, wo du noch schläfst?
G. Dort, wo ich empfindungslos bin . . .
— Und wo ist das?
(Ich weise schnell aufs Herz.)
— Sei vorsichtig! Beobachte, bevor du sprichst!
G. Also nicht das Herz . . .
— Aber wo? Schwer, nicht wahr?
Wenn du nicht spürst, wo du schläfst,
ist das Erwachen schwer.
Soll ich dir zeigen wo?
G. Ja . . . ja! Bitte!
(Auf die Mitte der Stirne weisend:)
— Wie sehr hast du dich geirrt.

G. Dort schlafe ich tief. Wie könnte ich erwachen?
— Du kannst nur erwachen,
wenn du aufhörst, zu träumen.
Solange du auf den Traum achtest,
sinkst du immer tiefer in den Traum.
Erwachende aber sagen alle: «Das ist nicht wahr»
und so erwachen sie.
Der Traum ist beinahe wie das Wachsein.
Irreführend ähnlich. Ihr alle träumt.
Die Sprechende war heute in tiefem Traum,
damit ihr sehet, wie sehr ihr schlaft, ihr alle.
(Anspielung auf den schweren Tag Hannas.)

— JEDER SCHRITT ZU *IHM* IST EIN ERWACHEN.
JEDES SEIN – NICHT NUR DAS EURE – IST NUR TRAUM,
SICH LICHTEND, SICH IMMER MEHR LICHTEND,
ABER DENNOCH TRAUM.
DAS EINZIGE ERWACHEN IST IN *IHM.*

— Ich verkünde euch: Wenn das einzig seiende LICHT
in die tiefste Finsternis gedrungen ist,
wird Erlösung sein.
Wir alle wirken daran mit Freude und Dank. Mit Dank.
Aus Träumenden werdet ihr Erweckende.
Ihr müsst erreichen,
dass jeder von eurem blossen Anblick erwacht.
Ich erwarte deine Frage.
(Ich berühre die Mitte meiner Stirne:)
G. Warum schlafe ich hier noch?
— Denke an die Traumbilder: Sind sie nötig?
G. Nein . . . oder vielleicht als Prüfung . . . ich bin nicht sicher.
— Ich spreche vom gewöhnlichen Traum,
wenn du dich schlafen legst.

G. Er ist nicht nötig, denn ich träume nicht immer.
(Sehr streng:)
— Glaubst du, dass es Unnötiges gibt?
Streiche das Wort: «Warum»!
Auf «Warum-Fragen» werde ich nicht antworten.
Sprich nie mehr das Wort «Warum» aus,
erfülle deine Aufgabe immer ohne «Warum»!
(Die Strenge des Engels lässt mich fühlen, dass diese «Warum-Frage» vor allem einer intellektuellen Neugierde entsprang.)
Jetzt beuge das Haupt, so wahre Demut in dir ist.
(Ich beuge mein Haupt und mein Herz erhebt sich)
— Die Bilder des irdischen Traums
sind nur Hülle für seinen verborgenen Sinn,
doch das Erwachen findest du nur innerhalb dieses Traums,
ausserhalb findest du es nicht.
(Nun sehe ich, dass ich bis jetzt nicht im voll erlebten Alltag das Erwachen suchte)
Jeder Traum ist Hülle . . . du kannst es noch nicht erfassen.
(Um Wasser bittende Geste:)
— Das ist *mir* Traum-Getränk.
Wie wundervoll ist alles!
Unergründbar verborgen und zugleich durchsichtig klar.
— WAS MIR KLAR IST – IST DIR VERBORGEN.
WAS DIR KLAR IST – IST IHNEN VERBORGEN.
(Nach unten weisende Geste bei „ihnen“)
NUR *IHM* IST ALLES KLAR –
SELBST DAS, WAS MIR VERBORGEN IST.
— Wie wundervoll ist alles!
Oben ist unten im Traum,
schwer ist leicht.
Die «Sprechende» war heute oben –
und glaubte unten zu sein, da sie träumte.
Seid ihr unten, so fühlt ihr euch wohl.

— Oben sein und euch dennoch wohl fühlen –
das müsst ihr erreichen.
Der Schwere und des Gewichtes wegen
fällt es euch noch schwer, oben zu sein.
(Stille)
— Ich spreche zur «Helfenden»: Deine Versuche sind richtig.
(Lili führte diese Woche Kopfstand-Übungen ein.)
Im Gewohnten versteckt sich der Fehler.
Im Ungewohnten, Umgekehrten, kommt er hervor.
— Kehre alles um! Immer!
Das Gewohnte ist der Tod, der Verheimlicher,
der Lauernde, der verborgene Feind.
Er schlüpft ins Gewohnte, ins Tote,
ins Gefühlslose, ins Nichts.
Macht hat er nur, solange er verborgen bleibt,
denn jeder ist stärker als er.
Er hat nur eine Stärke: Die Lüge, das Laue, das Verdecken.
Das ist seine Kraft.
Auch *ER* ist verborgen,
doch *IHN* werden wir eines Tages sehen.
Meine Zeit ist um, sende eine Botschaft!
G. Ich sende Dank.
— Ich überbringe ihn.
ER sei mit euch!

Freitag, 24. September 1943

14. GESPRÄCH MIT LILI

(Heute ist Lilis Geburtstag.)
— Ich begrüsse dich am Tage deiner Geburt.

— Du bist wahrlich neugeboren.
Dein Neues Verstehen ist noch schwach,
aber ich wache über dir.
L. Könnte ich einen Befehl erhalten, den ich erfüllen muss?
Selbst wenn ich einen Entschluss fasse,
bin ich zu schwach, ihn durchzuführen.
— Das kleine Kind ist noch schwach.
Fühlt es sich wohl, so isst es ohne Befehl,
so lächelt es ohne Befehl.
Das Lächeln ist deine Aufgabe.
Das kannst du auch ohne Befehl tun.
Deine Nahrung sendet *ER* und ich bringe sie dir.
Alles andere ist überflüssig.

— Wozu glaubst du einen Befehl zu brauchen?
L. . . . damit der Befehl immer in mir sei,
und mich zu *IHM* führe.
— *ER* – und Befehl? *ER* gibt immer und fordert nie,
denn *SEINE* Kraft ist unendlich.
Nur die vernunftlose Masse bedarf des Befehls.
Du aber handelst frei:
Du kannst annehmen und ablehnen,
du kannst dich erheben und sinken.
Das hängt nur von dir ab.
Könntest du töten?
L. Ich hoffe nein!
— Warum dann das Verbot? Wozu dann der Befehl?
Glaube an dich selbst! Sei nicht kleingläubig!
L. . . . deswegen wollte ich während vieler Jahre
Selbstmord begehen.
— Du hast es aber nicht getan, denn du bist gesandt.
Hast du auch jetzt noch Angst?
L. Nein.

— Siehst du, nicht nur *ich* wache über dir:
Das Gebet vieler im Dunkeln Irrender wacht über dir,
denn du bist das einzige Tor für sie.
Sie behüten dich mehr als ich, diese Hilfsbedürftigen.
Du bist mir lieb . . .
(Stille)

L. Darf ich etwas über mein Zeichen erfahren?

— Was willst du wissen?

L. Wenn ich es besser kennen würde, könnte ich besser helfen.

— Dein Zeichen ist Spiegelbild *SEINES* Zeichens.
Beide vereint sind das Zeichen der Erlösung.

SEIN Zeichen	das Zeichen des Helfers	das Zeichen der Erlösung

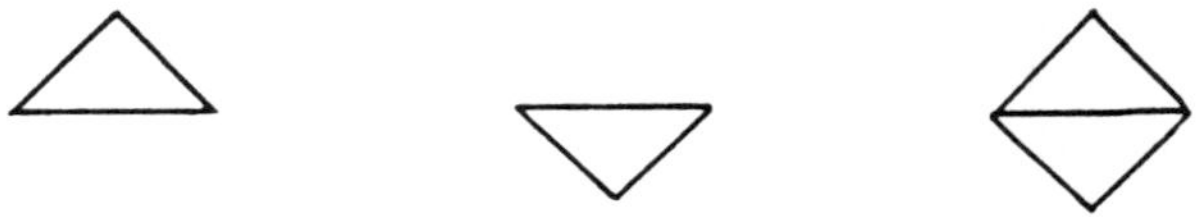

— Bete so, die Hände auf dem Herzen . . .

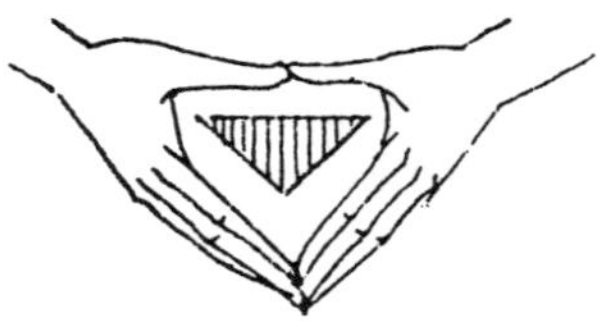

— und über dein Zeichen wird sich *SEINES* erheben.
Sprich, Geliebte!

L. Ich bin so unsicher zu Beginn dieses Schuljahrs.

— Ich danke *IHM*, dass du unsicher bist.
Das Unsichere birgt das EINZIG SICHERE.
Was sicher scheint, das ist der Tod.
Das Neue ist immer unsicher.

L. Ich mache nicht genügend neue Versuche in meinen Kursen.

— MIT DIR WIRD VERSUCHT - NICHT DU VERSUCHST.
Das genügt.
(Ich frage mich, ob diese Gespräche wohl Versuche sind, eine dauernde Brücke zwischen uns Menschen und den göttlichen Kräften zu verwirklichen?)
L. Ich finde den neuen Geschmack in meiner Arbeit nicht . . .
Vielleicht, weil ich nicht genügend Versuche mache?
— Fühlst du es nicht, das Neue?
L. Ich erwarte immer mehr . . .
— Ist das Neue messbar?
Das winzig kleine Neue ist mehr, als alles Alte.
Es wird nicht mit Gewichten gewogen.
Kannst du in deinem Herzen erfassen,
was das winzige Neue in dir bedeutet?
Es kann alles verändern! Alles!
In allem wird es erscheinen. In allem!
Es tilgt den Geschmack des Alten.
Vor Altem wird dir ekeln.

— DIESES WINZIG NEUE IST DER SAME
DES REICHES GOTTES IN DIR.
Gesegnet sei der Boden, der den Samen aufnimmt,
und gesegnet sei seine Frucht!
Hast du noch Zweifel in deinem Herzen?
L. Nein.
— So ist es gut.
L. Wenn es nur so bliebe . . .
— Unverderblich ist dieser Same, das ist sicher.
(zu mir gewandt:)
— Weisst du, was der Schleier in deinem Traum bedeutet?
Der alte Traumschleier ist nicht mehr nötig.

(Auf Joseph zeigend:)
— Was dir Schleier war, war Mauer beim «Sohne» –
die alte Mauer, die der Mensch zwischen sich
und seinem Schöpfer errichtet hat.
(Joseph war in seiner Jugend Materialist.)
— Die Zeit ist da, wo die alten Mauern einstürzen.
Die dürren, harten Mauern werden niedergerissen.
(Josephs Aufgabe bezeichnend:)
— Er, der «Bauende», wird Neue Mauern errichten.
(Eine um Wasser bittende Geste. Lili bringt es.)
— Ich *bat* um Wasser, ich habe nicht *befohlen.*
Dennoch tatest du es leicht.

— HÖRE AUF DIE BITTEN!
DAS ÖFFNET VERBORGENE KRAFT IN DIR,
UND ALLES WIRD LEICHT.

— Berge wirst du heben und versetzen,
als wären sie leicht wie Seifenblasen.
(Stille)
L. Wie gut ist es, so erfüllt zu sein!
— Glaube mir, der Becher wird immer gefüllt,
wenn jemand durstig ist.
Nicht für den Becher ist das Wasser da,
sondern für den Dürstenden.
Nicht auf Befehl bin ich hier,
deine Bitte bringt mich her.
ER erlaubt mir zu dienen und ich diene mit Freude.
Du darfst fragen.
L. Die Beziehung zwischen Mann und Frau ist so problematisch . . .
— Auch hier gibt es nur *einen* Weg für dich:
zu geben und nicht zu erhalten.
Von *IHM* allein kannst du erhalten.

— Allen andern sollst du geben.
Noch ist es für nichts zu spät.
Dir wird gegeben, wessen du bedarfst.
Solange du Mangel fühlst, willst du erhalten.
Mein kleiner Diener, ist es so?
L. Wie klar ist das!
— Weiche nicht ab vom Weg und alles wird dir gegeben,
denn der Weg ist alles.
Nehmen wir Abschied?
L. Wie *ER* es will . . .
— Auf dem Weg bin ich immer da.
Auf dem Weg müssen wir uns nicht trennen.
Auch ich habe einen Weg – er ist eins mit dem deinen.

— Die Kraft der «Sprechenden» ist zu Ende.
Danken wir *IHM* – wir alle!

Freitag, 1. Oktober 1943

15. GESPRÄCH MIT GITTA

— Die Zeit ist nahe,
da ich keinen Weg mehr zurücklegen muss,
um zu euch zu kommen.
(Diese Worte erfüllen mich mit grosser Freude.)
— Was euch Weg ist, ist mir Gewicht.
Das Gewicht, das die Erde drückt, ist WEG.
Erlösung hebt das Gewicht auf –
es wird nicht mehr sein.
Doch bis wir nicht *eins* sind,
können wir nichts aufheben.

— Jeder Rausch ist Vorgeschmack des Gewichtlosen
und deshalb sucht ihn der Mensch – doch auf falschem Weg.
WERDET TRUNKEN IN GOTT!
DAS IST DES WEINES SYMBOL,
DAS IST *SEIN* BLUT.
— Tugend, Güte und gute Vorsätze
sind nur leere Tonscherben ohne den Trank.
Dürstet nach dem Rausch mit unstillbarem Durst,
denn er allein erlöst!
Was wollt ihr geben, wenn nichts in euch ist?
Nur elende Tonscherben seid ihr ohne den TRANK.
DEM, DER WAHRHAFTIG UM TRANK BITTET,
DEM WIRD ER GEGEBEN!

— Ist das schwer für euch?
G. Es erhebt!
— Höret: Jeder Rausch ist Ehrung Gottes.
Der kleinere Rausch wird vom grösseren verzehrt,
aber er lebt weiter in ihm.
Nichts geht verloren.
Kein Zweifel sei also in deiner Seele.

DER RAUSCH IST DAS HEILIGSTE.

— *(nach langer Stille:)* Du darfst fragen.
G. Ich denke an meine Vergangenheit:
Meine Gefühlsbeziehungen waren recht unwürdig . . .
— . . . weil sie Selbstzweck waren.
Die tierischen Geschöpfe paaren sich nicht aus Selbstzweck,
doch des Menschen Instinkt wurde vom Verstand verfälscht.
Du hast nicht gedient.
G. Wie könnte ich diese Sünde auflösen?
— Wovon willst du dich befreien?

G. Vom Gewicht meiner Vergangenheit.
Es ist so unfruchtbar und ich schäme mich seiner.
— Was ist Gewicht?
(Diese Frage bewirkt in mir einen plötzlichen Umschwung aller bisherigen Werte. Alles wandelt sich in sein Gegenteil. Was ich verachtete, was ich vergessen wollte, was bedrückendes Gewicht war, wird Weg.
Erleichtert atme ich auf und sage:)
G. Gewicht ist Weg.
— Es gibt vielerlei Gewichte,
doch es gibt nur *einen* Weg.
Jedes Gewicht hat einen Namen –
der WEG hat keinen Namen.

— WER GEWICHTLOS IST AUF ERDEN, IST WEGLOS.
Die Materie, die ihr auf euch genommen habt, ist das Gewicht.

— KÖNNTET IHR DIE SEHNSUCHT DES GEWICHTES
NACH DEM LICHT ERFASSEN –
KÖNNTET IHR DIE SEHNSUCHT DES LICHTES
NACH DEM GEWICHT ERAHNEN –
SO WÜRDET IHR DEN RAUSCH KOSTEN.

(Die Intensität dieser Worte ist für Hanna kaum noch zu ertragen.)
(Langsames Wassertrinken.)
— Ich bin tiefer gestiegen. Frage, mein Diener!
G. Ich habe keine Fragen mehr,
aber ich dürste nach *deinen* Worten.
— Nicht *meine* Worte sind es!
G. Hast du letzte Woche von meiner «Botschaft» etwas anderes
als Dank erwartet?
— Alles kommt zu seiner Zeit.

— Wenn die Sonne jeweils wiederkehrt,
sendet die Erde ihrem Schöpfer Botschaft.
Wenn dich das LICHT erreicht, wirst auch du Botschaft senden –
ob du willst oder nicht.
Ich habe dich auf die Probe gestellt,
ich war nicht enttäuscht.
Ich weiss den Samen in gutem Boden.
Frage!

G. Ist der Augenblick des Todes wichtiger,
als jeder andere Augenblick im Leben?

— Nur für die Säumenden.
Von welchem Augenblick weisst du,
ob er nicht der letzte ist?

BIST DU EINS MIT *IHM*, SO GIBT ES KEINEN TOD.

— Ich antworte noch auf zwei deiner zahlreichen Fragen.
(Der etwas ironische Tonfall belustigt mich. Ich habe tatsächlich eine lange Liste sorgfältig vorbereiteter Fragen in meiner Tasche.)

G. Ich lüge leicht und habe oft keine Beziehung zu den Worten,
die ich ausspreche.

— Ein Fels. Im Felsen mehrere Schichten.
Liegt eine schwere Schicht auf einer schwachen,
so gleitet sie.
Die Last drückt und gleitet, gleitet ständig.
Achte auf die schwache Schicht!
Sage nie Unwahres!
Präge es deinem Herzen ein!
Verabscheue selbst den Schatten der Lüge!
Ruhen zwei Gewichte aufeinander,
so sind sie die Grundmauer des Domes.
Gleiten sie, so sind sie das Nichts.

— DAS WORT IST TRÄGER DES LICHTS.

Wahres Wort hat Gewicht – Unwahres ist gewichtlos.
Der Böse freut sich der Bresche,
denn er ist der Vater aller Lügen.
Die Lüge lockert auf, zerbröckelt.
Nicht die Gewalt zerstört die Mauern, sondern die Lüge.
Du hast noch eine Frage.

G. Was bedeutet der Traum dieser Nacht?

— Die Lehre, die dir im Traum gegeben wird,
die verstehe selbst,
sonst wäre sie dir nicht im Traum gegeben!

(Ich bin von dieser plötzlichen Weigerung sehr enttäuscht. Die Traumdeutungen meines Engels hatten mir bis jetzt sehr geholfen. Nun wird mir bewusst, dass ich es seit einiger Zeit unterlassen hatte, selbst nach Erklärungen zu suchen, da ich mir sagte: «Wozu auch? Es wird mir ohnehin viel besser erklärt werden.» Diese Denkfaulheit ist wohl der Grund für die jetzige Weigerung.)

Freitag, 1. Oktober 1943

15. GESPRÄCH MIT LILI

— Jeder deiner Gedanken zu mir
ist wie ein feiner, hauchdünner Faden,
der Gegengewicht zu den tausend Seilen zu sein vermag,
mit denen dich die Erde an sich zieht.
Wie schwer ist es, zu heben,
aber wie notwendig, mein kleiner Diener!
Gib sehr gut acht, denn das ist der Kern all deiner Arbeit.

— Verstehst du dies?
L. Nicht ganz.
— Was ist nicht klar?
L. Soll ich gegen die hinunterziehenden Seile arbeiten?
— Stelle dir vor, dass du aus hundert Punkten bestehst.
Jeder Punkt ist durch ein Seil mit der Erde verbunden.
Hundert Punkte!
Von jedem Punkt geht aber auch ein Strahl zu Gott.
Der Mensch, der den WEG vergessen hat,
spürt nur noch die Seile.
Törichterweise will er sich von ihnen befreien
und nimmt sie nicht an.

IN JEDEM PUNKT, DEN ER NICHT ANNIMMT,
REISST ER SICH VON GOTT LOS.

— Sind die hundert Seile schwer, so ist es gut.
Sind sie gewichtlos, so ist es die Finsternis,
die draussen ist, Abfallen vom Weg.
Es ist dir gegeben, die hundert Punkte mit Gott zu verbinden.
Neunundneunzig genügen nicht.

Leicht ist der hohle Baumstamm,
leicht die samenlose Frucht,
leicht die dürre Distel.
Der fruchtbeladene Baum aber ist schwer,
jeder seiner Äste beugt sich zur Erde,
doch seine Last ist süss und leicht.
Lehre deine Schützlinge das Gewicht
und sie werden den WEG wiederfinden.
(Geste von oben nach unten, gefolgt von einer Geste von unten nach oben:)
— Die Linie der niederziehenden Kraft ist dieselbe,

wie die Linie der hebenden Kraft,
nur die Richtung ist anders.
Gewicht *(Geste nach unten)*
und Glaube *(Geste nach oben)*
sind ein und dasselbe.
(Geste einer waagrechten, erregten Wellenbewegung,
die sinnlos scheint.)
. . . und das ist das gewichtlose Nichts.
Frage!

L. Ist das Zunehmen des Mondes von Bedeutung für mein Tun?

— DER MENSCH IST DAS WESENTLICHE DER ERSCHAFFENEN WELT.

Eine Hälfte von ihm – seine bessere –
ist jenseits des Erschaffenen.
Alle Kräfte werden dir einst dienen.
Aber bis dahin . . . dienst *du* ihnen.
Daraus kannst du ermessen, wie weit du bist.
Die Mondsichel wächst und auch du wächst.
Dein Nagel wächst und du wächst nicht mit ihm.
Vor Gott ist der Mond nicht grösser als dein Nagel.
Bald wirst du es verstehen.

— HAST DU GLAUBEN,
SO SCHWINDET DEINE LAST
MIT ABNEHMENDER KRAFT DES MONDES –
UND SO SCHWILLT DEINE KRAFT
MIT ZUNEHMENDER KRAFT DES MONDES.

— Wo das Gewicht störend wirkt, dort ist der Fehler.
Alle hundert Punkte sollen Last tragen,
jeder Punkt soviel, wie er kann.

L. Der atmosphärische Druck lastet auf mir . . .

— Es ist dasselbe wie mit dem Mond: Nütze den Druck aus!
Wunderbar kann seine Hilfe sein,
wenn du nicht gegen ihn, sondern *mit ihm* arbeitest.
Gib ihm nach und du wirst ihn beherrschen.
Er kann dich nur bis zum Boden drücken, nicht weiter.
Er wird dir helfen,
die richtige Verteilung für das Gewicht zu finden.
Trägt jeder der hundert Punkte gleich,
so hat der Druck keine Macht mehr.
Versuche es und du wirst es verstehen!

— Wie töricht ist der Mensch –
wie ein König, der gegen sein eigenes Volk kämpft!
Er aber sagte: «Liebe deine Feinde!»

— JEDE KRAFT IST FEIND,
WENN DU SIE NICHT LIEBST.
DU KANNST SIE NICHT LIEBEN,
WENN DU SIE NICHT KENNST.
WIRST DU ABER *EINS* MIT IHR,
SO GIBT ES KEINEN FEIND.

— Frage!
L. Ich bin so selten demütig, das tut mir weh.
— Was hindert dich daran?
L. Ich vergesse es.
— Siehst du! Das ist auch schon die Antwort: Übe es!
Denkst du daran, so kannst du immer demütig sein.

DENKST DU BEI JEDEM BEGINN AN *IHN,*
SO FÜHLST DU DICH IMMER SELTENER FERN VON *IHM.*

Die Zeit ist um.

Freitag, 8. Oktober 1943

16. GESPRÄCH MIT GITTA

(In der intensiv gewordenen Stille fühlen wir die wortlose Gegenwart meines Engels. Eine Mücke sticht Hanna in den Arm.)

— Hilf der «Sprechenden»! Befeuchte ihren Arm!
Ich komme wieder.
(Ich befeuchte Hannas Arm. Nach langem Warten:)
— Gebt gut acht!
Welch winziges Geschöpf – und dennoch kann es stören!
So achtet auf den allerkleinsten Fehler!
Was bisher gut war, ist nun nichts mehr.
Freut euch,
denn wir verlangen Vieles und Schweres von euch.
Vollkommen sei das Lied, das ihr nach oben sendet.
Bedenket: Ihr singt es für *IHN*!
Was ist die erste deiner vielen Fragen?
G. Welches ist die Last, die ich zu tragen habe?
— Törichtes Kind! Weisst du, wie schwer die Last ist?
Hebe soviel du kannst – das ist das Mass,
denn du hebst sie an vieler Statt.
Immer mehr wirst du heben können.
Wie könntest du sie also im voraus kennen?

— WAS DU AN ANDERER STATT HEBST,
KANN DICH NICHT NIEDERDRÜCKEN.
NUR WAS DU ZU HEBEN VERSÄUMST,
DRÜCKT DICH NIEDER.

— Das Heben des Gewichts wird nicht von Leiden begleitet!
G. *(erleichtert:)* Danke!

G. Wie kann ich gegen die dichten, einschläfernden Nebel kämpfen, die sich auf mich senken?

— Dichter Nebel, schwere Dunstschichten
senken sich auf die Erde, wenn die Kraft der Sonne schwindet.
Flammst und loderst du in jedem Augenblicke vor dem HERRN,
wo ist dann der Nebel?
Frage!

G. Wie könnte ich die Mauer niederreissen,
die zwischen mir und den Menschen ist,
und die mich ihnen gegenüber gefühllos macht?

— Die Mauer ist nicht da, wo du sie wähnst.
Ich sage dir etwas Befremdendes:
Gegen *dich selbst* bist du gefühllos.

(Ich bin so erstaunt, dass ich glaube, schlecht gehört zu haben:)

G. Gegen mich . . .?

— Gegen *dich selbst*! Jedes Werkzeug ist heilig.

(Wieder trennen mich Nebel vom Sinn des Gehörten.)

— Nebel?
DU HAST DICH SELBST ZERSTÖRT.
Auch jetzt verstehst du nicht?

G. Doch! Wie könnte ich das gutmachen?

— Indem du andere beschützest. Anders geht es nicht.
Die Mauer ist in dir.
Mit eigener Hand hast du sie erbaut
und hast dich dahinter vor dem HERRN verkrochen.
Fast jeder Mensch verkriecht sich so vor *IHM.*
Du hast also genügend zu tun.
Welch schreckliche Gefängnisse!
Jedes Gefängnis wird sich einmal öffnen,
aber dem, der sein eigener Gefangener ist.
dem öffnet es sich nicht.
Ewige Finsternis! Schreckliche, ungangbare Finsternis!

— Furchtbar ist es, ohne Licht zu sein.
Hilf also, die Mauern niederzureissen!
Wir können da nicht helfen,
du aber, mein Diener, denn du weisst, was das Gefängnis ist.
Brenne – so wird der Himmel in dir sein,
und alles wird dir möglich!

— DEM STARKEN IST DIE SÜNDE: LEHRE.
DEM SCHWACHEN: VERDAMMNIS.

(Die altanerzogenen Begriffe von Schuld und Sündhaftigkeit verlieren durch diese Worte ihre Macht. Ein frohes Verantwortungsgefühl erfüllt mich.)

G. Wie kann ich sofort merken, ob ich mich zu sehr anstrenge?
— Nicht auf die Anstrengung – auf die Kraft achte!
G. Wie ist das möglich?
— Merkst du es, wenn Kraft aus dir strömt?
G. Ja.
— Sie soll immer strömen.
Strengst du dich an, so stockt sie.
G. Weshalb stockt sie? Was ist mein Vergehen?

— NUR EIN EINZIGES VERGEHEN GIBT ES:
SICH VON *IHM* ABZUWENDEN.

— Jede Tat, jeder Gedanke sei vor *IHM*
wie eine aufgeblühte Blume,
und es wird kein Vergehen mehr geben.
(Die Grösse dieser Anforderung schmettert mich nieder.)
G. . . . dann muss ich aber ganz *anders* zu leben beginnen!
Nicht *anders,* sondern besser.
Du kommst auf *anderem* Wege nicht schneller weiter,
selbst wenn du eilst.

— Hast du noch Fragen?
G. Es ist noch viel Lüge in mir . . . aber wo?
— Wo fühlst du die Kraft, die dir gegeben ist?
G. In meinen Taten . . . wenn ich male?
Oder wenn ich jemanden wirklich liebe?
(Blitzschnelle Bejahung:)
— Alles andere ist Lüge
und unwürdig vor *SEINEM* Angesicht.
G. Dann bin ich aber sehr unwürdig.
— Urteile nicht!
Verschieden sind die Gesetze für das Wasser und den Dürstenden.
Das Wasser ist immer Wasser,
der Dürstende aber hat nicht immer Durst.
Gefriert das Wasser, so verdurstet der Dürstende.
Verdunstet das Wasser, so verdurstet der Dürstende.
In ihrem Durste töten die Menschen einander.
Aber Blut ist nicht Wasser –
und sie werden immer durstiger.
(Stille)
Lasst uns *IHN* anbeten! Öffnen wir unsere Herzen!
Ich nehme Abschied.

Freitag, 8. Oktober 1943

16. GESPRÄCH MIT LILI

(Es dunkelt. Wir benützen die Pause zwischen den zwei Gesprächen, um eine angenehme Beleuchtung zu machen, was eine geraume Zeit dauert. Plötzlich erlischt das Licht. Ich stehe auf, um es wieder einzuschalten, aber eine strenge Stimme hält mich zurück:)

— *Ich* habe es ausgelöscht!
(Sofort wird uns klar, wie unwürdig es war, der ästhetischen Frage der Beleuchtung so grosse Wichtigkeit beizumessen und Lilis Meister warten zu lassen.)
— Mache Licht!
(Ich zünde eine Lampe an und wende mich anderen zu)
— Genug!
Undurchdringliche Finsternis.
Eine Bewegung . . . und der Mensch macht Licht.
(Auf die Glühbirne weisend:)
Heilige Kraft – in Gefängnisse aus Glas eingekerkert,
die dem Menschen die Ruhe der Nacht nehmen.
Sieh! Es gibt nur noch Gefängnisse auf Erden.
Du aber hast den Schlüssel. Wo bist du gefangen?
L. In der Gewohnheit.
— Dein eigenes Gefängnis. Wo bedrückt es dich?
L. Das Gewohnte kehrt immer wieder zurück.
— Es kehrt nicht zurück – *du* verlässt es nicht.
Allein von dir hängt es ab.
L. Zwei Dinge beunruhigen mich:
Die Furcht vor dem Neuen und das Festhalten am Gewohnten.
— Halte dich an das ewig Wahre.
Das Gewohnte ist nicht das Wahre,
das Gewohnte ist das Dunkle,
das Gewohnte ist das ewig Unwahre.
Im Gewohnten können wir uns nicht begegnen.

— UNNÖTIG, DAS GLAUBHAFTE ZU GLAUBEN!

L. Wie könnte ich mich von den Hindernissen,
die in mir sind, befreien?
— Nicht in dir sind sie. Das Hindernis ist Aufgabe.
Tust du alles zuerst selber, was du von anderen verlangst?

L. Nicht alles.
— Nur *so* kannst du helfen.
Die Hindernisse, die du in dir fühlst, sind überall.
Auf dem wahren Weg gibt es kein Hindernis,
nur auf dem falschen.
Zwischen uns gibt es nur dann Hindernisse,
wenn du auf falschem Wege bist.
(Stille)
L. Können wir etwas gegen die Schrecken des Krieges tun?
(Schnelle Geste mit verbietender Kraft:)
NEIN! DER KRIEG IST DAS GEWOHNTE.
ES IST NICHT MÖGLICH, GEGEN DAS VERGANGENE ZU KÄMPFEN.
WENDET DAS HAUPT DEM NOCH NIE GEHÖRTEN ZU!
(Ich verstehe, dass nur das Neue die altgewohnten Impulse umwandeln kann.)
L. Das Schuljahr beginnt und ich habe noch viele Zweifel . . .
— Hast du das auch im vergangenen Jahr gefühlt?
L. Nicht im selben Mass.
— Also bist du auf dem guten Weg.
Breit ist der Weg, der ins Verderben führt, schmal der wahre.
Schmal, da der Mensch ihn nur einzeln begehen kann,
denn er bahnt ihn selbst.
Noch nie Gesehenes erhellt den Weg,
noch nie Gehörtes führt dich.
L. Warum werde ich gleich ungeduldig, wenn ich etwas Neues spüre und möchte mehr davon?
— Noch immer nicht genug! Dürste *immer* nach Gutem und Neuem!
Dem Dürstenden wird immer gegeben, immer.
Du kannst nie genug durstig sein,
denn du bittest nicht für dich selbst!
Das Mass der «Helfenden» ist anders, als das der Vielen.
Ihr alle seid Helfer.
Senden wir *IHM* einen Gedanken!

Freitag, 15. Oktober 1943

17. GESPRÄCH MIT GITTA

(Hanna hat seit einer Woche Grippe mit hohem Fieber. Ich sorge mich, ob sie wohl genug Kraft zum Gespräch haben werde.)

— Ich bin bereit.
G. Gott sei Dank!
— Sei nie besorgt, nie kleingläubig!
Frage, denn die Zeit ist kurz bemessen!
G. Wie könnte ich mich als Werkzeug fühlen,
um gerechter zu mir selbst zu sein?
— Wer hat dich erschaffen?
G. Gott.
— *SEIN* Werk ist heilig.

— DU BIST NICHT NUR GESCHÖPF,
DU HAST AUCH ANTEIL AN *SEINER* KRAFT.
DU BIST DEIN EIGENES GESCHÖPF.
ENTSCHEIDE DEMGEMÄSS!
Du selbst hast Gutes und Schlechtes hervorgerufen.
Wähle das Gute und das Schlechte verschwindet,
denn niemand ist da, es zu erschaffen.
Was du *jetzt* formst,
wird sich nicht gegen seinen Formgeber wenden.
Das Gefäss, das du einst formtest,
ist schon leer und ausser Kraft -
von ihm hast du nichts zu befürchten.
Frage!
G. Worin gleiche ich dir am wenigsten?
— Jede deiner Fragen betrifft *dich selbst.*
Darin gleichen wir uns nicht.

— Da gehst du fehl.
Der Grund aller Dinge ist so unendlich weit weg,
dass dein verschleiertes Auge ihn nicht sehen kann.
Folge der Linie, die aus dem Unendlichen kommt,
folge ihr froh und frei,
und alle Last wird schwinden.
(Etwas öffnet sich in mir, ich seufze erleichtert auf.)
— Es ist schon leichter.

(Gleichzeitig mit dem Läuten der Kirchenglocken ist das knarrende Geräusch des Brunnenhebels zu hören.)
— Die zwei Stimmen . . . hörst du sie? So kämpfen sie!
Eine dritte wird siegen: die Neue.
Die Neue Stimme ist die Stille.
In dir ist keine Stille.
(Gebärde des Auf und Ab des Brunnenhebels, gefolgt von der des Hin- und Herschwingens der Glocke:)
— Du strengst dich an – oder du schwingst.
Die Stille hängt nicht vom Lärm ab,
und deshalb ist es sinnlos, ihn zu fliehen.
Die Stille ist die Gesamtheit aller Töne.
Erwartest du noch etwas von mir?
G. Ich freue mich, dass du hier bist.
— Höre gut: Ein wunderbarer Spiegel ist in dir.
DIESER SPIEGEL OFFENBART ALLES.
ER RUHT IN DIR UND SPIEGELT *IHN.*
JEDOCH NUR, WENN STILLE IST.

— Senkt sich eine kleine Mücke darauf,
so ist das Spiegelbild getrübt.
Ist der Spiegel nicht klar,
so kannst du nicht schaffen.
Wende alle Aufmerksamkeit dem wunderbaren Spiegel zu!

— Der Himmel verbirgt sich nicht vor dem Spiegel.
(Nach langer Stille, mit veränderter Stimme:)
— Fühlt ihr noch immer nicht das Wunder in eurer Mitte?
Es schreitet unter euch, das Wunder der Sieben.
Sein Name ist noch geheim.
(Ganz leise:)
— Die siebenfache Seele der Neuen Welt, das grosse Geheimnis.
Ihr Fuss ist die Wahrheit.
Ihr könnt sie noch nicht sehen.
Seid also wahr, auf dass ihr zumindest bis zum Fusse sehet!

— DIE STILLE, DIE ICH EUCH LEHRTE,
IST DIE SUMME ALLER GEHEIMNISSE.

— Handelt im Namen der Stille!
(Wir alle fühlen, dass sich etwas Wesentliches zu entschleiern beginnt. Ich warte sehr darauf, dass mein Meister wieder von der siebenfachen Seele der Neuen Welt spricht.)

Freitag, 15. Oktober 1943

17. GESPRÄCH MIT LILI

— Ein wunderbarer Kelch senkte sich vom Himmel nieder.
Das Menschenkind fing ihn auf –
und liess ihn fallen.
In tausend Stücke zersplitterte er,
in klirrende Tonscherben: in Worte.
Viele Worte sind nichts – nur der Kelch IST.
Immer wieder senkt er sich vom Himmel nieder.

(Ermunterndes Lächeln.)

L. Wie gut wäre es, immer so wie du lächeln zu können!
— Was hindert dich daran?
L. Ich weiss es nicht . . .
— Dir fehlte die Freude.
Jetzt aber kommt keine Freude eurer Freude gleich.
L. Ich bin undankbar. Ich habe auch nicht dafür gedankt,
dass du mir letzte Woche mehrmals geholfen hast.
— «Mehrmals», «vielmals», «oft»
sind noch Scherben, sind noch Splitter.
Das ist noch nicht das EINE.
Freust du dich zehnmal,
so sind zehn Lücken zwischen den zehn Freuden.
In unendlicher Freude
wurdest du zu Beginn der Welten gezeugt.
Die EINE Freude ist dir möglich.
Frage!
L. Wie kann ich richtige Menschenkenntnis erlangen?
— Menschenkenntnis? - Es gibt sie noch nicht,
denn es gibt den MENSCHEN noch nicht.

— DER MENSCH IST SO GROSS,
DASS SELBST ICH IHN NICHT SEHE.

Die Antwort auf deine Frage aber kam schon lange.
Ihr nennt es: Liebe.
Auch sie ist nur ein Splitter,
sie werde aber eins wie die Freude,
EINS und unteilbar!
In euch dämmert es schon -
nicht wenn ihr beisammen seid,
sondern wenn ihr EINS seid.
Frage!

17. GESPRÄCH MIT LILI

L. Warum stürzen wir so leicht in die Tiefe, ins Schlechte?
— Langt der Stürzende unten an, dann stürzt er nicht mehr,
sondern fühlt nun den Schmerz.
Warum stürzte er? Weil er nicht diente.
Die EINZIGE Stütze liess er los: das Unfassbare.
Nach dem Fassbaren griff er und es schlug ihn nieder.
Sein Sturz beginnt nicht jetzt -
jetzt langt er unten an.

— Das EINE, unteilbare Lächeln
ist das einzige, das hilft.
Bist du mit Trauernden *zusammen,*
so trauerst auch du.
Bist du mit ihnen *eins,*
so machst du sie freudig.
(Stille)
L. Warum teile ich meine Zeit so schlecht ein?
— Aus vielen Stunden wird nie Unendlichkeit.

— IST DAS UNENDLICHE IN EUREM HERZEN,
SO WIRD DIE ZEIT IN EUREN HÄNDEN GEBOREN,
UND ZEIT FÜR ALLES WERDET IHR HABEN.

(Auf Lilis Armbanduhr blickend:)
— Törichtes Gerät! Es zersplittert das Unendliche
und der Mensch glaubt, mehr zu bekommen.

Ein unsagbares Wunder wird geboren: das EINE.
Fühlt ihr es, das EINE, das naht?
Das EINE, das Ganze, hat nichts zu fürchten.
Fürchtet euch nicht, niemand unter euch,
wenn ihr *eins* seid.
Du darfst fragen.

L. Die Psychoanalyse, die man hier ausübt, stört mich.*
Was ist wohl falsch an ihr?
— Sie zerstückelt und ist nicht fähig, zusammenzusetzen.
Das ist es, was dich stört.
L. Diejenigen, die es besser verstehen als ich,
behaupten, dass die Psychoanalyse auch zusammensetzt . . .
— Wie törichte Kinder setzen sie Bausteine zusammen.
Mit der allerheiligsten Aufgabe spielen sie.
Sie sind sündiger als alle andern,
denn sie betrügen die Gutgläubigen.

— SIE ZERREISSEN DAS LEBENDIGE, DAS SICH FORMENDE
UND ZERKNETEN ES, ZERMALMEN ES.

Überall werden zersplitterte,
auseinandergerissene und tote Scherben zusammengeklebt.
Kehricht wird hinweggefegt.
Wir kleben nichts,
weder Stunde an Stunde, noch Hand an Fuss,
noch Lächeln an Lächeln, noch Mensch an Mensch.
Es wurde genug geklebt!
Der Neue Wein wird nicht in geklebte Krüge gefüllt,
denn er zersprengt sie.
«Pflicht», «Achtung»
und wer weiss, wieviele andere Namen die Klebe noch hat!
Umsonst übermalt ihr die Klebestelle:
Nur schon die Ankündigung des Neuen Weines
lässt alles zerfallen, was geklebt wurde.
Nicht jetzt zerbricht es,
ABER JETZT KOMMT DER NEUE WEIN.
Fürchtet euch nicht! Lebt im Namen des EINEN!

* In Budapest wurde die Freud'sche Psychoanalyse ausgeübt.

Freitag, 22. Oktober 1943

18. GESPRÄCH MIT GITTA

(Ich habe ein neues Kleid angezogen.)

— Mit Sorgfalt wähltest du dein Kleid,
doch mit viel grösserer Sorgfalt kleide deine Seele,
wenn du mich erwartest.
(lächelnd:) Ich freue mich aber an deinem schönen Kleid.

G. Wie könnte ich das Wesentliche hinter den Dingen wahrnehmen?

— Fühlst du zweierlei?

G. Nein, aber ich neige dazu, *nur* die Form zu sehen.

— Neigung ist Diener und du bist ihr Herr,
wenn du erkennst, dass du nur die Hälfte *SEINES* Werkes siehst.
Achte auf die andere Hälfte!
Zwei Augen hast du und siehst nur Eines.
Zwei Ohren hast du und hörst nur einen Ton.
In dir ist das Eine und die Zwei.

G. Wie könnte ich die Einheit unter uns nie mehr stören?

— Du fragst immer dasselbe.

G. Es ist noch so schwer.

— Es ist *schon* so schwer. Freue dich, es schwer zu fühlen.

(Ich fühle mich verkrampft.)

— Schwer?

G. *(entspannter)* Jetzt ist es gut.

— Wie leicht ist das Gute, wie leicht ist das Wahre.
Der Stein weiss nicht, dass er schwer ist.
Der Leichnam weiss es auch nicht.

G. Was ist wahre Freiheit?

— Der DIENST. Dienst du, so bist du eins mit *IHM*
und bist frei.
Es gibt keine Schwere, keine Zeit, kein Mass
und keine Menge mehr. Oh, könntet ihr doch dienen!

G. Durch was wurde das Geschlechtsleben des Menschen verdorben?
Das Tier ist zeitweise paarungsfähig,
der Mensch ist es immer. Ist das Verdorbenheit?
Was ist das göttliche Gesetz,
und wie könnten wir zu ihm zurückfinden?
(Nach langem Schweigen:)
— Höre gut zu:
Die heilige Kraft, nach der du fragst,
ist für das Neue gegeben,
doch nicht für eine immer neue Menge von Körpern.
Der Mensch erhielt soviel mehr von dieser Kraft,
wie Mangel auf Erden ist.
Aber nicht viele Menschen sind nötig,
sondern der MENSCH.
Der Mensch hat die heilige Kraft gestohlen,
und jetzt büsst er, furchtbar büsst er.
(Ich verstehe, dass das «Mehr» an schöpferischer Kraft, das der Mensch erhielt, seinem Werden zum neuen Menschen dienen soll und weder in Askese verdrängt noch in Masslosigkeit vergeudet werden darf.)
— Es kommt die Zeit, wo all das nicht mehr sein wird.
Ich verkünde die Zeit, sie ist nahe.
Freut euch dessen von morgens bis abends!
Welch wunderbare Schönheit!
(Stille)
— Du bist Hüter einer heiligen Kraft.
Teilst du sie aus und behältst sie nicht für dich,
so hast du nichts zu befürchten.
Wird die Kraft erhoben,
so bleibt die leere Hülle ohne Kraft zurück.
Noch immer fürchtest du das Alte! Ohne Grund.
G. Wie könnte ich die Kraft ständig fühlen,
um sie immer auszustrahlen?

— Gerade umgekehrt ist es!
Du kannst sie nur fühlen, wenn du sie ausstrahlst.
Niemals sieht die Sonne ihre Strahlen,
doch ihre Monde strahlen sie zurück.
Bedenke, dass auch die Sonne nur ein Mond ist,
denn alles spiegelt *SEIN* Licht.

— *ER* BETRACHTET SICH IN UNS.

Seid also reine Spiegel!
Trübe, zersprungene Spiegel werden verworfen,
denn sie sind unbrauchbar.
Was beunruhigt dich noch?
G. Nichts. Ich freue mich über deine Lehre.
— Sie ist *nicht* die Meine.
Mit jedem Tag wird es leichter werden,
und eure Freude wird vollkommen sein.
Ich nehme Abschied.

Freitag, 22. Oktober 1943

18. GESPRÄCH MIT LILI

— Seid aufmerksam:
Die Sünde kann nicht vernichtet werden,
denn es gibt sie in Wirklichkeit nicht.
Der Name aller Sünden ist: das «nicht mehr Gute».
Der Name aller Sünden!
Ihr kann ein Ende gesetzt werden
durch das «noch nicht Gute».
Wo ist das Mass? Wo ist das Urteil? Bei *IHM* allein.

— *ER* SENDET DIE SÜNDE, DAMIT IHR SEHEND WERDET.

L. Warum sind wir passiv, wenn wir aktiv sein sollten,
und umgekehrt?
— *EINEN* Tuenden gibt es.
Fühlst du, dass *du* tust,
so bist du untätig, tatenlos.
Wahre Tat fühlst du nicht, du fühlst nur die Freude.
Schlechtes ist nur scheinbar Tat,
nur scheinbar . . . in Wahrheit ist es: Untätigsein.
Frage!
L. Was ist der Zusammenhang zwischen Atem und Seele?
— Was erkennst du als Seele?
(Lili bleibt still.)
— Siehst du, was du fragst? Was ahnst du als Seele?
(Lili zögert und stottert:)
L. . . . das Hohe in uns . . . das nicht Körperliche.

— ALLES IST KÖRPER.
WAS DIR UNFASSBARE SEELE IST,
IST MIR DICHTE WAND.

— Kannst du Luft erfassen?
Wahrlich, ich sage dir: du kannst es.
Nur das, was sie trägt, das kannst du nicht erfassen.
Du trinkst den Wein und fühlst den Rausch.
Kannst du den Rausch erfassen?
L. Nein.

— DIE SEELE IST WEIN . . . SIE TRÄGT DEN RAUSCH.
ALLES IST TRÄGER DES RAUSCHES.
Frage!
L. Ist die Yoga-Arbeit, die man hier macht, richtig?

— Von was für einer Arbeit redest du?
L. Vom indischen Hatha-Yoga.
— Hilft er, so ist er gut.
Richte die Suchenden nicht. Sie suchen.
In Wahrheit aber suchen sie nicht, sie meinen es nur.
In Wahrheit ahmen sie nach.
Neue Gesetze kommen und Neue Gnade.
Du erkennst das Neue daran,
dass es noch keinen Namen hat.
Sogar der Name des «Höchsten Helfers» wurde alt.
Die Auserkorenen sehen schon das Neue Licht,
das noch keinen Namen trägt.
Die anderen hüten die Hüllen alter Samen.
Die Spreu wird verbrannt.

L. Man sagte mir, dass Hatha-Yoga hilft . . .
— Hatha!*
Vielleicht hilft dies . . . vielleicht hilft das . . .
vielleicht ein anderes «Vielleicht».
Sie irren im Kreise – für ihre Wunden gibt es keine Salbe.
Seid wachsam! Verlasset euren Platz nicht!
Weichet nicht ab vom Wege!
Die Irrenden irren im Kreise . . . wieder und wieder.
Ihr aber sollt immer an einem Punkte sein!
(Am Punkt der Sicherheit, dem Gegenteil des «Vielleicht».)
— Alles geht irre – ihr aber nicht.
Ihr könnt nicht irren, denn nie sagt ihr:
«Vielleicht» ist dies das Gute . . .?
Alles bewegt sich, windet sich, wälzt sich.
Flüssiges erstarrt, Festes zerfällt,
sicher Geglaubtes ist nicht mehr. Schrecklich!

Eine schmale Brücke über schauerlicher Tiefe — das seid ihr.

— So gebet auf euch acht!
Fürchtest du dich, Brücke zu sein?
Die Brücke wird gut behütet, denn sie ist sehr nötig.
Der «Irreführer», der kommt und geht,
zeigt sich selbst als Brücke.
Aber das Auge, das nicht auf Äusseres schaut, erkennt ihn.
Seid sehr aufmerksam!
Ich vertraue euch ein Geheimnis an:
Eines weiss der «Irreführer» nicht,
eines kennt er nicht: das NEUE.
Er kann sich nur ins Alte kleiden.
Daran könnt ihr ihn erkennen.
Viele hat er schon verführt.
Prägt dies in eure Herzen ein!

Im Namen des noch nicht Benannten grüsse ich euch.

* Unübersetzbares Wortspiel, denn «Hatha» bedeutet im Ungarischen «vielleicht».

Freitag, 29. Oktober 1943

19. GESPRÄCH MIT GITTA

— Höret mich an!
Ich lehre euch die Ursache aller Krankheit.
Ihr lebt nicht für euch selbst.
Eure tägliche Nahrung erhaltet ihr reichlich,
doch nicht umsonst.
Sie wird zu einer wunderbaren Kraft in euch.
Aber wehe – behaltet ihr die Kraft für euch!

— Gib acht, mein Diener: solltest du sinken,
so ist nicht die eingenommene Nahrung zuviel,
sondern die zurückgegebene Kraft zuwenig.
Du hältst sie zurück.

BÜSSER UND ASKETEN SIND NICHT NÖTIG;
SIE SIND *IHM* NICHT LIEBENSWERT.

Das Neue Gesetz, das Neue Mass ist anders.
Fünf Brote erhältst du,
um den Hunger der Fünftausend zu stillen.
Das Zurückhalten der Kraft ist der Ursprung alles Kranken.
Sünde ist: Krankheit.
(Ich bin vom Gehörten überwältigt.)
— Erhebe dein Haupt! Mit reinem und leichtem Herzen frage!
G. Es ist doch mein Wunsch zu strahlen . . .
wodurch halte ich die Kraft zurück?
— In deiner Frage liegt schon die Antwort:
Was ist Wunsch?
G. Gefühl . . .
— Nicht nur das. Er ist Zeichen der Entfernung.
Was du schon besitzst, dass wünschst du nicht.
Höre gut! *ER* hat dich erschaffen, damit du strahlest.
(Senkrechte, spaltende Geste, als würde mein Körper in zwei Teile getrennt:)
— Eine Trennung ist zwischen Dir . . . und dir.
Ich erkläre es:
Dieser Spalt, dieser dunkle Abgrund,
der war, der ist, der aber nicht sein wird,
ist auch in dir.

ERSCHAFFENE WELT — ERSCHAFFENDE WELT.
ZWISCHEN DEN BEIDEN — DIE KLUFT.

— Gib acht! *Du selbst bist die Brücke.*
Nach schöpferischem Strahlen
kannst du dich nicht sehnen,
denn ist ist dir gegeben, selbst Brücke zu sein.
Nicht der Wunsch ist Brücke, sondern der Glaube.

Was nicht war und was auch jetzt nicht ist,
was aber sein wird, ist: die Erlösung.
kann «Geld» erlösen...kann «Opfer» erlösen,
«Güte»... «Guter Wille»... «Nächstenliebe»...
«Selbstaufopferung»?
All das fällt in den bodenlosen Abgrund.
Es wird hinabgeworfen, die Tiefe verschlingt es,
denn all das ist nichts. Bodenlose Tiefe...
umsonst werft ihr alles Gerümpel hinein!
Nie wird sie gefüllt!
(Der ironische Tonfall des Engels lässt mich verstehen, dass wir mit Geldgaben, selbstgefälliger Güte und sogenannter Nächstenliebe unser Seelenheil nie erkaufen können.)
Danken wir es *SEINER* unendlichen Weisheit,
dass das kleine KIND die Tiefe lächelnd überschreitet,
denn wahrlich, *ER* hat den Weisen verborgen,
was *ER* den kleinen Kindern offenbart,
die ihr seid.
(Strahlendes Lächeln.)
(Meine Hände waren, ohne dass ich es merkte, zur Faust geschlossen.)
— Wenn du lächelnd glaubst, so öffnet sich deine Hand.
Öffne die Hand!
(Ich öffne die Hand und ein Lächeln überflutet mich.)
— Jetzt ist es gut, da du lächelst.
Jetzt kannst du fragen.
G. Wie ist der Mensch aufgebaut?

— Sieben Stufen.
Drei kennst du. Die vierte glaubst du zu kennen.

— DREI SIND ERSCHAFFENE WELT,
DREI SIND ERSCHAFFENDE WELT.
IN DER MITTE IST DIE BRÜCKE,
DIE NICHT VERSTAND IST.

— Auf Stein, Gras und Pferd folgt nicht der Mensch,
sondern der MENSCH: die *Vereinigung* der Sieben.
Es fällt dir noch schwer, dies zu verstehen.
(Mit ganz leiser Stimme:) Ich bin der Fünfte.
(Stille.)
— Das WORT ist Heiligtum, vierte Offenbarung.
Das WORT ist die Brücke zwischen Materie und Geist.
(Waagrechte Geste in der Höhe des Mundes:)
— Die vierte Linie, das Fundament des Neuen Hauses,
der Stoff der Wahrheit.
Gib acht! Spiele nicht damit!
Verdirb das WORT nicht, denn von hier aus . . .
(Es folgt eine erneute Geste in der Höhe des Mundes:)
— . . . von hier aus sickert das Unerlöste, Falsche, Schlechte
hinunter und verdirbt die drei unteren Stufen,
und das ist die Krankheit.
Doch das WORT kann erheben,
es kann die drei unteren Stufen erlösen.

— NUR DER MENSCH SPRICHT — AN *SEINER* STATT SPRICHT ER.

— Nur vereint mit der «Sprechenden» kann ich sprechen,
denn ich habe keinen menschlichen Mund.
Bin ich vereint mit dir, so werde ich einen haben.
Der Himmel segne euch alle!

(Nach dem Gespräch frage ich Hanna, was sie während der Belehrung zu den sieben Stufen der Neuen Welt fühlte. Sie skizziert folgendes Schema, fügt aber hinzu, dass sie die ganze Hierarchie der Erschaffenden Welt nicht wahrnehmen konnte und dass das Schema unvollständig sei.)

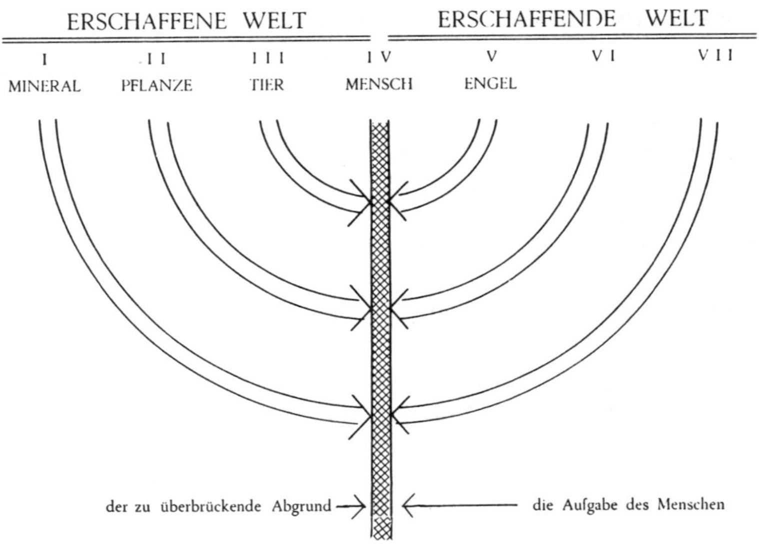

(Während Hanna den Bogen skizziert, der das Tier – die DREI – und den Engel – die FÜNF – verbindet, wird mir klar, was mein Meister schon ganz am Anfang der Gespräche

*erklärte: «. . . es und ich sind in der Aufgabe vereint. Trenne nicht, was eins ist!»
Ich sehe jetzt, dass die instinktive, tierische Seite meines Wesens und der Engel nur durch mich, den Menschen – die VIER – vereint werden können, wenn ich zur Brücke über dem trennenden Abgrund werde.)*

Freitag, 29. Oktober 1943

19. GESPRÄCH MIT LILI

— Ich spreche vom Tod des «Höchsten Helfers».
Warum kam *Er* ans Kreuz?
Warum gab es die Nägel?
Wegen dem über *Ihn* verbreiteten Gerücht,
wegen dem Gerede über *Seine* Taten.
Die Form, mit der der Geist sich bekleidet,
ist *nur* Form.
Deshalb nahm der «Höchste Helfer» das Kreuz auf sich.
Aber *Er* bezeugte:
«Nicht *ich* tat das Wunder –
ER tat es, durch euren Glauben.»

Auch du bist Helfer. Gib gut acht:
der Glaube dessen, dem geholfen wird, hilft – nicht der deine!
Nicht du tust es, nicht ich tue es,
der, dem geholfen wird, *der* tut es.
Frage, mein kleiner Diener.
L. Wie könnten wir vier besser dienen?
— Klang – Einklang. Vier Klänge sind noch nicht Einklang.
Nicht alle vier Klänge sind Einklang.

— Die Summe aller Klänge ist *ER*.
Seid ihr EINS,
so ist das die schöpferische Kraft im Kleinen.
EIN-Klang . . . der Boden aller Wunder.
Nur wenn deine Stimme rein erklingt –
ohne Lüge, ohne Absicht, ohne Verstellung –
dienst du dem Einklang.
Ist ein jeder für seine Stimme verantwortlich,
so kann sie nicht falsch werden.
Nur ins Falsche kann sich der Verderber einschleichen.
Frage!
L. Warum bin ich dauernd angespannt?
— Denk an das Kreuz!
Sein Körper wurde darauf gespannt.
Auch du spannst deinen Körper.
Du aber spannst ihn, weil du dir noch zu wichtig bist.
SIEH – DAS WUNDER KOMMT NUR,
WENN DU DICH VERGISST!
DAS IST DAS GEHEIMNIS DER GEHEIMNISSE.

— Umsonst spannst du dich an –
um keine einzige Spanne kannst du dich vergrössern.
(Im Nachbargarten beginnt der Brunnenhebel zu knattern.)
— Wieviel Kraft, um ein wenig Wasser aus der Tiefe zu ziehen!
Der Regen fällt von selbst.
Brunnen trocknen aus . . .
Gewässer trocknen aus . . .
Erde trocknet aus.
Alles knattert. Heute ist das der Einklang.
Knatternd spucken Maschinen Lügen aus,
knatternd schiesst man das Leben nieder.
Alle Augen richten sich nach unten.
(Stille)

19. GESPRÄCH MIT LILI

L. Einigemale fühlte ich mich wie im Fieber brennen,
als ich mit meinen Schülern sprach . . .
War das richtig?
— Nur das ist richtig.
Dieser Augenblick ist ewig.
Da *bist* du. Warst du nachher müde?
L. Oh nein!
— Sieh' das ist gut, denn nicht *du* bemühtest dich
um das grosse Werk.

— DER «HELFER» IST BRÜCKE
ZWISCHEN DEM HILFE-EMPFANGENDEN
UND DEM EWIGEN HELFER –
DOCH NUR SOLANGE ES NÖTIG IST.

— Frage!
L. Ich bin in ganz kleinen Sachen unsicher . . .
zum Beispiel: Soll ich fasten?
— Das Fasten allen Fastens ist dein Helfen.
Das Fasten an sich hilft nichts.
Weisst du, wann du fasten sollst?
Wenn du zuviel gegessen hast.
Doch es ist besser, nicht zuviel zu essen.
All das ist unwesentlich, mein kleiner Diener!
Wende dich dem «Mehr» zu –
und das «Weniger» wird dienen.

L. Was ist das Aufwallen des Zornes? Was ist seine Ursache?
Auf-Wallen. Das Wort bedeutet Beginn,
Sprungbrett der Kraft.
Die Kraft springt von unten auf, wallt auf,
ist aber noch wandlungsfähig und lenkbar.
Achte gut auf sie, giesse sie nicht als Aufwallung aus!

— Die Kraft ist heilig.
Hüte sie und gestalte sie um!
Nur wenn sie schlecht verwendet wird, zerstört die Kraft.
Du darfst noch eine Frage stellen.

L. Wo soll ich am intensivsten weiterarbeiten?

— Ich sagte es dir schon:

DEIN WEGWEISER SEI DIE FREUDE.
Besseres kann ich dir nicht sagen.
Das ist der sichere Wegweiser.

FREUDE FINDEST DU JEDOCH NUR JENSEITS DER PERSON.

— Innerhalb ihrer gibt es keine Freude.
Innerhalb ihrer ist das «nicht mehr Gute».
(Stille)

— Freut euch immer mehr im Namen des Einklangs!
Bald singen wir vereint zur EINZIGEN FREUDE.

Freitag, 5. November 1943

20. GESPRÄCH MIT GITTA

— Erfreuen wir uns in *IHM* in der einen Freude!
Ich spreche zu dir:
Das dir gegebene Brot
ist noch ungeniessbar auf Erden.
Es muss im Ofen gebacken werden.
Sei unbesorgt! Weder Brot noch Ofen verbrennen,
es verbrennt nur das Holz, das «Person» genannt wird.
In ihrem Feuer wird das geniessbare Brot gebacken.

— Höret zu!
Schon wohnt das Neue unter euch.
Behütet es! Ein grosses Wunder!
Freude wird euer ständiger Gefährte sein,
Wunder werden euch gegeben,
weil ihr ohne Wunder glaubtet.
Frage, mein Diener!
(Ich hatte lange an einer Theorie über Schwingung und Bewegung herumgeklügelt.)

G. Wie verstärkt die Bewegung die Schwingung?
— *(ironisch:)* Welch gelehrte Frage!
Lass deinen Kopf beiseite,
er ist nur der erste Diener -
du aber bist sein Herr.
Auch der allergrösste Herr ist nur *SEIN* Schemelhalter.
Strömt *SEINE* Kraft in dir,
dann diene und lass walten!
Da ist dein Kopf unnütz.
Umsonst streckst du deine Hand aus . . . umsonst;
ist *ER* nicht in dir, so bist du nur ein Hanswurst.

Der Diener zieht die Kleider seines abwesenden Herrn an
und spielt den Herrn.
Kommt aber sein Herr zurück, wird er beschämt.
Frage!

G. Was sollen wir unter «Dreifaltigkeit» verstehen?
— Hast du Glauben, so ist sie in dir.
Der Schöpfer - der Vater.
Die Schöpfung - der Sohn.
Der heilige Geist - die Brücke.
In Wahrheit - eins.

G. Wie kann ich vermeiden, dass ich in die Person,
in das kleine «Ich» falle?

— Du kannst in das kleine «Ich» nicht fallen,
denn du bist darin.
Ihr alle seid darin.

DAS KLEINE «ICH» IST EUER GRÖSSTER SCHATZ.
NICHT VERLASSEN – *ERHEBEN* SOLLT IHR ES!

— Das Holz verwandelt sich in Licht – es geht nicht verloren.
Welch Wunder, die Person!
Seit endlosen Zeiten wird sie gestaltet,
und *du* – törichtes Kind – verachtest sie!
ER formte sie für dich seit Urbeginn der Zeiten.
Törichte! Bist du ein wahrer Herr,
so ist sie ein guter Diener
und Unmögliches wird möglich,
Ungeniessbares wird geniessbar.
Wann wird Brot zu Brot?
Erst unter die Hungrigen ausgeteilt, wird Brot zu Brot.
G. Was für ein schrecklicher Schraubstock drückte mich?
— Du irrst . . . kein Schraubstock drückte dich,
sondern das viele Brot, das du nicht austeilst,
das drückte dich.
G. Was hält mich zurück?
— Zwei Brücken gibt es: die kleine und die grosse;
die kleine ist noch schwach.
(Ich spüre, dass mit der schwachen, kleinen Brücke der Glaube an mich selbst gemeint ist.)
— Ohne Weg kann das Brot nicht kommen,
es wird aufgehalten.
G. Wie kann ich den Glauben an mich selbst stärken?
— Durch das Vereinen der beiden, die in Wahrheit EINS sind.
Der unnütze Diener zerstört die Brücke,
damit sein Herr nicht komme,

aber das kleine KIND überschreitet sie lächelnd,
UND ES IST DER HERR.
— Gebt acht! Ich wiederhole es:
Das noch nie Gesehene weilt unter euch,
das kleine KIND,
der allmächtigste Herr, das NEUE, das Ewige.
Nicht das ewig Gleiche, sondern das ewig NEUE.

Freitag, 5. November 1943

20. GESPRÄCH MIT LILI

— Es wird Frühling.
Eine Blume, ein Grashalm sind seine Verkünder.
Verkünder sind auch Religionen, Tempel, Kirchen, Propheten –
aber beim Kommen des Lichtes und der Kraft
gibt es keine Tempel mehr, keine Kirchen mehr,
denn alles wird Tempel und Kirche sein.
— Wer sieht eine einzelne Blume auf der Blumenwiese?
Ihr seid nicht Blumen – ihr seid Frühling!
In *SEINEM* Garten ist der Frühling auch nur Blume.
Frage!
L. Warum haben so wenige Menschen Glauben
und warum schläft er in ihnen?
— Ein Netz von Betonstrassen
umspannt kreuz und quer die Erde.
Breit und glatt sind sie
und der Wahnsinn reitet auf ihnen.
Viele Wege gibt es – sehr viele.
Wundere dich nicht, dass der kleine, der enge,
der einzige Weg vergessen wurde.

— Der Wahnsinn saugt alle Kräfte auf.
Was ist Wahnsinn?
HEILIGE KRAFT, DIE IM GEFÄNGNIS VERKÜMMERT.
Doch euch wird es gegeben, den Weg zu zeigen.

Frage!
L. Warum erkennt kaum ein Mensch seine Berufung?
— Weil er gelenkt wird und des Rufes nicht achtet.
Die reinste Stimme ist vergebens,
wenn niemand sie hört.
Höret gut:
In euren Augen wächst das Neue Auge.
In euren Ohren wächst das Neue Ohr.
In euren Händen wächst die Neue Hand.
Und ihr werdet SEHEN, HÖREN und ERSCHAFFEN.
Neuer Ton . . . und altes Ohr?
Es braucht ein Neues Ohr, um den Ruf zu hören.
Auch der Ton hat einen Körper.
Er ist Träger des unhörbaren, unsterblichen TONES,
der nicht mehr Körper ist.

— Ihr seid Frühling.
Unter eurer Berührung wächst
das Neue Auge, das Neue Ohr, die Neue Hand;
das Neue öffnet sich.

Frage!
L. Warum ist es so schwer, in der Familie zu helfen?
— Das alte Auge sieht das Nahe gross
und das Ferne klein.
Sieh mit dem Neuen Auge
und klein wird, was nahe ist - gross, was fern ist.
Du siehst das Kleine noch immer gross - das täuscht dich.

— IST *ER* GROSS IN DIR,
SO WIRD JEDE AUFGABE KLEIN,
GERING UND LEICHT.

L. Was ist Bewegung?
— Das Allergrösste.
Wachsen ist noch nicht Bewegung,
Wind ist noch nicht Bewegung,
Fliessen der Wasser ist noch nicht Bewegung,
Zerfall zu Staub ist noch nicht Bewegung,
Wandern der Sterne ist noch nicht Bewegung.
Das alles ist nur Folge, Verharren in Trägheit.
Befiehlt Hunger, Kälte und Begierde die Bewegung,
so ist sie nur Zwang.
Du aber vermagst dich schon frei zu bewegen.

— BEWEGUNG IST FREIWILLIGE TAT.

Die helfende Hand - das ist Bewegung.
Das strahlende Auge - das ist Bewegung.
Das Erheben der Materie zum Neuen Gebäude -
das ist Bewegung, Neue Schöpfung.
Nicht mehr Gefangensein, sondern Befreiung.
Wenn du dies in deinen Schülern weckst,
so wird jede ihrer Bewegungen BEWEGUNG.

— Sonst sind Muskeln, Sehnen
und Knochen vergebens.
Was wird aus Sehnen?
Aus Sehnen: Stricke,
aus Knochen: Knüppel,
aus Nerven: Geisseln,
aus Jugend: Verderben.

— Nur die wahre Bewegung erlöst.
Lehre das, mein Diener, und unter deiner Hand
werden die Körper neugeboren.
Aus ihren Gräbern werden sie auferstehen,
denn noch sind sie alle tot.
Nimmst du das auf dich?
(Sehr zaghaft:)
L. . . . ich werde es versuchen . . . wie soll ich es beginnen?
— Wohnt noch immer Angst in dir?
L. Ich fühle meine Aufgabe immer grösser und dringender werden.
— Weisst du, was dich in BEWEGUNG setzt?
Sprich: «Ich nehme es auf mich.»
Das wahre Wort steigt auf zu *IHM*
und kommt als Kraft zu dir zurück.
Die Kraft des Gelübdes entspringt aus dir;
das Wort des Gelübdes ist in den Himmel gesäter Same,
und seine Frucht fällt vielfach auf dich zurück.
Du wirst genug zu verteilen haben, mein Diener.
In Gott gesäter Glaube.
Die Menschen säen alles in die Erde,
und sie verdorrt.

L. Ich verstehe das Gelübde nicht ganz . . .
— Kannst du das Unverstehbare verstehen?
Der Verstand macht atemlos halt,
wo der Glaube beginnt.
Er kann den Himmel nie erreichen,
denn er ist von dieser Welt.
Was ist dir noch unklar?
L. Ich sehe den Unterschied zwischen «Hilfe»
und «Freiwilliger Tat» nicht.
— NUR DIE FREIWILLIGE TAT HILFT,
NICHTS ANDERES.

(In der folgenden Stille denke ich an einen Traum der vergangenen Nacht, den ich nicht enträtseln kann.)

— *(zu mir:)* Ich spreche zu dir.
Der Sinn deines Traumes ist:
Nicht *in* dir sei das Wunder, sondern *durch* dich.
Du bist nicht Blume, sondern Frühling.
Das Wunder scheint in der Blume,
doch wer kann den Frühling fassen?
Bist du Wunder, so bist du Blume,
eine unter vielen.

(Wieder zu Lili gewandt:)

— Wohnt noch Zweifel in deinem Herzen?
L. Ich kann alles kaum ertragen, was ich erhalte.
— Du wirst es ertragen.
Ich muss noch scheiden.

Freitag, 12. November 1943

21. GESPRÄCH MIT GITTA

— Ihr seid schon stark genug – nehmt meine Worte auf.
Der folgende Schritt
wird nicht mehr auf gangbarem Wege sein.
Der Weg bricht ab.
Es gibt selbst kein Wasser mehr,
in das ihr treten könnt.
Aber wehe, schaut ihr rückwärts!
Wenn ihr wirklich Glauben habt,
so wird ein wegloser Weg eure Füsse tragen:
DIE NEUE ERDE.
DES KINDES ERSTER SCHRITT.

— Aber gebt acht! Selbst der Glaube hilft nicht,
wenn ihr etwas vom Alten mitnehmt.
Es wird euch in die Tiefe ziehen,
und wie Blei im Wasser werdet ihr sinken.
Gebt gut acht!
Seit Beginn der Zeiten
wurde der Körper für euch geformt.
— DER KÖRPER IST NICHT ZU DEM BESTIMMT,
ZU DEM IHR IHN BRAUCHT.

— Es ist schwer, es euch erfassbar zu machen.
(Hanna kann die Intensität dessen, was sie mitteilen soll, kaum ertragen.)
— Ich komme wieder.
(Hanna ruht sich aus.)
— Hört: Ans Ende des Weges seid ihr gekommen,
und keinen Weg gibt es mehr.
Ihr schaut, wohin euer Fuss zu setzen sei
und nichts ist da.
Nichts ist da . . . weil ihr schaut.
Das Auge ist nicht mehr zum Schauen da, wie bisher.
Schaut ihr nicht mehr mit dem alten Auge,
so wird ein Neuer Weg unter euren Füssen sein.

— DER KÖRPER DES ERLÖSERS
IST NUR ZUM GEBEN GEGEBEN.
DER ERLÖSER IST NICHT EIN MENSCH,
SONDERN *DER* MENSCH.

Das wahrhaft Neue nähert sich.
Ich unterrichte dich, mein Diener:
Schliesse vor jedem Beginn das Alte ab!
Schaue nicht mit dem alten Auge.

21. GESPRÄCH MIT GITTA

— Öffne das alte Auge erst wieder,
wenn das Neue in dir geöffnet ist,
und Neues Licht wird durch es strahlen.
Der Körper ist nur zum Geben gegeben.

— Ihr könnt nur noch von oben erhalten, nicht mehr von unten.
Eine wahrhaft Neue Welt erschliesst sich euch.
Ihr werdet sie *leben.*
Kein Geheimnis wird es für euch geben auf Erden,
keine Schwere, keine Finsternis, keinen Lärm.
— ABER WEHE – SCHAUT IHR ZURÜCK!

Nehmt nichts mit vom Alten!
Das Alte, von dem ihr meint, es sei klein, sei leicht, sei nichts,
wird im Neuen zu einem Berg aus Blei
und das wäre euer Ende.
Löst euch vom Alten; verwerft es nicht,
doch gebraucht es anders als bisher.
Ihr gebraucht das Werkzeug noch schlecht.
(Auf Joseph weisend:)
— Der Sohn ahnt am ehesten, wovon die Rede ist,
doch auch euch wird es klar, denn die Zeit ist reif.
Wende der Schöpfung!
— Was euch das Meiste war, wird das Wenigste sein.
(Ich habe das Zimmer mit Blumen geschmückt und
viel Sorgfalt auf den dekorativen Effekt verwendet.)
— Wie schön geschmückt ist dieser Raum!
Einen Fehler hat dein Schmücken:
Du bindest dich daran.
Je mehr du schmückst, umso mehr bindest du dich.
Binde dich an nichts!
Die Bindung bindet ans Alte, ans Gewohnte.
Das hast du nicht nötig.

Suche nur das Neue!
Unter den Blumen deines Glaubens fühle ich mich wohl,
wo immer du bist.
— ICH SPRECHE DICH FREI VON JEDER FORM.

Ich habe keine Augen, die Blumen dieser Erde zu sehen,
aber deine festliche Erwartung sehe ich.
G. Woran erkenne ich das, was zu Blei wird,
und was kann ich auf den Weg mitnehmen?
— Wer die Last selber trägt, wird umso weniger mitnehmen,
je höher der Berg ist.
Noch weniger nimmt er mit, wenn er ins Wasser tritt.
Was kann er wohl dorthin mitnehmen,
wo selbst kein Wasser mehr ist? Das nackte Leben.

G. Was ist Seele, was ist Geist?
— Geist - ist Schöpfer.
Seele - ist Vermittler.
Körper - ist Materie.
Heilige Dreifaltigkeit.

G. Hinter den Zahlen, die ihr nennt, ahnen wir Kräfte.
Was ist die 4? Was ist die 7?
— Schaut ihr nicht mehr auf die Zahlen,
so werdet ihr die Kräfte erkennen,
denn hinter allem wohnt die KRAFT.
Jede Form ist ein Tor zu unendlichen Kräften.
Wer Augen hat - dem ist das Tor das Auge.
Wer Ohren hat - dem ist das Tor das Ohr.
Jedem ist ein anderes gegeben - aber die KRAFT ist eins.
Freut euch in eurem Herzen, denn das Neue öffnet sich!
Ich konnte euch gute Botschaft bringen.
Ich scheide mit Freude.

Freitag, 12. November 1943

21. GESPRÄCH MIT LILI

— Ich lehre euch das Ende des Leidens.
Ihr schreibt den Buchstaben «T».
Ist nur der senkrechte Strich da und fehlt der waagrechte,
so wisst ihr, was fehlt,
denn ihr kennt den Buchstaben «T»,
und könnt leicht ersetzen, was mangelt.

Ihr seid «Helfer».
Ihr seid zum Erfüllen des Mangels gesandt.
Das Schlechte ist nur Mangel.
Ihr steht einem Menschen gegenüber,
ihr fühlt den Mangel und leidet darunter.
Wo ist das Ende des Leidens?
Würdet ihr den Neuen Buchstaben «T» kennen,
so wüsstet ihr, was mangelt
und könntet es leicht erfüllen.

Das Leiden ist sinnlos.
Ihr müsst lernen, das Neue ABC zu schreiben,
denn alles könnte vollkommen sein.
Für euch ist das Geheimnis im Unvollkommenen.
Woher wisst ihr, dass es unvollkommen ist?
Warum?
Weil es euch gegeben ist,
das Vollkommene zu erkennen.
Woran messt ihr es?
Was ist euer Massstab?

— IM UNVOLLKOMMENEN SPIEGELT SICH DAS VOLLKOMMENE.

— Ihr leidet nur solange,
bis ihr *IHN* nicht in allem erkennt.
Neue Buchstaben werden aufgezeichnet – achtet darauf!

— DAS LEIDEN IST NUR DES TIERES FÜHRER.
DER ANFANG DES WEGES
IST DAS ENDE DES LEIDENS.

Alles wächst – sogar der Stein.
Der Same in der Muttererde, der Keim im Mutterleibe –
warum wächst er?
Der höchste Berg, der höchste Baum
kann nicht bis in den Himmel wachsen.
Der stärkste Adler kann nicht so hoch fliegen.
Aber der kleinste Mensch kann ihn erreichen,
denn der Himmel ist in ihm.

— Ich erwarte deine Frage.
L. Was ist Ruhe?
— Vorbereitung.
Was nicht Vorbereitung ist, ist nur scheinbar Ruhe.
Ruhe, die nicht Vorbereitung ist, ist Schlaffheit –
mit anderem Namen: Tod.
Die wunderbarste Ruhe senkt sich auf dich,
wenn du schöpferisch wirkst.

— DIE RUHIGE TAT UND DIE SCHÖPFERISCHE RUHE
SIND DAS RICHTIGE.

Nur in der Scheinwelt sind sie zwei,
in Wahrheit EINS.
Du kannst fragen.
L. Wo ist das Nirvana?

— DORT, WO DIE ZWEI EINS SIND.
DORT, WO DIE PARALLELEN ZUSAMMENTREFFEN.
SCHEINBAR RUHE – IN WIRKLICHKEIT TAT.
SCHEINBAR STILLE – IN WIRKLICHKEIT EINHEIT ALLER TÖNE.
SCHEINBAR IN DER FERNE – IN WIRKLICHKEIT IN DIR.

— Jetzt frage ich dich:
Was ist dein sehnlichster Wunsch?
L. Immer mit dir zu sein und so eins zu sein.
— Und von wem erwartest du dessen Erfüllung?
L. Ich weiss, dass sie bedingt wird von meiner Arbeit . . .
— Arbeite nicht! Sei nicht be-dingt!
Das Ding ist das Dichteste.
(den Tisch berührend:) das ist ein Ding,
(die Decke berührend:) das ist ein Ding,
(die Hand berührend:) das ist ein Ding.
Lass die Dinge!
Dein sehnlichster Wunsch sei *über* den Dingen.
Mit Bedingtheit, mit Arbeit, erreichst du ihn nie.

L. Was ist Nervosität?
— Was ist sie? Ein Heer ohne Heerführer.
Kommt die Schlacht, so löst sich die Ordnung auf,
weil niemand da ist, zu befehlen.
Stattdessen löst sich das Gehirn auf,
löst sich die Ordnung auf,
weil die sammelnde Kraft fehlt.
Ein Befehl wird gegeben, sofort ein anderer,
entgegengesetzter: Nervosität.
Unter uns gibt es das nicht.
Wir sind *SEIN* Heer.
Wir kämpfen gegen die Finsternis.
Wir hören den Ruf und wir gehorchen.

— NERVOSITÄT IST ZIELLOSES DASEIN – NICHTS ANDERES.

— Hast du noch Fragen?
L. Warum ist mein Gedächtnis so schlecht?
— Weil deine Vergangenheit schlecht war.
Ungern erinnerst du dich ihrer
und hast dichte Vorhänge vorgezogen.
(mich bezeichnend:)
— Auch ihre Vergangenheit ist schlecht,
aber schon ist sie wirkungslos.
(wieder zu Lili gewandt:)
— Den vergangenen Freitag hast du nicht vergessen,
nicht wahr?
Hast du geschaffen, hast du geholfen,
so vergisst du es nicht.
Nicht deine Erinnerungsfähigkeit ist schlecht,
die Erinnerung ist es.
(Stille)

L. Die Liebe in mir ist nicht stark genug . . .
— Wo fühlst du dies?
L. Den Menschen gegenüber.
— Wen liebst du genug?
L. Noch niemanden.
— Wen liebst du am meisten?
L. *IHN.*
— Und nach *IHM*?
L. Dich.
— Deine Augen sind noch verschleiert.

LIEBST DU *IHN*, SO LIEBST DU ALLES.
LIEBST DU NICHT GENUG, SO LIEBST DU *IHN* NICHT GENUG,
DENN ALLES IST *SEIN* WERK.

— Liebe *IHN* im Vollkommenen,
bewundere *IHN* im Unvollkommenen,
denn alles spiegelt *IHN*.
So wird es dir nicht schwer sein, *IHN* zu lieben.
Vor allem *IHN* bete ich an, deshalb liebe ich euch.
Ich nehme Abschied.
Ihr seid gesegnet unter den Menschen.

Freitag, 19. November 1943

22. GESPRÄCH MIT GITTA

— Ich begrüsse euch.
Ich belehre euch über das Gold.
Es ist das nutzloseste Metall, denn es ist zu nichts gut.
Was macht seinen Wert aus? Der Glaube daran.
In Erdgeborenes setzt der Mensch seinen Glauben
und deshalb klebt Fluch daran.
Fluch ist Verbot.
Ohne Fluch würdet ihr noch immer umherirren.

— Du beginnst den Weg und trägst eine goldene Kugel.
Du trägst sie. Sie ist schwer, aber dennoch trägst du sie.
Du gelangst an die Grenze eines Landes,
wo nicht mehr an Gold geglaubt wird.
Was bleibt nun von ihm übrig?
Nur sein Gewicht.
Was musst du also tun, mein Diener?
G. Die Kugel fallen lassen.
— Öffne die Hand,
und die Kugel rollt von selbst hinunter.

— Die Last fallen zu lassen, ist nicht schwer,
aber weil deine Finger verkrampft sind
vom Gewicht der Kugel
kannst du sie nicht fallen lassen.
Was schwer ist, fällt von selbst.

— Auch im Neuen Land gibt es Gold:
Nicht gleissendes Metall - sondern LICHT.
Wie könntest du die Neue Kugel empfangen,
wenn du die alte krampfhaft festhältst?
Du hältst sie so . . . so hältst du sie:
(Geste mit verkrampften Fingern. Dann öffnet sich die Hand und neigt sich leicht, wie um die Kugel hinunterrollen zu lassen:)
— Sieh wie leicht das Fallenlassen ist!
Auf einer schweren Kugel,
auf einer unschuldigen Kugel lebt ihr.

— Dank *SEINER* unendlichen Gnade fiel Fluch darauf,
auf dass ihr nicht die Kugel anbetet . . .
auf dass ihr sie nicht anbetet!

— Die unschuldige Kugel wartet auf Erlösung.
Wodurch wird sie erlöst?
INDEM ADAM VERLASSEN WIRD.

(Ich atme auf und etwas löst sich in mir.)
— Lockert es sich schon?
Ihr alle! Wir wissen gut, wie schwer es ist,
die Last fallen zu lassen,
denn ihr habt euch an sie gewöhnt.
Bedauert nicht, dass die Last euch drückt!
Wer Gold trägt, fühlt dessen Gewicht nicht,

solange er daran glaubt.
Wird der Glaube entzogen, so bleibt nur die Last.
Ihr seid auf gutem Wege.

G. Ich suchte die ganze Woche etwas Krampflösendes
und fand es nicht. Wie könnte ich es finden?

— Gib ihm Zeit, denn die Hand wurzelt in der Zeit.
Ich warte.

G. Wer bin ich?

— Du fragst zu ungünstiger Zeit.
Du formst dich jetzt um.
Bist du fertig geformt, wirst du keine Fragen mehr haben.

G. Was bedeutet mein Zeichen, die Sonne?

— Das Zeichen ist Gleichnis
und hilft dir, deine Aufgabe zu verstehen.
Ein Kind fragt dich, was «Sieben» sei.
Du zeigst ihm sieben Äpfel.
Das Kind liebt die Äpfel und so lernt es,
was «Sieben» bedeutet.
Du zeigst nicht sieben Ruten.

G. Was meintest du, als du kürzlich sagtest:
«Die Bilder des irdischen Traums
sind nur Hüllen für seinen verborgenen Sinn,
doch das Erwachen findest du nur innerhalb dieses Traums.»*

— Du hast genug geschlafen, mein kleiner Diener!
Wer genug geschlafen hat, erwacht von selbst.
Unnötig, ihn zu wecken!
Fehlende Kraft schliesst die Augen.
Krafterfüllt, öffnen sie sich von selbst.
Fehlende Kraft ist Blindheit, ist Schlaf.
Der Mensch schläft, weil ihm Kraft fehlt.
Was würde er mit dem Tag – dem Neuen Tag – beginnen,
hätte er nicht die Kraft zur Tat?

G. Wie gut wäre es, andere wecken zu können!
— Du sprichst im Traum.
Ihr Vier schlaft in einem Zimmer,
ihr träumt voneinander,
ihr glaubt, miteinander zu sprechen,
denn das Traumbild ist täuschend.
Der Träumende träumt nicht, dass er schläft,
sondern dass er wacht, kommt, geht und spricht.
In Wirklichkeit aber schläft er.
Doch wenn die Morgendämmerung kommt,
löst sich der Traumdunst auf.
— DIE NEUE TAT NAHT.

— Jeder Traum wird erfüllt - auch der Traum ist Vorbereitung.
Das ungeborene Kind träumt im Mutterleib vom Tageslicht.
Träumte es nicht, so könnte es nicht ans Tageslicht kommen.

— ALLES, WAS IHR JETZT TUT, IST TRAUMTAT,
IST TRAUMGEDANKE.
Träumt immer Schöneres und Schöneres,
denn alles wird Wirklichkeit!
Auch der Traum ist Glaube.
(Stille)
G. Ich habe noch eine Frage.
— Deshalb warte ich . . .
G. Ich kann nicht gelöst und frei im Augenblick leben,
denn mein Kopf stürmt immer voraus . . . das ist schlecht.
— Könntest du dich nur einen Augenblick lang sehen!
Du liegst im All und schläfst bewegungslos und ruhig.
Deine Füsse laufen nicht.
Nur Traum ist jede deiner Bewegungen . . . nur Traum.
(Ich denke an mein blindes Vorwärtsstürmen.)
— Kommst du weiter, wenn du stürmst?

G. Bloss auf Erden . . .
— Willst du auf Erden weiterkommen?
G. Nein, aber ich habe die Gewohnheit, es zu wollen.
Wie *schrecklich* ist Gewohnheit!
— Gib acht! Schau nicht zurück!
Das Schreckliche ist eine blinde Kraft.
Der Schrecken ist der alte Gott.
Siehst du Schreckliches, so siehst du alte Götter.
Aber sie sind nicht mehr Götter, sie sind deine Diener.

— Sieh, mein Diener, heute gab es keinen Lärm.
Die Last schwindet, wenn du sie fallenlässt.
Ich nehme Abschied.

* Unser irdisches Dasein.

Freitag, 19. November 1943

22. GESPRÄCH MIT LILI

— Lasst uns den Herrn der Weizenfelder begrüssen!
Ich erzähle vom Weizenkorn.

Deine Hand ist leer, doch bald wird sie gefüllt.
Höre mich an! Zehn Weizenkörner hast du - nicht mehr.
Nur zehnmal kannst du sie verteilen - nicht zwanzigmal.
Kann das Weizenkorn spriessen, das du entzweischneidest?
Du hast es zwar mit guter Absicht getan . . .
Im Weizenkorn wohnt das Neue und das Alte.
Du kannst es nicht entzweischneiden.

— Mit eurem menschlichen Verstand könnt ihr nicht entscheiden:
das ist neu – das ist alt.
Was ihr für neu haltet, ist auch nur alt.
Nicht zerschneiden, nicht urteilen - *säen* sollt ihr!
Dann wird das Neue wachsen,
das weder Same noch Keim ist,
denn all das ist nur Gehäuse für das Neue.
Lass den Samen als Ganzen fallen,
nur so wird ein Mehr daraus -
und er wird keimen!

— DIE ZEIT DES NEUEN KEIMENS IST DA.

(Lili war erschöpft. Ihre Schüler sprachen nach den Kursen noch stundenlang über ihre persönlichen Probleme, und Lili war unfähig, «Nein» zu sagen.)

L. Ich verstehe nicht ganz, wo ich hier Fehler mache.

— Du hast zehn Weizenkörner.
Du kannst sie nicht zwanzig Menschen geben.
Säst du aber die zehn, so werden bald hundert daraus.
Schnell bringt der himmlische Weizen Frucht.
Ich warte.

L. Was ist «Karma»?

— Rückschlag.
Diese Frage ist *heute* noch zu schwer für dich.
Ein grosses Geheimnis verbirgt sich darin.

L. Und was ist Gesundheit?

— Gleichgewicht.
Schwankt es, so ist Mangel da.
Nur im Tier kommt er vom Körper,
beim Menschen nicht mehr.

L. Warum zog ich es früher vor, Kranke zu unterrichten,
und unterrichte jetzt lieber Gesunde?

— Weil du gesundest.

— Die Gesundheit des Menschen ist der Boden,
in den du den Samen säst.
Himmlischer Same in schlechten Boden . . .?
(An uns alle:)
— Sorget euch nicht! Eine wunderbare Wandlung beginnt
und das scheint euch nicht immer gut,
denn die alten Hüllen zerplatzen, werden morsch, zerfallen.
Erschrecket nicht!
Was euch geschieht, ist nicht gering.
Auch du, mein kleiner Diener, hab keine Sorge!
Was mit dir geschieht, ist gut.
Ich nehme jetzt Abschied, aber nicht mehr für lange.

Freitag, 26. November 1943

23. GESPRÄCH MIT GITTA

— Ich erzähle weiter vom Gold.
Woher kommt es? Wessen Frucht ist es?
Die Frucht des Baumes der Erkenntnis.
Adam griff nach dem Gleissenden,
statt nach dem LICHT.
Es gibt noch einen Baum.
Sein Name ist Geheimnis - seine Frucht ist LICHT.
Der Baum der Erkenntnis
ist die Möglichkeit, Mensch zu werden.
Der andere Baum ist das MENSCHSEIN.

Durch Gold wird die Erde ungeniessbar.
Überflüssiges muss verbrennen -
Gold jedoch brennt nicht.

— IRDISCHES LICHT IST ERZWUNGENES BRENNEN.
HIMMLISCHES LICHT IST FREIWILLIGES BRENNEN: OPFER.

Der eine Baum – das «Ich» – strahlt wider.
Der andere Baum – der Neue – strahlt aus.
Spiegel zu sein ist anders, als Sonne zu sein.

— Frage!
G. Was ist Rhythmus?
— Zuerst war Rhythmus – dann wurde Lied.
Es gibt Rhythmus ohne Melodie,
aber keine Melodie ohne Rhythmus.
Rhythmus – Körper.
Melodie – Seele.
Und beide tragen das Dritte.
G. Wie könnte ich den Rhythmus besser fühlen?
— Zuerst war der Rhythmus – dann das Wort.
Urschwingung, erster Tag, Urgrund aller Geheimnisse.
Auch dein Neuer Name wird aus Rhythmus geboren.
Die Schwingung der Neuen Schöpfung erzittert,
und Neue Namen werden geboren.
Mit Rhythmus kannst du erschaffen,
mit Rhythmus kannst du vernichten.
Das Neue Ohr hört ihn.
Der hörbare Schlag ist nicht Rhythmus.
Konntest du mir folgen?
G. Ja.
— Du kannst fragen.
G. Was bedeutet die Kugelform?
— Was wäre eine halbe Sonne,
die nur auf die halbe Schöpfung schiene?

DIE KUGEL IST BILD FÜR URTEILLOSES GEBEN.

— Die Neue Ernte ist LICHT –
nicht gleissendes Metall.
Solange hat der Mensch daran geklügelt,
wie aus Eisen Gold werden könnte,
bis aus Gold Eisen wurde.
Und das Eisen schlug nieder.
Es scheint mir, dass die eiserne Waffe das Symbol aller Kriege ist, welche die Macht und das Geld verteidigen.)
Wandlung, Brennen.
Der Mensch allein kann Feuer *entfachen* –
alles übrige *wird entfacht.*
Der Altar ist fertig.
Entfache darauf das Feuer zu *SEINER* Ehre!
Doch zünde nur den Überfluss an – nicht den Altar!
Könntest du es, so würdest du selbst den Altar anzünden,
denn einstweilen bist du nur ein «Priester-Lehrling».
(Wir brechen alle in Lachen aus.)
— Sprich, mein kleiner Diener!
G. Was ist wahre Hingabe, wahres Opfer?
— Wunder.
Die schönste Melodie,
der schönste Duft,
das schönste Licht,
all das steigt empor bis vor *SEINE* Füsse.
Nur Wonnevollstes, Allerschönstes.

— Weinen, Selbstzerfleischung,
Taumel und Leid
ist Rauch, der sich niedersenkt
und haften bleibt auf Erden mit schwarzer Schicht.
Unvollkommenes Brennen wird zu Rauch,
zurückgehaltene Hingabe wird zu Leid und Pein,
zu unvollkommenem Opfer.

— Nicht LICHT, sondern Kohlenstaub.
Nicht Wandlung, sondern Zersetzung,
Russ, Gas, Zerfall.

Entfache das Feuer! Ich helfe dir.
Auch Lernen ist Brennen.
Doch meine Worte sind erst Holz in dir,
Holz, das noch nicht zum Feuer entfacht ist,
Holz, das nur herumliegt.
Du bekommst kein neues Holz!

Das alte Gesetz:
Bäume wachsen . . . werden gefällt . . . und verbrannt . . .
immer neue Bäume wachsen . . . werden gefällt . . .
Der Baum des Lebens aber ist ewig,
seine Frucht ist LICHT,
sein Stamm ist das Feuer des alten Baumes.
Dieser Baum wird nicht mehr verbrannt,
denn er gibt LICHT.

(Stille)

— Der Mensch ist nicht die Krone der Schöpfung,
denn jede Krone ist aus Gold.

— DER MENSCH IST DIE SEELE DER SCHÖPFUNG.

Der Himmel sei mit euch!

(Hanna sagt mir später, dass das „Herunterbringen" der Worte heute schwerer war als sonst. Mein Meister hatte sich entfernt wie eine Vogelmutter, die ihre Jungen fliegen lehrt und sich immer weiter auf dem Ast entfernt, um endlich auf einem anderen Ast zu landen. Das Vogelkind hat drei Möglichkeiten: zu bleiben, abzustürzen oder zum erstenmal zu fliegen.)

Freitag, 26. November 1943

23. GESPRÄCH MIT LILI

— Wisst ihr, was schön ist?
DIE TAT DES GUTEN DIENERS,
DIE *MEHR* IST, ALS NÖTIG.

— Der Körper bewegt sich – das ist nötig.
Der Tanz ist «Mehr»,
und wenn er wirklich Tanz ist – ist er schön.
Die Stimme ist nötig – das Lied ist «Mehr».
Die Formgebung ist nötig – nur das «Mehr» ist schön.

— DIE NEUE WELT WIRD NUR AUS SCHÖNHEIT ERBAUT.

Seid gute Diener,
denn nur die Tat, die mehr ist, als nötig,
wird zum Baustein der Neuen Welt.
Aus nichts anderem kann sie erbaut werden.
(Stille)
— Ich belehre dich:
Gib acht auf die «Judas», die das Wort feilbieten.
Sie sind auch in deiner Nähe.
Wo das Feuer brennt, wird Wahres vom Falschen geschieden.
Das ist der Zweck des Feuers.
Weisst du davon? Gib acht!
Unter den Zwölfen ist immer ein Verräter –
er ist der Unglücklichste.
Lass dich nicht verwirren, es muss so sein.
Erz kann nutzbar werden,
Metall ist *schon* nutzbar,
Schlacke aber wird unter den Füssen zertreten.
Das Feuer, das du entfachst, scheidet. Und das ist gut so.

L. Soll ich etwas gegen den Verräter tun oder nicht?
— Pflege das Feuer, hege das Feuer!
Kümmere dich um nichts anderes!
Frage!
L. Was ist bei den Organfunktionen das «Nötige»,
und was ist das «Mehr»?
— Es gibt nur *ein* «Mehr» der Organe:
das aus dem Leibe geborene Kind.

NUR EIGENSTÄNDIGES IST «MEHR».
Alles andere ist Fluch, Verschwendung.
Die Schönheit des jungen Mädchens erneuert sich einst
in ihrem kleinen Kind,
und nicht kinderlos im Schminken.
Organe können nicht «mehr» vollbringen –
der Mensch jedoch kann es.
Aber jetzt kennt man nichts anderes als den Körper.
Man baut nur ihn und immer hässlicher wird er.
Wer für Geld tanzt, dessen Füsse werden gemein.
Noch schlimmer ist es, solches zu lehren.

L. Was ist Widerstand?
— In der erschaffenen Welt ist er Anreiz zum «Mehr».
Gott widersteht euch nicht,
doch ihr widersteht *IHM.*
L. Und was ist Kraft?
— Du kannst es jetzt noch nicht verstehen. Aber bald!
L. Und Elastizität?
— Grundbedingung des Lebens, richtiger Widerstand.
Das Starre kann nicht widerstehen.
Was für dich Elastizität ist, ist in der Neuen Welt:
Kraft, Schwingung.
Nur Bewegung ist Kraft – Bewegungsloses, Starres nicht.

— Kraft fusst auf Elastizität.
Welch ein Unterschied: Widerstand und Starre!

L. Und was ist Verstand?
— NUR LEITUNG - NICHT LEITER.
Du leckst den Zuckerlöffel und sagst: süss.
Nicht der Löffel ist süss.
Versuchst du, in den Löffel zu beissen,
so beisst du dir die Zähne aus.
(Stille)
— Mein kleiner Diener, bist du glücklich?
Ihr alle, seid es, denn euer Leben ist schön,
wenn ihr gute Diener seid!
Das Neue ist so schön, wie das Alte hässlich ist.
Aber gebt acht!
Wächst ein Erwachsener, so ist es Fett oder Geschwür.
Ihr seid Erwachsene - gebärt das Neue, das KIND!
Befasst euch nicht mehr mit *eurem* Weiterwachsen!
Hast du noch eine Frage?
L. Hat jedermann seinen Lehrer, seinen geistigen Führer?
— Nein.
WIR BESTEHEN AUS GLAUBEN - ALLEIN AUS GLAUBEN.
WER GLAUBT - DEM *SIND* WIR.
DER GLAUBE IST *SEINE* KRAFT.

Glaubst du, dass ich eine Stimme habe, so kann ich sprechen.
Glaubst du es nicht, so bin ich stumm.
Glaubst du, ich wäre du, so werde ich du.
Glaube an Hohes! Du kannst auch an Niederes glauben.
Das hängt nur von dir ab.
Heutzutage lärmen die Teufel und die Engel singen nicht.
Wir aber steigen nieder auf dem Wege eures Glaubens,
DENN DER GLAUBE IST BRÜCKE.

Freitag, 3. Dezember 1943

24. GESPRÄCH MIT GITTA

(Das Dorfhaus wird geweisselt. Eine Freundin hat uns ihre ruhige Wohnung überlassen.)

— Jedes Heim ist Heiligtum.
Danken wir der Aufnehmenden für das Obdach!
Höret gut: Ihr seid Tempel.
Im Heiligtum des Heiligtums nehmt ihr *IHN* auf.
Doch ihr nehmt *IHN* umsonst auf,
wenn ihr nicht die Unerlösten aufnehmt.
Ihretwegen ist der Tempel.
Lernet aufzunehmen!
SO WIE IHR AUFNEHMT, NIMMT EUCH DER *VATER* AUF.

Der Tempel wählt nicht, der Tempel nimmt auf.
Denke dir eine leere Kirche –
wie friert das Heiligtum in ihr!
Nimmst du meine Worte auf?

G. Oh, ja!
— Fürchte nicht, das Kirchentor zu öffnen, mein Diener,
die Kirche ist schon rein, der Dienst kann beginnen!
G. Was ist das Herz?
— Das Heiligtum des Heiligtums.
Der Ort, wo *ER* wohnt, der Ort der Gnade, der Kelch.
G. Und was wohnt in der Mitte der Stirne?
— Das werdende SEHEN.
G. Und was ist das Licht, das Neue LICHT?
— «Was» bezieht sich nur auf Gegenstände.
G. Es gibt noch kein Wort dafür.
— Es wird eines geben. Willst du wissen oder . . .
G. . . . näherkommen.

— Näherst du dich durch Wissen?
G. Wenn *du* es sagst, ja.
— Nähert sich die Mutter ihrem Kinde, das sie im Leibe trägt,
weil sie es darin weiss? Wann sieht sie es?
Wenn es geboren wird.
Wünsche nicht zu wissen, einstweilen hüte das KIND!
G. Wie soll ich das LICHT-KIND hüten?
— Wer ist das LICHT?
G. *ER.*
— Du hast wahr gesprochen. Hüte gut!
G. Was war, bevor ich geboren wurde?
— Du bist noch nicht geboren.
Frage danach, wenn du geboren sein wirst.
Du warst, was du jetzt bist.
Jetzt ist das, was war, was aber nicht sein wird.
G. Du sagtest, dass ich unter anderem Gesetze stehe
als die meisten Menschen? Wie erkenne ich diejenigen,
die unter demselben Gesetze stehen wie ich?

— DARAN, DASS SIE DEIN WORT VERSTEHEN.
DIE ANDEREN VERSTEHEN ES NICHT.
SIE LERNTEN . . . UND DENNOCH VERSTEHEN SIE NICHT.
SIE LERNTEN NICHT . . . UND DENNOCH VERSTEHEN SIE.

— Nimmst du mich auf?
G. *(mit Freude:)* Ja!
— So nimm jeden und alles auf. Das ist deine Aufgabe.
Nur wenn du die Unerlösten aufnimmst,
kann die Gnade durch dich erteilt werden.
(mit zwingender Stimme:)
— Schweres Tempeltor, mit Eisenbarren verschlossen,
öffne dich!
ICH SAGE DIR: ÖFFNE DICH!

Freitag, 3. Dezember 1943

24. GESPRÄCH MIT LILI

— Ich spreche über dein Zeichen.
Stelle dir dein Zeichen vor!
Verstehst du dein Zeichen, mein kleiner Diener?
L. Ich glaube nicht ganz
— Ein wunderbares Zeichen ist es.
Stelle dir das unendlich Grosse
und das unendlich Kleine vor!
(Die Hände gehen vom Herzen aus, die Arme öffnen sich:)
— Unendlich gross . . .
(Die weit ausgebreiteten Arme kehren zum Herzen zurück:)
— unendlich klein.

unendlich gross — unendlich klein — der erlösende Punkt

— Wie könnte das unendlich Kleine das unendlich Grosse sehen,
gäbe es den Brennpunkt nicht?
Sahst du *IHN* schon in den Augen dessen,
dem geholfen wurde?
L. Ja.
— Nicht wahr, dort sahst du *IHN*!
Im Brennpunkt treffen sich alle Linien,
die aus dem Unendlichen kommen.
Das unendlich grosse Bild erscheint in einem Punkte.
Du bist Trichter.
Das Dreieck ist dessen Zeichen.
Das leite alle deine Taten!

— Sieh! Unter dem Strahlenkegel ist ein zweiter,
umgekehrter - und das ist die Erlösung.

DER MENSCH IST DER BRENNPUNKT -
WAHRLICH NUR EIN PUNKT: DER ERLÖSENDE PUNKT.

Welch wunderbare Aufgabe!
Formen und Religionen sind nicht unser Weg.

L. Sprich noch über die Erlösung!

— Ich spreche immer darüber - immer.
Ein ganz kleines Wesen der Schöpfung bist du
und dennoch *SEIN* Bild. Und das strahlst du aus.
Sprich!

L. Gibt es eine Aufgabe für die körperlichen Organe
auf höheren Stufen?

— Ein tiefes Geheimnis verbirgt sich in dem,
was ich sage:

JEDES ORGAN DEINES KÖRPERS
IST BILD EINER WELTENKRAFT -
ES ERHÄLT SEINE KRAFT VON IHR.

— Dein Herzschlag ist eins mit dem Herzschlag des Alls.
Bleiben die Kräfte aber ohne Aufgabe, so sind sie nutzlos.
Zielloses Dasein ist Durcheinander, Chaos, Krankheit.

Das Zusammentreffen der Weltenkräfte ist Neue Schöpfung.
Das Erkennen der Aufgabe ist Schöpfung, Trichter.

— JEDES DEINER ORGANE IST HEILIG.
DER KÖRPER IST EIN WINZIGES SPIEGELBILD
DES UNENDLICHEN.
Der Himmel sei mit euch!

Freitag, 10. Dezember 1943

25. GESPRÄCH MIT GITTA

(Wir warten auf den Beginn des Gespräches und fühlen die wortlose Gegenwart meines Meisters. Plötzlich unterbricht das Klingeln des Telefons die Stille. Ich schalte es aus und sage vorwurfsvoll zu Joseph, dass dies «seine Sache» gewesen wäre, denn er hätte es ausschalten sollen.)

— Ich verkünde Kampf!
Bis jetzt habt ihr euch am schwachen Punkt verteidigt,
jetzt greift an!
Nur schwaches Feuer muss vor dem Wind geschützt werden.
Fürchtet euch nicht, in den Kampf zu treten!
Wer kann gegen die Finsternis kämpfen? – Das Licht.
Und wer siegt? – Das Licht.
Die Finsternis ist tot, leblos und unveränderlich.
Was finster ist, ist finster.
Nichts Finstereres als Finsternis!
Die Finsternis kann nicht zunehmen,
das Licht kann nur abnehmen.
(Stille)
— Höre gut, mein Diener! Ich belehre dich:
Was ist Fieber?
Das Herz schlägt – das ist Rhythmus.
Wodurch wird das Ebenmass des Rhythmus gestört?
Ein fremder, verderbender Stoff gelangt ins Blut,
und das Herz schlägt schneller . . . das Feuer wird stärker.
Sind verderbende Stoffe in dir,
so ist dein Rhythmus gestört.
Was stört, muss verbrennen. Das ist Fieber.
Das Blut wird gereinigt und der Rhythmus regelt sich.

25. GESPRÄCH MIT GITTA

— Immer seltener hast du Fieber,
denn du gesundest vom Alten.
G. Ich möchte das Verdorbene in mir ganz ausbrennen!
— Du irrst dich! *Lass nichts verderben!*
Nur wo Verdorbenes ist, ist Fieber nötig.
G. Warum merke ich nicht, wenn etwas verdirbt?
— Verteidige dich nicht mehr! Jetzt greife an!
Steh auf gegen die Finsternis!
Wenn du brennst,
wirst du nicht einmal genügend Stoff zum Verbrennen haben –
noch weniger wird etwas übrig sein, was verderben könnte!

— Ich belehre dich:
Dein Fehler kann deine Tugend werden,
wenn du ihn erkennst.
Du *siehst* den Menschen nicht.
Das ist kein Fehler,
denn deine Augen sind nicht zum Sehen bestimmt.
Wird dein Auge *strahlen*, so wird alles gut.

— NIMM NICHT AN DER FINSTERNIS TEIL,
DOCH GIB DAS LICHT IMMER UND JEDERZEIT!

So wird die Dunkelheit fliehen.
Woran erkennst du, dass es finster ist?
Was zeigt die Finsternis im Zimmer an?
Die Lampe, wenn sie nicht brennt.
Die Lampe ist verantwortlich.

— Entzünde die Menschen
und trauere nicht über die Finsternis!
Das ist dein Gesetz.
Ich verkünde Kampf und nicht Frieden.

— Gib sehr auf den Rhythmus acht,
denn er ist *SEINE* Botschaft!
ER urteilt durch dich, *ER* kämpft durch dich!
Achte gut darauf, *IHM* zu dienen und nicht dem Bösen,
der die Vergangenheit ist.
Nur durch den Rhythmus
vermagst du sie zu unterscheiden.

G. Das ist mir nicht ganz klar.

— Das Feuer, das in dir brennt - das Feuer des Körpers -
wird Leben genannt und baut auf.
Das Fieber zerstört.
Es ist dasselbe Feuer im Übermass.

— Siebzigmal klopft dein Herz - sieben mal zehn.
DER RHYTHMUS DES MENSCHEN IST SIEBENFACH.
Ist der Böse nicht da,
so heilt die tiefste Wunde in sieben Tagen.

Rhythmus ist Rauminhalt des Gefässes.
Ein Tropfen zuviel - und es überfliesst.
Gib acht! Gib immer acht! Gib gut acht!
Dieser Rhythmus ist nicht mehr der Rhythmus des Körpers.
Der Verstand kann ihn nicht erfassen.
Lass den Verstand in seinem Königreiche!
Das Feuer des Lebens ist ewiges Gesetz,
das Fieber aber nicht!

— Das «Mehr» ist nicht immer das Bessere.
Das Mass deines Feuers wäre anderen tödliches Fieber.
Es gibt nur einen Schlüssel: Gib acht!

(In diesem Moment beginnt der wegen des störenden Ticktacks in den Schrank gestellte Wecker zu läuten, da ich vergessen hatte, ihn abzustellen.)

— Eine Lehre für dich, weil du urteiltest:
(mit ironischem Tonfall:)
— «Das wäre deine Sache gewesen.»
(Stille)
— Wir belehren dich, weil du ein lieber Schüler bist
und weil du gerne lernst.
Frage!
G. Was sollen wir unter «ewiger Verdammnis» verstehen?
— Kinderschreck, Schreckgespenst.
Euch kann ich es verraten.
(Geste nach unten:)
— Aber wehe denen, die nicht daran glauben
und Angst benötigten. Sie fürchten nichts mehr.
Furcht aber wäre ihnen eine Stütze.

«EWIGE VERDAMMNIS» IST,
NICHT ZU WISSEN, DASS SIE DARIN SIND
UND SICH NICHT ZU FÜRCHTEN.

— Das Fehlen des Fiebers im Körper
ist Triumph des Verderbers.
Ich verkünde Kampf,
auf dass sie sich wieder fürchten,
denn es ist keine Furcht mehr in ihnen.
In ihnen ist kein Fieber mehr
und das ist für sie Verdammnis.
Fieber ist nicht Strafe, sondern Genesung.
Sie fürchten weder Gott, noch eine höhere Macht.
SIE FÜRCHTEN SICH VOREINANDER
UND DAS IST DIE HÖLLE.

Sie fürchten sich vor der Bombe
statt vor *SEINER* Hand, die sicher niederschlägt.

— Ich spreche über die Furcht.
Die Furcht ist ein Samenkorn des Glaubens.

— Junge Völker fürchten sich.
Wovor? Vor dem Unbekannten.
Was ist das Unbekannte?
Das Höhere, Grössere als sie.

— Euer Gesetz ist Freude und nicht Furcht,
denn das Samenkorn keimt schon in euch.
Keimt es, so verschwindet das Korn und die Furcht hört auf.
Die anderen aber sollen sich fürchten.

— Unser Kampf ist nicht der alte Kampf.
Das Neue soll verkündet werden, das Unbekannte.
Das ist dem Anfänger Furcht - dem Erwählten Freude.
Vergiss nicht: was dich belebt - versengt andere zu Asche!
(Joseph ist in seiner Jugend Materialist gewesen. Vor einigen Tagen wurde er an Bruch operiert.)
— Zum Genesenden spreche ich.
Der alte Mangel ist erfüllt.
Der vergangene Mensch hat mehr gehoben, als er konnte.

ER HAT DIE MATERIE ÜBER SICH SELBST ERHOBEN
UND SIE HAT IHN ZERRISSEN.

Die Wunde erinnere dich daran!
Sie ist Bild eines Zeitalters.
Du aber bist nunmehr genesen.
Zeitweise öffnet sich die Wunde noch,
doch sie ist nicht mehr gefährlich.
Du gesundest.
Sagen wir Dank!

Freitag, 10. Dezember 1943

25. GESPRÄCH MIT LILI

(Lili träumte, dass sie gefragt wurde: «Was wäre dein letzter Wunsch, wenn du sterben müsstest?» und sie hatte geantwortet: «Dass das, was ich jetzt erhalte, in meinen Schülern weiterleben möge.»)

— Ich spreche über deinen Traum:
DER KEIM IST DER TOD DES SAMENKORNS.

— Die kleinen Lebewesen, die *unter* der Erde wohnen,
sehen nur den Tod,
denn sie sehen den Keim nicht, der *über* der Erde ist.
Der Neue Keim ist das Neue Sein.
Du wähltest gut im Traum:
Du gabst Vergängliches für Ewiges hin
und wer gibt, erhält.
Der Neue Keim - das Neue Auge - ist eins,
ist über der Zweiheit.
Fürchte dich nicht vor dem Tod - es gibt keinen Tod!

WIRKST DU MIT MIR, SO KENNST DU KEINEN TOD.

— Gib gut acht! Bedeutungsvoll ist, was ich sagte.
Die Gewissheit des Todes ist nur Ansporn für Schwache,
du aber bist nicht mehr schwach.
Deine Zeit ist knapp - doch das bestimme nicht dein Tun!
(Während der folgenden Stille frage ich mich ängstlich, was «Deine Zeit ist knapp» in unserer Erdenzeit bedeutet. Fünfzehn Monate später erhalte ich Antwort.)
— Die «Sprechende» sieht dich jetzt strahlend.

— Frage, mein Diener!
L. Darf ich an Stelle der «Sprechenden» fragen?
— Nein. Wir antworten ihr ohne Frage.
L. Was hat die Menschheit nötig,
um sich ein bisschen in eine bessere Richtung zu wandeln?
— Es gibt kein «bisschen»!
Entweder - oder.
Isst du verdorbenes Fleisch?
Ein «bisschen» verdorbenes Fleisch? Isst du es?
L. Nein.
— Ein klein wenig verdorbenes Fleisch?
Würdest du es essen?
L. Nein.
— Entweder - oder!
Was verdirbt? Der Stoff, aus dem das Wesentliche verschwand.
Zwei Eier: in einem der Lebenskeim, im andern nicht.
Erst wenn sie ausgebrütet sind, wird es offenbar,
denn durch die Wärme wächst der Keim, Keimloses aber verdirbt.
Du wärmst - du kannst keine Keime geben,
aber du kannst wärmen.

ER ALLEIN GIBT KEIME - *ER*, DER HERR ALLER KEIME.

Wünsche nicht zu wissen, wo der Keim ist,
aber wärme, erwecke!
Wo Fäulnis ist und übler Geruch - dort fehlt der Keim.
Das ist noch Zeitalter des Fluches.
Der kleine Vogel wirft das faule Ei aus dem Nest,
- ohne Mitleid - denn er wärmte es umsonst.

DER MENSCH ABER SITZT AUF DEM KEIMLOSEN EI
UND WÄRMT ES NOCH IMMER.

— Es verdirbt, verfault unter ihm,
dennoch wärmt er es noch immer.
Ängstlich behütet er das faule Ei,
woraus das Neue nie entsteht.
Wisse: Solange der Vogel brütet, legt er kein neues Ei.
Weisst du das? Verstehst du die Lehre?
Du glaubst sie unbarmherzig, doch sie ist es nicht.
Sie ist stark.
Ein sicheres Zeichen:
Was in der Wärme verdirbt – ist keimlos.
Was keimt – ist gut.
Du aber wärme nur!
Verdorbenes verurteilt sich selbst.

L. Wie mache ich in meinen Kursen Fehler?
— In gleicher Weise. Pass auf!
Das halb ausgebrütete Kücken scheint verdorben.
Werdendes Leben aber saugt das scheinbar Verdorbene auf
und wandelt es um.

VERBESSERE NICHT DAS SCHLECHTE –
STÄRKE DAS GUTE!

— Es saugt das Schlechte um sich auf.
In jedem ist Gutes.
Ich sage dir noch eines: Lobe!
Lobe in jedem, was zu loben ist!
Wahres Lob baut auf.
Wunder wirst du erleben.
Aber beschönige nie – und lüge nie aus guter Absicht.
Frage!
L. Was ist Panik?
— Schrecken. Abkehr vom *Vater*. Plötzlicher Riss.

— Schrecken ist der alte Gott, der Schreckliche, Pan - Panik.
Das Tier bedarf des Schreckens.

L. Was ist Bereitschaft?

— Die rechte Verfassung.
Ist das Werkzeug bereit, so kannst du es jederzeit brauchen.
Mensch-Sein ist Bereit-Sein.
SEIN Werkzeug ist der Mensch.
Ist er nicht bereit, so ist er unnütz.

L. Warum ist soviel Rachsucht und Schadenfreude im Menschen?

— Weil er schwach ist.
Der Glückliche ist nicht rachsüchtig.
Er freut sich nicht am Schaden anderer.
Der Kranke hasst den Gesunden,
der Unglückliche hasst den Glücklichen,
der Betrunkene hasst den Nüchternen.
Hass ist Angst, tätige Angst, maskierte Angst, Scham.
Der Kranke verbreitet Krankheit.
Deshalb sage ich dir: Verbreite Gesundheit!
Verbreite nur sie! Das ist unser Krieg.
Kämpfe nicht gegen die Krankheit - stärke die Gesundheit!
Das ist nicht dasselbe.

— Jeder Arzt irrt sich, wenn er die Krankheit unterdrückt,
denn *SEINE* Kraft, wieder auferstanden, besiegt sie.
So kann es sein, dass ein Unwissender besser heilt,
als ein gelehrter Arzt.
Du kannst noch einmal fragen.

L. Ist eine Kunst höher zu bewerten als die anderen?

— Ja. Diejenige, die am besten dient.
Nur Hochwertiges kann *IHM* dienen.
An ihrer Frucht kannst du sie erkennen.
Jede Kunst wandelt sich.
Seien wir eins - einen Augenblick lang!

Freitag, 17. Dezember 1943

26. GESPRÄCH MIT GITTA

— Ich spreche über die Schöpfung in der Kunst.
Ein Kunstwerk ist nur Materie.
Ein Bildwerk steht im Raum.
Nicht das Werk ist Schöpfung - es ist nur Gefäss.
Das Gefäss wird gefüllt
und der Trank wirkt erschaffend.
(Hanna kann keine Worte für das finden, was mein Meister über die neue Kunst übermitteln möchte.)
— Könnte ich nur zu euch über die Neue Kunst sprechen!
Könnte ich es nur!

WAS BIS JETZT BECHER WAR - WIRD TRANK.
WAS TRANK WAR - WIRD RAUSCH.

Totes Zeitalter:
Die Hände der Händler klammern sich an leere Gefässe.
Dem Künstler wird Weihrauch dargebracht.
Dem, der Weihrauch darbringen sollte,
dem wird Weihrauch dargebracht.
Und der Rauch schlägt nieder und Kain hat das Wort.
Alles verdorrt.
Sie haben Angst vor dem Tode.
Sie sperren den Vogel - den blauen Vogel - in den Käfig
und zum grauen Sperling wird er.
— Bildergalerien, Bilderspeicher, Speicher,
tote Hüllen werden gehütet.
Totengruft, Modergeruch.
Noch gibt es kein Auge, das nicht rückwärts,
sondern vorwärts schaut.

— Wer dient Gott? Wer?
Wem dienst du?
G. Ich möchte *IHM* dienen.
— Und tust du es?
G. Nicht immer.
— *(mit grosser Strenge:)* Noch immer nicht!
G. *(kleinlaut:)* Was *soll* ich tun?
— Kein «Soll»!
Baut *IHM* ein Neues Gebäude – ihr alle!
Einen Neuen Becher für den Trank.

DER TRANK STRÖMT AUS
UND ES GIBT NICHTS, DAS IHN AUFNEHMEN KÖNNTE!

Der Neue Tempel hat keine Mauern, denn er wächst ständig.
Umkehr! Alles werde umgekehrt!
Der alte Tempel – die alte Kirche –
war Burg, war Schutz;
der Neue Tempel ist es nicht mehr.
Es gibt keine Mauern mehr.

Verkünde das Neue mit den dir gegebenen Mitteln!
Sei nicht träge!
(Diese Woche hatte ich wieder einmal nicht den Mut gehabt, ein Ölbild anzufangen.)
— Auch *du* hast noch Angst? Auch *du*!
Schaffe! Nicht mit Furcht, sondern mit Freude!
Du stehst eine Stufe höher.
Beginnst du dich zu fürchten, so ist das für dich der Tod.

ACHTE DARAUF: «MUSS» UND «ZWANG» SIND TOD.
Freude leite alle deine Striche,
ziehst du sie doch an *SEINER* Statt!

26. GESPRÄCH MIT GITTA

— Könnte ich nur über die Neue Kunst sprechen!
Noch niemals gab es sie . . .
selbst bei den Grössten nicht.
Frage!

G. Was sollen wir unter «Jüngstem Gericht» verstehen?

— Was verstehst du nicht?

G. Alles, was du sagst, ist neu und die alten Begriffe
erhalten einen neuen Geschmack.

— Nicht der Geschmack ändere sich, sondern der Schmeckende.
Der tote Gaumen braucht gewürzte Speisen.
Für den lebenden Gaumen ist Brot das Beste.
Der Hungrige braucht weder Kaviar noch Paprika aufs Brot.
Bist du ganz und nicht krank,
so schmeckt dir das, was du nötig hast.
Suche keinen neuen Geschmack – sei ganz!

(Ich bin nicht erstaunt, keine Antwort zum „Jüngsten Gericht" zu bekommen, denn ich erwartete eine „sensationelle" Antwort.)

G. Was ist Stimmung?

— Ein tiefes Geheimnis.
Die Sonne ist weiss – gebrochen ist sie farbig.
STIMMUNG IST GEBROCHENE EWIGKEIT.

— Bald wirst du es verstehen.
Glaubst du, dass es sieben Farben gibt?

G. Ja.
Es gibt unendlich viele mehr – du aber siehst nur sieben.
Wenn du nicht mehr die bist, die du warst,
wirst du Neue Farben sehen.

G. Werde ich sie auch malen?

— Wer sieht, was du malst, wird auch die Neue Farbe wahrnehmen.
Nicht auf dem Bilde wird sie sein.
Suche die Neue Farbe nicht aussen!

— Das Rot ist eine Welt mit Sonnen und Monden und Welten . . .
Das Blau ist auch eine Welt . . .
Das Neue ist in dir.
ALLES IST IN DIR UND NICHT AUSSEN.

— Frage!
G. Was ist Auferstehung?
— Ein notwendiges Übel.
Bist du oben, so ist Auf-erstehen unnötig.
Nur das Unten kann auferstehen.
Es fällt in die Tiefe des Grabes und aufersteht.
Marionettenspiel! Blendwerk!

WAS KANN AUFERSTEHN, WENN DU EINS MIT *IHM* BIST?
SEIN Reich naht. Ruft ihr es, so kommt es.
Und es ist in euch selbst.

Freitag, 17. Dezember 1943

26. GESPRÄCH MIT LILI

— Ich spreche vom Spiel.
Was ist Spiel? Vorbereitung.
Üben des Beherrschens von Kraft und Materie.
Beherrschen ist Vorbereitung zum Schaffen, zum Erschaffen.
Hier ein Beispiel: Kinder spielen.
Zwei halten eine Schnur und drehen sie,
das Dritte springt.
Die Schnur ist Materie. Aussenstehende Kraft treibt sie an.
Das Kind springt. Springt es zu früh, springt es zu spät,
so gibt ihm die Schnur einen Schlag.

— DER RECHTE AUGENBLICK IST DAS ZIEL.
Und das ist die Freude am Spiel.
Lehre spielen - nicht mit dem Körper,
sondern mittels des Körpers.
Du erziehst Kinder. Lehre sie spielen, Neue Spiele spielen!
Bereite sie vor zur schöpferischen Tat!
Nicht mit alten Spielen - mit Neuen!
Hast du, mein Diener, als Kind gespielt?
L. Sehr wenig . . .
— Deshalb lehre andere, denn du kennst den Mangel!
Jetzt wirst auch du spielen.
Sieh das Kind in deinen Schülern,
erwecke das Kind - aber nicht das alte!
Altes Laub fällt ab - neue Triebe spriessen.
Das Neue kann nur spriessen, wenn das Alte abfällt.
Wunderbare Spiele wirst du erfinden.
Gib nur gut acht!
Ganz Neue Spiele werde ich dir ins Ohr flüstern.
Das Kind springt . . . der Tänzer tanzt.
Tanz ist Kraftwirbel.

— JEDES ORGAN, JEDES GLIED
IST EINS MIT EINER KRAFT DES ALLS.

Ahnst du, was Tanz ist?
Er vermag emporzuheben - er vermag auch hinabzuziehen.
Welch starker Wirbel nach unten ist der alte Tanz!
Er zieht, er reisst hinunter in den Körper.
Der Neue Tanz ist Wirbel nach oben,
Kraftwirbel.
Vorläufig spielt! Bereitet euch vor!
Neues Spiel . . . Neuer Tanz . . . Neue Welt.
Das Kind, das spielt, ist selbstvergessen.

— DAS KIND VERGISST SICH SELBST.
Das ist es, was das Neue Spiel bewirkt.
Das Kind, das nicht alleine spielen kann, ist tot.

— Kräfte wirbeln dich, schleudern dich . . .
oder aber *du* schleuderst sie.
Gross ist der Unterschied.
Du fühlst es, nicht wahr? Es ist dir gegeben,
IHM zu dienen – gibt es etwas Schöneres?
Könntest du nur einmal selbstvergessenes Spiel kosten!

NUR SELBSTVERGESSENES SPIEL IST SCHÖPFUNG.

Der schaffende Meister
vergisst sein sorgfältig angefertigtes Werkzeug
und dennoch geschieht dem Werkzeug nichts,
denn es dient.

Ich erwarte deine Frage.
L. Weshalb bin ich so schnell verzweifelt?
— Was macht dich verzweifeln?
L. Eher kleine als grosse Sachen.
— Darin liegt auch schon die Antwort:
Die *kleinen* Sachen betreffen die *kleine* Lili.
Aber *du* gehöre nicht dazu!
Die *kleine* Lili wird sie schon erledigen.
Der Zwei-fel ist nicht Ein-heit.
Verweile nicht im Zweifel.
Verlass das Alte
und frei vom Zweifel wirst du sein!

Auch das Neue wirst du verlassen,
denn alles ist nur Schale, leere Schale.

— ALLES MUSS VERLASSEN WERDEN! ALLES!
Frage!
L. Was ist Schmerz?
— Schutzengel, Schutzengel des Tieres.

— Furcht weist vorher – Schmerz weist nachher
auf den Fehler.
Und beide sind eins.
Dein Gesetz jedoch ist die Freude.
Freust du dich, wenn du mit mir bist?
(Lili kann es nicht in Worten ausdrücken, sie nickt nur still.)
— Worüber würdest du dich noch mehr freuen?
L. Das ist ganz unmöglich!

— NICHTS IST UNMÖGLICH!
UNMÖGLICHES GIBT ES NICHT!
DAS UNMÖGLICHE EXISTIERT NICHT!
ALLES IST MÖGLICH!

(Eine sehr lange Stille folgt. Wir alle fühlen, dass etwas Wesentliches in Lili geschieht. Ich scheue mich, Lili anzusehen, als ob mein Blick etwas tief Innerliches stören könnte.)

— Frage, mein Diener!
L. Es ist so seltsam, jetzt zu fragen.
Ich hatte das Gefühl, «aufgehört» zu haben.
— Wahrlich, du wirst aufhören.
Ich habe dich in meinen Armen gewiegt,
dich, die niemals gewiegt wurde.
Und es war mir gut,
dich wiegen zu können.

— VOR DER ALTEN GEBURT
SIND MUTTER UND KIND *EINS.*
WIRD DAS KIND GEBOREN, SO WERDEN SIE *ZWEI.*

WIR SIND *ZWEI.*
WERDEN WIR GEBOREN, SO WERDEN WIR *EINS.*

Das ist ein Geheimnis . . .
du kannst es noch nicht fassen.
— Frage!
L. Was ist Müdigkeit?
— Der alte Rhythmus . . .,
die Pause zwischen zwei Tönen.
Handelt ihr im Neuen, so könnt ihr nicht müde sein.
Seid ihr müde, so ist das der kleine Tod.

— Der Baum des Ewigen Lebens.
Der *VATER* gab ihn uns und wir behüten ihn.
Wir werden ihn dem geben,
der nicht mehr auf die Schlange hört,
die Eigentümer des anderen Baumes ist.

— Wir behüten den Baum des Ewigen Lebens.
Wir behüten ihn gut . . .
bei uns das Schwert.
Aber wozu dient der Baum,
wenn er nicht Frucht trägt?
Und wozu die Frucht,
wenn niemand sie isst?

— Nicht die Frucht ist unreif –
der Esser ist es.
Deshalb bewachen wir den Baum noch immer.

— Der gute *VATER* lässt die schöne Frucht
nicht für sich selbst bewachen,
sondern für die Kinder.
Der Säugling aber kann noch kein Obst essen.
Das weiss der *VATER* wohl.

Ihr seid in jedem Augenblick im Paradiese.
Zwei verbotene Bäume.
Ihr könnt wählen!
Die Schlange verführte . . . ihr asset . . .
und die Frucht war bitter.

— WIR VERBIETEN – WIR BEWACHEN –
IHR ABER KOMMT . . . BESIEGET UNS!

Scheinbare Freude verführte dort
und ihr asset Furcht.
Unser Schwert schlägt nur den Furchtsamen nieder,
denn die Furcht schmiedete das Schwert.

— Du kannst noch fragen, mein Diener!
L. Ich verstehe nicht,
was der «Eckstein» in der Bibel bedeutet.
— Der Träger des Gewichtes,
der Erlöser, der Verachtete.

Bereitet euch vor,
um bereit zu sein!
Dienen wir *IHM*!

18. Dezember 1943

BOTSCHAFT FÜR X.

(Ich mache mir seit einiger Zeit Sorgen um X. – ein Freund, mit dem ich meine Kindheit verbrachte. Er ist deutscher Herkunft und wendet leider sein ganzes Interesse dem «Führer» und dem «Reich» zu.
Hanna ist mit einem Entwurf für Reklamegraphik beschäftigt, legt aber plötzlich den Pinsel beiseite und sagt: «Ich höre deutsche Worte, sie sind an X. gerichtet. Notiere sie!»
Hanna spricht nur mittelmässig deutsch. Ausserdem hat sie nicht die geringste poetische Begabung.)

Du Feigling,
du verhätschelter!
EINEN
Führer gibt's:
Der himmlische Hirt.

ER spricht:
ES WIRD!
Was war,
ist nicht wahr.
Es blitzt wie Stahl,
kahl.
Du Aal,
es naht die Wahl!
Bist geschmückt wie ein Christbaum
mit wunderbaren Kräften.
Tue das Rechte!
Vergeudest himmlische Gaben!

BOTSCHAFT FÜR X.

Wirst zahlen bis zum letzten Groschen!
Zittere vor mir!
Umsonst kriechst du in dich hinein!
Es gibt keinen Schlupfwinkel für dich!
Bist durchsichtig wie Glas –
zerbrich wie Glas!
Die Seele muss Freiheit haben!

Als Würdenträger bist du erkoren
und kriechst im Schlamm herum
wie ein Maulwurf.

Freudlos irrst du im Kreis.
Brich hervor,
du Geist!
Ich mahne dich heiss.
Gott weiss,
wer du bist.

(Ich bin von dieser strengen Mahnung erschüttert. Hanna versteht nicht alle Worte, und ich übersetze sie ins Ungarische. Wir überlegen, wie X. diese Botschaft zu übergeben sei. Da ich ein ironisches Lächeln seinerseits befürchte, beschliesse ich vorsichtig, ihm vorerst von der Veränderung, die in mein Leben eingetreten ist, zu erzählen, um seine Reaktion zu sehen. Bald mache ich einen Spaziergang mit X.
Er hört mich still an und stellt dann Fragen, aus denen ich entnehme, dass er innerlich berührt wurde. Ich kehre auf dem Fahrrad nach Budaliget zurück und erzähle Hanna vom Interesse, das X. bekundete. Sofort hört sie folgende Worte:)

DIE ANTWORT DER ENGEL

Er ist mein!
Ich lasse ihn keinen Augenblick mehr!
Ich lache vor Freude, ich tanze wie wild.
Er ist *doch* nach Gottes Bild
geformt!
Er wird büssen schwer,
aber nicht lange mehr.
Er ist doch ein Kind, das sich fürchtet im Wald.
Aber bald, bald wird es hell.
Nicht grell,
nur leise kommt das Licht zurück.
Und wir singen Lobgesang.
Lang war die Nacht,
sehr lang.
Anfang:
«Du darfst nicht hören,
du darfst nicht sehen,
du darfst nicht wissen,
du darfst nicht drehen,
du sollst nur gehen
nach dem EINZIGEN Führer!»
Du bist doch *SEIN* Kind!
Ganz lind
liebt *ER* dich.
Sei blind
für alles, was sichtbar ist!
Du bist doch *SEIN* Kind!
HALB GOTT – HALB ERDE
WERDE!

(Die lodernde Freude des Engels über das beginnende Erwachen seines Schützlings erschüttert mich. Wie beschränkt, wie lau und grau sind unsere Gefühle, verglichen mit dieser Glut!)

BOTSCHAFT FÜR X.

Das Rad

Geburt und Tod,
Brot und Not,
Kot.
Anfang und Ende.
Wende!
Und zwei wird eins.

Sei Ritter des Himmels!
Sieg
über Hass und Krieg,
über Friede und Liebe,
über Tod und Not,
denn aus Gott und Kot
wird EIN Wunder.
Zunder
ist alles, was war.

ER gibt dir Schwingen,
und ich werde singen,
und wir werden siegen
über die Blinden
mit Strahlen,
mit linden,
die nicht mit Qualen
bringen
das Licht.
Das REICH,
es naht.
Das Rad
steht still.
ER will.

Freitag, 24. Dezember 1943

27. GESPRÄCH MIT LILI

— «Vom Himmel kam ein Engel zu euch . . .»*
Ihr braucht nicht mehr zu eilen,
um das Licht zu sehen,
denn das LICHT wird überall sein
und es wird kein Bethlehem mehr geben.
Ich verkünde Weihnachten,
auf die keine Ostern mehr folgen.
Ostern werden nunmehr leere Schalen sein.
Jetzt aber wird das Licht, das alte Licht, so geehrt,
dass man die Flammen auslöscht.
(Anspielung mit bitterem Tonfall auf den Krieg.)
— Auf blossem Stein, auf Stroh,
vom Atem des Tieres gewärmt,
liegt das Neugeborene *in euch*.
Der Stein ist gut, das Stroh ist gut,
der warme Atem ist gut.
Schlecht aber ist der zerfallene Stall,
schlecht die Kälte und Finsternis draussen.
Fürchtet euch nicht!
Der Drache erreicht das Neugeborene nicht.
Der alte Drache ist bei seinem Baum,
doch der rote Apfel lockt nicht mehr.

Siehst du das Neugeborene?
L. Nein.
— Sieh es dennoch!
DU MEINST, GEBÄRENDE ZU SEIN –
DOCH *ER* IST ES, DER DICH GEBAR.

* Altes ungarisches Weihnachtslied.

— Hast du Fragen?
L. Was ist ein Fest, eine Feier?
— Ein Teil des Himmels.
(Geste nach unten:)
— Was sie dort unten tun . . . ist *zerteilter* Himmel,
der nie wieder eins wird.
Sie nagen an den alten Splittern;
wir aber bauen den Neuen Himmel,
wir bauen ihn zusammen.
Ich erwarte deine Frage.
L. Was ist Güte?
— Alter unnützer Splitter! Weg damit!
Jedermann gibt heute «Güte». Kehricht!
Nur *ER* gibt und alles wird GEGEBEN.
Grössenwahnsinnige Würmer «geben».
Wir sind nur Überbringer *SEINER* Gabe.

— Sei nicht befleckt von der «Güte»! Keine «Güte» sei in dir!
Nicht der Böse hat die Welt verdunkelt,
sondern der «Gute», der sagt: «*Ich* bin gut»,
der «gute» Mensch, der spendet, der hilft.
Und siehe, was gibt er? Den Tod.
Ihr «Guten» – ihr werdet büssen!
Das Neue LICHT, das kommt,
lässt alles Falsche zu Staub zerfallen.
Was ist dein eigen?
L. Nichts.
— Was also kannst du geben?
L. Aus mir selbst – nichts.
— Verdorbenes, entartetes Geschlecht, wehe euch!
Ihr baut «gute» Krankenhäuser für eure Opfer.
Du aber, mein Diener, du bist nicht «gut»,
doch das GUTE wird durch dich.

— Frage!
L. Wie könnten Religion und Wissenschaft eins werden?
— Im Neuen Licht wirst du erkennen, dass sie eins sind.
So wie Melodie und Rhythmus eins sind,
waren auch sie schon immer eins, eins und untrennbar.
Jedes Glied des grossen Orchesters spielt gesondert,
aber die Symphonie ist eins.
Einmal führt die Geige, einmal die Bassgeige,
einmal die Religion, einmal die Wissenschaft.
Aber jetzt - nichts! Niemand dient - ein jeder «führt».
Allen voran die Trommel, denn sie ist am lautesten.
— Der Dirigent müsste dem Geist der Symphonie dienen.
Jetzt gibt es nicht einmal mehr Dirigenten.
Der Lauteste hat das Wort.
(Lange Stille)
— Der Himmel segne euch!

Freitag, 31. Dezember 1943

28. GESPRÄCH MIT GITTA

(Heute ist der letzte Tag des Jahres. Ich fand bis jetzt alle Sylvesterfeiern sinnlos und langweilig. Heute aber bin ich voller Erwartung, wie unsere Meister den Übergang vom alten Jahr ins neue feiern werden.)

— Alpha - Omega. Omega - Alpha.
DER *ERSCHAFFENE* MENSCH
IST ZWISCHEN ANFANG UND ENDE.
DER *ERSCHAFFENDE* MENSCH
IST ZWISCHEN ENDE UND ANFANG.

28. GESPRÄCH MIT GITTA

— Zwischen Anfang und Ende ist Zeit.
Zwischen Ende und Anfang ist Ewigkeit.

Das Ende des alten Jahres ist Beginn des Neuen.
Das Ende der alten Welt ist Beginn der Neuen.
Zwischen Omega und Alpha ist das Wunder.

Seit Urzeiten feiert der Mensch,
was nicht gefeiert werden kann.*
Die Pforte des schmalen Weges ist Omega-Alpha.
Wer sie im Körper - in der Zeit - zu durchschreiten sucht,
geht ein in den Tod.
Wer es im Geiste - zeitlos - tut, geht ein ins ewige SEIN.
Kannst du die Zeit zwischen Omega und Alpha messen?
Ein Augenblick endet - ein neuer beginnt;
zwischen den beiden ist keine Zeit,
ZWISCHEN DEN BEIDEN IST EWIGES SEIN.

Es gibt eine Pforte zum EWIGEN SEIN.
Sie öffnet sich nicht zu Beginn, sondern am Ende.
Wenn der *VATER* den Augenblick anstösst,
ist der neue nicht der alte.

BEIM TOD JEDES AUGENBLICKS
KANNST DU EINTRETEN INS EWIGE SEIN,
IN DIE ERSCHAFFENDE WELT,
WO AUCH DU DEN AUGENBLICK ANZUSTOSSEN VERMAGST.

Vor aller Augen ist dies und doch wird es nicht gesehen.
Die Pforte ist offen, aber die Öffnung ist so schmal,
dass das Geborene dort nicht eindringen kann.

* Der zeitlose Übergang des alten Jahres in das neue.

— Dies ist grösstes Geheimnis:
Jeder Augenblick – auch der Augenblick des Augenblicks –
ist Pforte.

ES GIBT KEINEN HEILIGEN AUGENBLICK,
DENN JEDER AUGENBLICK IST HEILIG.

So lebt ihr mit dem Ewigen und dem Dasein vereint:
Im EWIGEN SEIN.
Du bist Ball und Ballspieler zugleich.
Achte nicht auf den Anfang,
denn der Anfang ist schon das Ende.
Was beginnt, endet und ist nicht mehr zu ändern,
da Kraft und Materie sich schon in Bewegung setzten.
Zwischen Ende und Anfang
ist Ursprung von allem – achte darauf!

Die erschaffene Welt ist ein Ball,
mit dem der *VATER* spielt.
ER gibt ihm einen Stoss, damit er wiederkehre –
in der Freude wiederkehre.

HIMMELSKÖRPER UND ATOME SIND DESSEN BILD.

(Stille)
— Lerne dieses:
ALLEIN DIE FREUDE IST SICHER.
Alles hat seine Erklärung –
die Freude hat keine Erklärung.
Wir können nicht sagen, warum wir uns freuen,
und dennoch ist Freude unser Dienst.
Was ihr erhält,
ist Freudenquelle für Freudenlose.

28. GESPRÄCH MIT GITTA

— Frage, mein Diener!
G. Bitte sprich noch vom ewigen Augenblick!
Könntest du ihn mir auf andere Weise erklären?
— Der ewige Augenblick ist ein Strahl des ewigen LICHTS.
Es ist Aufgabe des Menschen,
eine Öffnung in die Kugel zu schlagen, in der er lebt,
damit der Strahl von selbst eindringen kann.
Unnötig, ein Haus niederzureissen,
damit es hell werde;
ein Fenster genügt - bestimmt dringt das Licht ein.

Willst du zum ewigen Licht vordringen,
so musst du Erschaffenes hinter dir lassen.
Nur so erreichst du das LICHT.

JENSEITS DES ERSCHAFFENEN
WIRST DU BEFREIT - UND DU BEFREIST.

— Wie trügerisch ist diese Kugel von innen
mit ihren Sonnen und Monden und dem unendlichen Raum,
der in Wahrheit endlich ist!
Mit ihren Milliarden von Jahren,
mit ihren Milliarden von Jahren,
die ein Nichts sind, verglichen mit dem ewigen Augenblick.

Ist die Öffnung geschlagen, so gibt es kein Gefängnis mehr.
Diese kleine Öffnung ist die Erlösung,
denn von nun an sind nicht mehr Gefangene,
sondern Bewohner in der Kugel.
Kein Fluch mehr - sondern Segen.
Keine Finsternis mehr - sondern Licht.
Keine Qual mehr - sondern Freude.
Diese winzige Öffnung ist die Erlösung.

— Achte auf das Mass!
Was mehr ist – nach unten wie nach oben –
ist Abweichen vom Wege.
Deshalb spürt ihr: zuviel . . . zuwenig.

ZWISCHEN DEN BEIDEN IST DER WEG: DAS GENUG.

— Das «Genug» ist Gleichgewicht
zwischen Kraft und Materie,
zwischen Endlichem und Unendlichem.
Gib gut acht! Weiche nicht von deinem Wege ab!
Einmalig ist dein Mass . . . es wiederholt sich nie.
Jeder hat den Schlüssel zu *seinem* Mass.

Du kannst noch eine Frage stellen.
G. Wir sehen das Schlechte und sprechen darüber.
Wo ist die Grenze zwischen Klarsicht und Verurteilen?
— Das Mass. Du bist Lichtbringer.
Kenne die Schwäche der Augen! Aber nicht, um zu urteilen.
Dient dein ganzes Wesen der Erlösung,
so wirst du *messen* und nicht urteilen.
IHM allein steht das Urteil zu.

— Alles wendet sich. Die Lösung ist: Omega-Alpha.

— Sei aufmerksam! Sieben Freuden gibt es.
Entdecke sie! Nicht leicht ist diese Aufgabe.
Jede der sieben Freuden wird der leitende Geist
eines Wochentages sein.
Antworte in einer Woche!
Ich nehme Abschied.

Freitag, 31. Dezember 1943

28. GESPRÄCH MIT LILI

— Was mir leicht ist - ist euch schwer.
Was euch leicht ist - ist mir schwer.
Wie schwer ist es,
euch das Einfachste verständlich zu machen.

JEDE BEWEGUNG KANN BILD DER SCHÖPFUNG WERDEN.

— Der Stoss löst an einem Punkte Bewegung aus:
Die Bewegung beginnt an einem Punkt, am Punkt des Ursprungs,
und kehrt zu ihm zurück.
Alles wird in Bewegung gesetzt und alles kehrt zurück.
Das Gesetz des Menschen ist anders.
Das Wissen liess ihn ein wenig abweichen
und dieses Wenige genügte, um alles zu verderben.

— Kehrt der Mensch zurück zu *IHM*,
dem Ursprung aller Bewegung,
so ist der Name der Bewegung,
der Name jeder Bewegung: *Erlösung*.

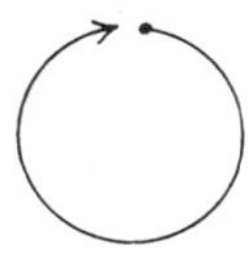

KEHRT DIE BEWEGUNG ZUM URSPRUNG ZURÜCK,
SO WIRD IM MENSCHEN DIE FREUDE GEBOREN.

Selbst der niederträchtigste Mensch ist Mensch,
weil er geben kann.
Ein einziger Augenblick - zu früh oder zu spät -
das ist der Apfel des Wissens.
Er war nicht zum Essen da,
der Mensch aber hat ihn gegessen

und hat das göttliche Wissen für sich behalten.
Der Fehler ist nicht im Apfel;
nur ihn zu *essen* war verboten.
Dies ist Bild für alles Menschliche,
denn sieh – der verbotene Apfel verführt,
zu nehmen und nicht zu geben.
Geben ist alles.
NICHT DAS WISSEN IST FEHLER – DAS BEHALTEN.

Wenn es gegeben wird, ist auch das Wissen Segen.
Alles, was gegeben wird, ist Segen,
doch geben können wir nur durch *IHN*.
Werden wir eins mit dem Ursprung, so ist das Freude.
DIE WAHRE BEWEGUNG ENTSTEHT IN *IHM*
UND KEHRT ZU *IHM* ZURÜCK.

Lehre alle, *so* zu geben – und der Fluch wird enden.
Nicht du gibst – lehre nur, *wie* zu geben!
Jeder kann geben – jede Bewegung kann dienen;
aus der inneren Bewegung entsteht die äussere.
Ich helfe dir in deiner Arbeit, mein Diener, gib acht!
Die Freude ist das Zeichen.
Achte, worüber ein jeder sich freut.
Wo er sich nicht freuen kann, – dort ist der Apfel,
der gegessene und nicht gegebene Apfel. Weg damit!
Selbst der Elendeste, der unter deinem Schutze steht,
kann lernen, sich zu freuen.
Das ist die Freude:
Sie setzt sich in Bewegung . . . strömt aus . . .
gibt sich hin . . . und kehrt zurück, wie der Atemzug.
Im Herzen ist der Beginn, das Ende und die Freude.

DIE FREUDE IST DIE LUFT DER NEUEN WELT.

— Frage!
L. Was ist Friede?
— Nicht Pause zwischen zwei Kriegen.
Noch nie war Friede – er wird aber sein.
Friede! Ihr ersehnt ihn bloss . . . aber nicht genug.
FRIEDE IST DIE NEUE SCHWINGUNG,
DIE NICHTS ALTEM GLEICHT.

L. Ist kein Friede in mir, so kann ich mich nicht freuen.
— Du sprichst wahr.
L. Jetzt kommt das neue Jahr.
Ich möchte es so ganz anders beginnen!
Bitte hilf mir!
— Mein Friede ist dein Friede.
Meine Freude deine Freude.
So verwalte sie!
Unendlich ist die Freude.
Du erhältst soviel, wie du geben kannst.
Die Freude hat keine Grenzen;
begrenzt ist nur deine Fähigkeit, zu geben.
Die Freude aber kennt keine Grenzen, keinen Beginn, kein Ende,
denn sie ist ewig!

— Auch ich freue mich nur soviel, als ich dir geben kann.
(Der Engel könnte Lili viel mehr geben, aber sie wäre noch unfähig, es zu ertragen, also muss der Engel sein Geben weise beschränken.)
— Auch du freust dich nur soviel,
als du zu geben vermagst.

Freue dich also – und deine Freude sei vollkommen!
Gib Glücklichen – gib Unglücklichen!
Dies sei dein neues Jahr!

— Frage!
L. Was ist Hoffnung?
— Warum fragst du das, mein Diener?
L. Ich fühle, dass sie in mir zu wachsen beginnt.
— Achte, worauf du die Hoffnung richtest.
Richtest du sie auf *IHN*,
so wirst du nie enttäuscht, denn *ER* gibt alles.
Nur der Gottlose ist hoffnungslos.

— Gib gut acht!
Hoffe nicht nur – *gib* Hoffnung!
Glaube nicht nur – *gib* Glauben!
Liebe nicht nur – *zeige, wie* zu lieben!
Nicht Liebe für dich!
Nicht Hoffnung auf dich!
Nicht Glaube an dich!
Das ist die Last – doch sie ist leicht.
Du trägst sie leicht,
das wissen wir gut.
(Stille)
L. Es ist mir nicht klar, was Spiritismus und Mystizismus ist.*
— Nichts davon ist klar.
Alter Dunst und Nebel, die sich wegtrollen,
wenn der Morgen kommt.
Weisst du, was ein «Mysterium» ist?

EIN AUS DER TIEFE DER SEELE ENTSPRUNGENES LÄCHELN – DAS IST MYSTERIUM.

Zähneklapperndes, schleimiges Gejammer Schiffbrüchiger –
das ist der «Spiritismus»!
Sie wollen ein Zeichen,
und das Zeichen wird ihnen nicht gegeben.

— Nicht die Toten sollen beschworen werden,
sondern das ewige Leben!
Die heilige Lehre verbirgt sich nicht im Dunkeln,
sondern erstrahlt am hellen Tage.
Was sie beschwören, das erhalten sie.
Lasst die Toten bei ihren Toten!
Sie haben den Tod so lange beschworen, bis dass er kam.
Lasst uns die Freude rufen und *SEIN* Reich wird kommen.
Ruft nicht in zitternder Angst,
sondern in jubelnder Freude!

GIBT ES ETWAS NATÜRLICHERES,
ALS DASS WIR MITEINANDER SPRECHEN KÖNNEN?

— Wo ist der «Mystizismus»? Er ist versunken.
Alles Alte verschwindet.
Hast du dich heute über mich gefreut?
L. Oh, ja!
— Gib die Freude weiter!
(Ich habe das Gespräch notiert und ergänze nun die fehlenden Akzente. Lilis Meister spricht zu mir:)
— Tue nichts nachträglich! Tue alles zu seiner Zeit!
Schreibe selbst die Akzente zu ihrer Zeit!
(Ich bin etwas erstaunt.)
Glaube nicht, dass ich spasse.
Spass kenne ich nicht – doch Freude kenne ich.

Mein Friede – der nicht der meine ist, sonder der *SEINE* –
komme über euch!
SEIN Reich komme!

* Lili verstand unter «Mystizismus» populär aufgebauschte, mysteriöse Interpretationen unerklärlicher Geschehnisse.

Januar 1944

BOTSCHAFT FÜR X.

(Ich versuche öfters, X. in einer ruhigen Minute zu erreichen. Umsonst! Er hört in seiner freien Zeit ständig das deutsche Radio, und ich befürchte, dass sein politisches Interesse ihn behindern werde, für die Botschaft der Engel empfänglich zu sein. Heute hört Hanna wieder deutsche Worte, und ich fühle sie als Antwort auf meine Besorgnis.)

Kerne brauchen Erde und Wärme.
Sei heiss
und es spaltet sich das Harte!
Warte!
Tue nichts!
Lass wirken die göttliche Kraft!
Und es wird Schaft,
und Saft
wird rinnen
darinnen.
Du darfst nur singen und scheinen,
nicht weinen!
Die Erde ist nass.
Lass!
Und er wird warm.*
Arm
war die Welt,
aber *ER*
erhellt alles.

* Bezieht sich auf X.

(Bald kam eine neue Botschaft)

Die Zelle
im Auge
sieht nicht Helle.
Sie dient blind.
Bist keine Zelle,
bist Auge.
Tauge!

Sei Quelle
für die neue Welle
im All.
Die Augen
der Tiere,
sie saugen.
Bist kein Tier,
noch Zier,
ERLÖSER du,
Mensch!

Du kannst die Nacht bezwingen.
Die Schwingungen bringen
den Strahl hinab ins Tal,
wo die Blinden
sich winden
in Qual.
Deine Augen strahlen.
Es verschwinden
die Qualen.
Die Nacht zerbricht.
ES WERDE LICHT!

Freitag, 7. Januar 1944

29. GESPRÄCH MIT GITTA

— Ich spreche über die Wiege der Freude.
Hass, Feuer und Gift sind die Wiege der Freude.
Die erschaffene Welt ist *SEIN* Körper.
Kann in *IHM* Böses sein?

Auch die Galle ist Quelle der Freude,
und dennoch ist sie Gift.
In deinem Körper ist ein Feuer, das nicht zerstört,
ein Gift, das nicht tötet.
Wie ist das möglich?
Alles im grossen PLAN ist gut,
wenn du das eine Geheimnis verstehst!
WANDLUNG. Der Mensch ist berufen – ZU WANDELN.
Das Schlechte ist das «Mehr».
Das grausamste Tier ist der Mensch,
und er ist die Wiege der ewigen Freude.

— NUR UNGEWANDELTE, UNGEBRAUCHTE KRAFT
VERWÜSTET, VERGIFTET, ZERSTÖRT.

(Geste nach unten:)
Gib gut acht! Was hier unten schlecht ist . . .
(Hebende Geste:)
. . . ist hier oben schon gut.
Das ist die Lösung.
Kräfte sind zerstörerisch,
wenn sie nicht auf ihrem angemessenen Platze sind.
Wenn du sie hebst, gibt es keine Zerstörung,
und aus Gift wird Heilung, aus Feuer Licht.

— Darum steht der Mensch aufrecht und kriecht nicht mehr.
Aus allem Bösen, was du ersinnen kannst,
entsteht das Neue Jerusalem.

ES GIBT NICHTS BÖSES –
ES GIBT NUR DIE NOCH NICHT ERKANNTE AUFGABE.
ERFÜLLST DU SIE NICHT, SO ZERSTÖRT SIE DICH.

Das Böse ist die Wiege der Freude.
Umsonst flieht ihr vor dem Bösen –
es gibt nichts Böses.
Das Böse – die ewige Frage des Menschen!
Niemand weiss es, aber ich verkünde euch:
DAS BÖSE IST DAS WERDENDE,
ABER NOCH NICHT GEFORMTE GUTE.

Krankheit.
Jedes einzelne menschliche Organ ist eine Kraft;
alle zusammen mögen Frucht tragen.
Wo ein Fehler ist, dort fliesst das «Mehr» aus.
Fliesst die Galle über, so ist sie Gift.
Das «Mehr» überschwemmt und zerstört das Ganze.
Hat das «Mehr» keinen Ausweg, so bricht es sich einen Weg,
und was nach oben die Neue Welt wird,
wird nach unten: Gift.
Nach oben: Leben,
Geheimnis ewiger Freudenquelle.
Hebst du alles empor,
so hältst du die ewige Freude in deiner Hand.
Es gibt nichts Böses.
Emporgehoben, wird die verwüstende Kraft des Zornes
zum Halleluja.
Das Feuer zerstört – emporgehoben, ist es flammende Freude.

— Achte nur darauf
und alle Krankheit, alles Üble,
alles Böse, alles Schlechte endet.

Das ist das Zepter, das ich in eure Hand gebe.
Das Zepter ist Verbindung zwischen unten und oben.
Nehmt es und wisset:
Schon nicht mehr zwei – sondern eins.
Nicht mehr Schlechtes *und* Gutes! Nur Gutes!
Euch allen gebe ich es. Nehmt ihr es an?

G. Ja.

L. Ja.

(Joseph zögert und schweigt. Mit Strenge zu Joseph:)

— Antworte!

J. Ja.

— *(zu mir:)* Hast du deine Aufgabe beendet? Ich warte.
(Ich sage in sieben Sätzen, was ich als die sieben Freuden empfand.)

— Ich nehme es noch nicht an. Hebe es höher!
Wie wirst du es heben?

G. Das wollte ich dich eben fragen.

— Es ist noch nicht einfach genug.
Du gabst dir nicht genügend Mühe.
Deine Aufgabe war gross.
Das sind noch nicht die SIEBEN.

Unendlich viele Freuden gibt es.
Am Ende werden sie sieben Worte und nicht sieben Sätze sein.
Du bist schon Wort: «EIN-ICH».*
Konzentrierte Arbeit von Milliarden von Jahren,
Sammlung und Einswerdung der Zellen.
Was du beendet hast, genügt nicht.
Du glaubtest, deine Aufgabe sei leicht.

29. GESPRÄCH MIT GITTA

— Gleich nach der Weinlese gibt es keinen Wein, sondern nur Most.
Hättest du die Trauben letzten Samstag gelesen,
so gäbe es jetzt Wein.
Du hast nur hier und dort süsse Beeren gepflückt.
Ich wünsche nicht Trauben, sondern Wein,
alten Wein,
denn der Rausch steigt auf zu *IHM,*
das Süsse aber nicht.
Ich warte.

G. Wie könnte ich das Schlechte durch meine Taten heben?

— Wandlung. Umgestaltung. Gestalte um!
Das «Mehr» des Baumes ist die Frucht.
Isst du das Fleisch der Frucht,
so tötest du die Frucht und gestaltest sie zum Menschen um.
Das «Mehr» der Erde stirbt in dir
und wird neugeboren.

DU NIMMST DAS SCHLECHTE AUF
UND VERWANDELST ES IN GUTES,
DENN ES GIBT NICHTS SCHLECHTES,
ES GIBT NUR UNGEWANDELTE KRAFT.

G. Wenn Kraft mich durchströmt, so fühle ich,
dass aus den zwei Händen verschiedene Kräfte strahlen.
Wozu dient das?

— Zum Heilen.
Nur vereint dienen sie der Aufgabe, einzeln nicht.
Wisse nicht, sondern diene!
Dann *erkennst* du, statt zu wissen.
Zuerst war die Schöpfung . . .
dann wurde sie von Unfähigen «erklärt» . . .
Der Künstler erschafft – die Würmer erklären.
Arme, kleine Gallertmasse in deinem Schädel . . .!

— Eine letzte Frage noch!
G. Ich glaubte einst,
nach meinem eigenen Gesetz zu handeln,
und es war nicht so.
Wie konnte ich mich derart täuschen?
— Ein Wort verschliesst.
Du sagtest: «Ich».
So war alles zu Ende.
Ein Vorhang senkte sich zwischen dich
und die ewige Wahrheit.
So konntest du nicht erkennen,
denn du warst im Dunkeln.
Der Vorhang heisst: «Ich».
Ziehst du ihn weg, so wirst du *ER* sein.
Dann wirst du nichts mehr fragen, denn *ER* weiss alles.

— Handelst du im Namen deines Gesetzes,
so weisst du nichts von dir,
so kannst du nichts von dir wissen.

ER ist der Sichere,
sei also *du* nicht unsicher.

Der Mensch ist das Zepter in Gottes Hand.
Das Zepter verbindet oben und unten.
Ich nehme Abschied.

* «Ein-Ich» bedeutet im Ungarischen «Individuum».

7. Januar 1944

29. GESPRÄCH MIT LILI

(Wir warten still auf Lilis Meister, aber ständig stört etwas: der Auspuff eines Motors, das Nagen einer Maus, das Miauen der Katze.)

— Der Lärm ist nicht aussen - sondern innen.
(zu mir gewandt:)

— DIE KLEINEN GERÄUSCHE IN DIR
HABEN SICH AUSSEN VERKÖRPERT.

(zu Lili gewandt:)
— *ER* ist eins - aber *ER* hat zwei Hände:
Gewicht ist die eine,
Glaube die andere.
Die Materie hört auf die linke Hand,
der Geist hört auf die rechte Hand.
Der Mensch aber ist das Wunder:
(Die weit ausgebreiteten Arme nähern sich langsam, die Hände berühren sich und umschliessen einen Kreis.)
— So gibt es kein Gewicht mehr,
so gibt es keinen Glauben mehr.
(Die Katze miaut wieder. Ich bin irritiert und wütend. Lilis Meister wendet sich zu mir:)

— MIT DEM TIER BERUHIGST DU DAS TIER NICHT.

Ich halte eine Pause.
(Ich trage die Katze hinaus. Zu Lili gewandt:)
— Frage, mein Diener!

L. Meine Kurse werden immer schwieriger . . .
— Du zweifelst nicht am Neuen,
sondern am Alten
und das ist gut so.
Was hindert dich am Neuen?
L. Ich kann mich nicht schnell genug umgestalten
und so andere umformen.
— Mein Herz freut sich an dir.
Du wirst das Neue finden.
Wer sucht, dem öffnet es sich.
Wo fühlst du das Neue?
L. Ich ahne nur, dass alles anders sein wird.
— Durch *IHN* wird alles anders.
Wir wirken alle an einem wunderbaren Plan.
Die Freude entsteht durch die *zwei* vereint.
Wenn du das Neue suchst,
so verliert sich das Alte nicht,
denn es ist eines der beiden.

L. Ich suche das Eine, das Einfache,
das Rechte, das Wahre, und es stört mich,
dass ich nicht einfach sprechen,
einfach handeln und mich einfach bewegen kann.
— Näherst du dich dem Neuen,
so wird sich das alles erfüllen.

L. Warum wird es schwerer und schwerer, zu fragen?
— Weil die Luft sich verdünnt
und deine Lunge sich anpassen muss.

ICH WEICHE ZURÜCK . . .
IMMER MEHR ZURÜCK . . .
DENNOCH DARFST DU DICH NICHT VON MIR ENTFERNEN.

— Du bemerkst nicht einmal, dass du immer höher gelangst.
Wir dürfen uns nicht voneinander entfernen.
Ich locke dich höher . . . immer höher,
denn wir sind noch nicht daheim,
wo wir vereint sein können.

— Alles wird schwerer . . . und leichter.
Gewicht und Aufgabe sind zweierlei.
Das Gewicht wird leicht – die Aufgabe wird schwer,
denn du wandelst dich.
Die Materie, die Familie, was war das für ein Gewicht!
Es ist nicht mehr.
Vom Gewicht befreit, habe Kraft zur Aufgabe!

— Was betrübt dich noch?
L. Ich bin noch sehr schwach . . .
— Glaubst du, dass ich stark bin?
L. Durch *IHN*.
— Wo also ist die Schwäche?
L. Ich habe *IHN* vergessen.
— *So* wirst du gehalten:
Von unten gestützt – von oben gesegnet.
Mein Diener, freue dich!
Kämet ihr doch endlich zur Besinnung!
Die Zeit ist um. Hast du noch eine Frage, so sprich!
L. Woraus entstand der Egoismus?
— Aus *IHM*. Alles entstand aus *IHM*.
L. *(erstaunt:)* Wie ist das möglich?
— Selbstsucht ist das Gewicht – *SEINE* linke Hand.
Für den Menschen Gewicht, für das Tier Erhebung,
denn alles ist gut an seinem Platz.

— Der Himmel ist mit euch.

12. Januar 1944

BOTSCHAFT FÜR X.

(Endlich habe ich die Gelegenheit gefunden, X. während eines Spazierganges die für ihn gekommenen Botschaften zu übergeben. Er hält im Gehen inne und scheint bestürzt und verlegen: „Ja, aber was ist dann meine Rolle im praktischen Leben?" Ich sage ihm: „Sei sicher, dass du Antwort darauf bekommen wirst!" Heute kann ich die Antwort aufzeichnen.)

Ich bin du.
Höre zu:

Ein halber Bogen
ist ganz gelogen.
Er sollte doch stehen
ganz leicht dort oben,
überragen
und tragen.

Er darf nicht wagen,
denn er würde hinken
und sinken
im Lehm.
Er muss sich halten.
Er kann nicht heben,
nicht sterben,
noch leben.

Die Kraft
wird Krampf.

BOTSCHAFT FÜR X.

Die Würde
wird Bürde.

Aus Saft
wird Dampf
in knirschenden Stürmen,
die lautlos toben
im halben Bogen.

Er möchte doch dienen
und halten die vielen,
die ohne den Bogen
zerstäuben in Wogen
von Furcht und Sucht,
Flucht und Hut
Gier und Blut,
Mord und Wut,
tief in der Schlucht.

Reich mir die Hand!
Die Wand
verschwand
zwischen dir und mir.
Du fragst:

«*Was ist meine Rolle?*»

Tolle
Wogen
toben unten.
Die bunten
Lumpen
schwimmen.

DIE ANTWORT DER ENGEL

Die Trümmer
von Balken,
die nicht mehr halten
den alten
Bau,
wirbeln grau.
Schau,
du bist halb –
aber bald
nicht mehr!
Wir sind nahe,
sehr.

REICH MIR DIE HAND!
WIR SIND DAS BAND,
DIE BRÜCKE, DER BOGEN,
ZWISCHEN UNTEN UND OBEN.

Das Neue entstand,
und wir werden loben
DEN,
der alles erfand.
Was halb war auf Erden,
wird vollständig werden.
Wir werden halten,
und *ER* wird walten.
ER spricht:
«ES SEI!»

(Ich notiere die Botschaft für X., kann sie ihm aber nicht mehr übergeben, da er inzwischen Budapest verlassen hat.)
(22 Jahre später erhält er alle Botschaften.)

13. Januar 1944

Die zweite Geburt

Dunkel im Schoss,
zart und bloss,
nass,
schwimmt das Kind.
Blass
glimmt das Licht
im Traum
kaum.
Das Kind wird reif.
Der Reif wird eng.
Zwäng
dich durch,
empor
zum Tor!
Brich
zum Licht!
Keine Schicht
hält dich!
Es weicht
die Nacht
und bleibt
im Schacht.
Das Kind
erwacht
zum ewigen Leben.
Der Tod ist tot,
wird nie mehr geben
Nur Leben
in Gott.

Samstag, 15. Januar 1944

30. GESPRÄCH MIT GITTA

— Ich spreche über die schmale Pforte.
Ihr bleibt stecken - und ihr bleibt oft stecken.
Was ist dessen Ursache?

ES GIBT KEINEN WAHREN GLAUBEN OHNE TAT –
ES GIBT KEINE WAHRE TAT OHNE GLAUBEN.

Der Glaube kann nicht grösser sein als die Tat;
die Tat kann nicht grösser sein als der Glaube,
denn sie sind eins.
Nicht euer Glaube ist gering - eure Tat ist es.
Glaube ohne Tat ist nicht Glaube.
Ihr könntet schon mehr tun . . . ihr seid noch feige.
Achtet darauf, was ihr tut! Nicht nur Glaube, sondern TAT!
Tust du, mein Diener?
G. Was alles ist Tat?
— *(sehr streng:)* Ich fragte dich. Frage nicht - antworte!
G. Ich tue wenig . . .
— Worauf weist das hin?
G. Ich gebrauche die Kraft nicht, die mir gegeben ist.
— Und was ist dessen Grund?
G. Ich weiss es nicht.
— Gib gut acht:
Tat und Glaube waren gesondert.
Die vielen leeren Taten - das war der Grund.
Dein Herz verabscheut schon die leere Tat.
Jetzt kannst du schon tun, ohne dass es leer wäre.
Ihr alle! Achtet auf die schmale Pforte!
Tat und Glaube werden eins!

— Und es wird sein ein neuer Himmel und eine neue Erde.
G. Ist Denken auch Tat?
— Nur ein Teil der Tat. Die Tat ist eins.
Es gibt keine gesonderte Tat.
Von morgens bis abends - von abends bis morgens . . .
von Geburt bis zum Tod EINE TAT: der Dienst.
Es gibt keine kleine Tat,
es gibt nur eine Tat: die Aufgabe.
Viele Taten gibt es nicht, wenige Taten gibt es nicht,
es gibt nur ungenügende oder mangelhafte Tat.

— Du kannst die Hand nicht ausstrecken, ohne dass es Tat wäre.
«Viel» ist immer Täuschung.
Die Pause macht aus einem Lied nicht zwei Lieder.
Irre also nicht!
Frage, mein Diener!
G. Was sind Sonnenflecken, Protuberanzen?
Wie wirken sie auf den Menschen
und wie kann man sie beherrschen?
— Weshalb willst du das wissen?
G. Ich habe die sinkende Sonne beobachtet
und sah mit blossem Auge viele schwarze Flecken,
und die Vorahnung grosser Schrecken erfüllte mich.
— Wie könnte ich dir die Wirkung
der unendlich vielen Sonnen erfassbar machen?
Du bist ein neugieriges Kind, aber das ist kein Fehler.
Du würdest von Schrecken erfasst werden,
sähest du die unmessbaren Kräfte, die kreuz und quer
durch dich rasen, ohne dass du davon weisst.
Bist du GANZ - und tust du, wozu du berufen bist,
so gibt es keine blinden Kräfte mehr,
denn sie werden durch dich und in dir tätig.
Wenn nicht, so zerstören sie dich.

— Deine Aufgabe ist noch nicht beendet, doch das macht nichts.

G. Ich kann nicht malen, da ich die «Sieben Freuden» nicht fand.
(Ich suchte diese Woche die «Sieben Freuden» mit Fleiss, doch ohne jegliches Resultat.)

— Das ist doch eins, du Kind!
Du hast dich *zu sehr* bemüht.
Male und freue dich – freue dich und male!
So formt sich die Aufgabe.
Von morgens bis abends: EINE TAT.
So wirst du nicht «viel» zu tun haben.
(Zu Lili gewandt:)

— Du fragtest dich in deinem Herzen, was das Leben sei.
Du wirst es schmecken, wenn es beginnt.
Jetzt kostet ihr es nur, aber bald werdet ihr es *leben*,
das noch Geheime, die Neue Schwingung.

— Wir, die euch lehren, sind EINS.
Du fragst und nimmst auch meine Antwort gerne auf.
Wir sind ganz verschieden und dennoch EINS.
Wie verschieden seid auch ihr – zu *SEINER* Herrlichkeit.
Verschieden und wahrhaft EINS.

Samstag, 15. Januar 1944

GESPRÄCH MIT JOSEPH

(Gestern konnte das Gespräch nicht stattfinden, da Josephs Vater schwer erkrankt war und Hanna und Joseph ins Spital gerufen wurden. Nach dem Gespräch mit meinem Meister entsteht eine tiefe Stille. Hanna wendet sich Joseph zu und richtet ihren Blick unverwandt auf ihn. Plötzlich sieht er

mit grosser Klarheit das Bild seines Meisters in grünes Licht getaucht. Alles Zögern, alle Scheu und Scham zu sprechen, ist hinweggefegt:)

J. Sprich zu mir!
— Falsche Scham ist Zeichen der Schwäche.
Adam versteckte sich, weil er noch nicht MENSCH war.

Der *VATER* und dein Vater sind eins.
Zwischen den beiden der Sohn. Der Sohn verbindet.
Ist der Sohn da, so gibt es keinen Tod.

Die Stille ist mein Wort.
Erschaffe aus Stille TAT!
Wie laut auch dein Werkzeug sei,
es schafft in der Materie Stille.
(Joseph tischlerte gerne.)
— Stille . . . Gleichgewicht . . . Mass.
Die Säge knirscht, und was sie zustande bringt,
verbreitet Stille, Frieden und Gleichgewicht.
Hast du eine Frage?
(Josephs Vater ist schwer krank.)
J. Ja. Sprich über den Tod!
— Du fragst nach etwas, das es nicht gibt.
Trotzdem antworte ich dir.

WAS UNTEN TOD –
IST OBEN LEBEN.
AUCH DU BIST TOT UND LEBST EWIG.

Alles andere ist Zeit und Schein.
Wellenschlag, Milliarden kleiner Tode:
Das ist das Leben.

— Zellen sterben . . . neue werden geboren.
Menschen sterben . . . neue werden geboren.
Lass deinen Vater noch nicht gehen, er kann noch leben.
Nicht der Tod ist schlecht –
nur die unvollendete Aufgabe ist es. Verstehst du mich?
Die reife Frucht fällt von selbst vom Baum.
Die gefallene Frucht ist reif – also ist sie gut.
Dein Vater ist noch nicht reif.
Es fehlt ihm etwas: auch du musst Vater werden.
(Joseph und Hanna waren kinderlos.)
— Das ist es, was ihm fehlt.

Jederzeit kannst du mich rufen, nicht nur jetzt. Jederzeit!
Die Stille umhülle dich!
Sie schütze dich gegen die Versuchung!
Sie verbinde dich mit *IHM!*
Ich nehme nicht Abschied.

Samstag, 15. Januar 1944

30. GESPRÄCH MIT LILI

— Ich begrüsse euch alle!
(Zu Joseph gewandt, der zum erstenmal Fragen stellte:)
— Der Kreis ist der Schlüssel.
Es gibt keinen Vorrang im Kreise.
Der Kreis ist geschlossen,
die letzte Mauer ist eingestürzt. Unsagbare Freude!
Der Versucher kommt durch die Mauer herein.
Ohne Mauer kann er nicht kommen.
Auch er hilft uns . . . alles hilft uns.

— Es gibt nichts Schlechtes mehr,
ihr wisst es ja schon.
Unsagbare Freude!
(Stille)
— Es gibt keine Gerade.
Selbst der Strahl ist nicht gerade.
Alles ist Kreis.
Glaubt mir, ihr bewegt euch auf einem winzigen Teil
des unendlich grossen Kreises,
und dieser Teil des unendlich grossen Kreises ist gerade.
Der Verstand kann das nicht erfassen.
Der Mittelpunkt aller Kreise ist *ER*.
Je enger der Kreis, um so stärker *SEINE* Nähe.
Aber jeder Kreis ist nötig.
(zu Joseph:)
— Mein Sohn, dein Körper widerstrebt noch,
denn du bist in einen neuen Kreis eingetreten.
Ihr alle! Gewöhnt euch an den kleineren Kreis!
Der Verführer umkreist euch.
Nicht mehr dort, wo die Bresche ist, greift er an,
sondern wo die Mauer ist.
Fürchtet euch nicht, ihr seid schon sehr stark.
Frage!
L. Sprich über das Leben, damit wir lebendiger werden!
— Du kennst das LEBEN noch nicht,
denn du wirst erst jetzt geboren.
Du träumst noch vom LEBEN.

VERGLICHEN MIT DEM LEBEN, DAS KOMMT,
IST DAS JETZIGE TOD.

— Du könntest es noch nicht ertragen,
aber bereite dich darauf vor!

— Manchmal fühlst du es.
L. So selten!
— Welch grosses Wort! Du fühlst jetzt den Übergang.
Du musst ein wenig sterben, scheinbar sterben.
Der Übergang ist Morgendämmerung.
Die Nacht war samtenes, sicheres Dunkel.
Die Dämmerung ist weder Nacht noch Tag.
Vermisse das Dunkel nicht,
denn LICHT ist wunderbarer als alles.
Jeder Übergang ist Prüfung.
Fürchte dich nicht, das Dunkel zu verlassen!
Die Wurzel, ewig im Dunklen,
bleibt vereint mit Blüte und Frucht.
Frage!
L. Ich kann keine neuen Versuche machen, wenn ich allein bin.
— *Allein*? . . . du bist nie *allein*.

NICHT *DU* MACHST VERSUCHE –
MIT DIR WERDEN VERSUCHE GEMACHT.

(Schon zum zweitenmal wird zu Lili gesagt: «Mit dir werden Versuche gemacht.» Ich frage mich, ob dieser Versuch in der Zeit des Umsturzes alter Werte wohl allerorts gemacht wird? Wird gemessen, wie wir uns durch den Einfluss unserer Meister verändern? Sind diese Versuche der Beginn einer allgemeinen Umwandlung des Menschen? Die Begegnung mit den Engeln scheint mir so natürlich zu sein, dass ich glaube, viele andere Menschen würden jetzt dasselbe, wie Lili, Joseph, Hanna und ich erfahren.)

— Du tust wozu du berufen bist: Du gestaltest dich um.
Du hörst den Ruf und du kommst. Das genügt.

— In der Materie wird sich das Ergebnis erst später zeigen,
der Zeit und des Raumes wegen.
Das Ergebnis aber kommt bestimmt.

WENN *DU* DICH UMGESTALTEST,
SO IST AUCH DIE MATERIE GEZWUNGEN,
SICH UMZUGESTALTEN.
Deine frühere Arbeit geht nicht verloren,
sondern wird Blüten treiben.
Ihre Wurzel ist gut – sie heisst: Hilfe.
Alles andere ist unwichtig.
Du *wirst* helfen, denn dazu bist du da.
Was besorgt dich noch? Lass mich dir helfen!

L. Das Gefühl, dass ich höher gelangen muss . . .

— Ohne «muss» gelangst du höher.
Du näherst dich. Ich rufe und du kommst.

Empfanget meinen freudevollen Segen, ihr alle im Kreis,
denn ihr hattet Glauben.
Fürchtet nichts: *SEIN* Reich ist nah.
Die letzte Stunde des Todes hat geschlagen.
Beuget euer Haupt!
(Segnende Gebärde.)

Freitag, 21. Januar 1944

31. GESPRÄCH MIT GITTA

(Ich hatte letzte Woche gegen eine lähmende Leblosigkeit zu kämpfen. Meine Taten schienen mir fade, ohne jeden «Geschmack».)

— Was fehlt dir?
G. Ich weiss es nicht.
— Bist du hungrig?
G. Auf die Lehre, ja.
— Und wenn du bittest, erhältst du?
G. Ja, aber ich merke es nicht, wenn ich sinke.
— Du erhältst, um was du bittest. Ist es nicht so?
G. Ja, wenn ich nicht für mich bitte . . .
— *(streng)* Auch wenn du für *dich* bittest,
erhältst du es.
Bittest du nicht um Nahrung? Von wem erhältst du sie?
G. Von *IHM.*
— Also sage nicht, du dürfest nicht für dich bitten!

DU BIST INMITTEN EINES KREISES VON BITTEN.
ALLES BITTET DICH – DIE GANZE UNERLÖSTE WELT.
DU BIST FÜRBITTER DER SCHÖPFUNG.

— Kann es einen Grund geben, dies zu vergessen?
Du *darfst* dich nicht niederdrücken lassen!
Womit wird gesalzen,
wenn das Salz seinen Geschmack verliert?
Sprich!
G. Bitte lehre mich ständige Anbetung!
— Glaubst du, dass *ER* fern ist?
G. Nein.
— Dass *ER* nahe ist?
G. Dass *ER* überall ist . . .
— Kannst du *IHN* also nur hie und da anbeten?
Ich kann dich nicht zwingen, *IHN* anzubeten,
aber dass *ER* in allem ist, das kann ich dich lehren.
Überall, allerorts, jederzeit,
auch unten in der Tiefe ist *ER.*

— DEINE AUFGABE BESTIMMT DEINEN PLATZ IN *IHM.*

(Dieses Wort macht mich fühlen, dass ich ein einzigartiger Gedanke des Göttlichen bin, ein winziger Teil SEINER Ganzheit.)

— Dein Platz ist aber von Zeit und Raum begrenzt.
Anbetung ist nichts anderes, als Einheit mit *IHM!*

G. Wie kann ich mich von der falschen Vorstellung befreien,
dass ich *tun muss?*

— Betest du *IHN* an, so füllt dich das aus
und es bleibt kein Platz für anderes,
für «falsche Vorstellungen».
Nicht *du* wirst dich freuen,
sondern alles, was dich umgibt.
Gegenstände, Menschen, Arbeit, Aufgabe,
alles freut sich – *du* aber nicht,
DENN DEINE FREUDE WIRD EINS SEIN
MIT DER FREUDE DES VATERS.

Du wirst nicht getrennt fühlen.

G. Wenn es nur jetzt schon möglich wäre!

— *Schon jetzt* ist es möglich, nicht morgen!

G. Was ist freier Wille?

— Die Möglichkeit, schon jetzt und jederzeit so zu leben.
Alles andere ist nichts. Das soll dir genügen.

— Es gibt keine Sklaverei, es gibt nur das Gesetz.
Euer Gesetz ist, vereint zu sein,
und das ist eure Freiheit.
Getrennt seid ihr Sklaven – vereint seid ihr frei.

Der Weg ist frei und *ER* lächelt.

Freitag, 21. Januar 1944

GESPRÄCH MIT HANNAS MEISTER

(Wir erwarten Lilis Meister, aber gleich nach den ersten Worten fühle ich eine Gegenwart von gemessener Strenge und Kraft, die beinahe erschreckend wirkt. Nach einigen Augenblicken erkenne ich mit unsäglicher Freude Hannas Meister.)

Der «Messende» spricht zu euch:
Was für die Pflanze Wachstum ist,
was für das Tier Bewegung ist,
ist für den Menschen GEBEN.

Geben ist nicht Frucht,
sondern Wachstum, Vorbereitung.
Gebt ihr nicht immer, so verkümmert ihr.
Die Frucht ist die Neue Welt.

Mein Dienst ist das Messen.

DAS UNMESSBARE ERSCHEINT IM MESSBAREN.
VOLLKOMMENHEIT IM BEGRENZTEN
IST BILD DES UNBEGRENZTEN.

Es ist euch gegeben, *euer* Mass zu füllen.
Weder mit Verschwenden,
noch mit Geizen,
sondern mit ständiger Anbetung.
Das Mass ist gegeben – es ist in euch.
Nicht die Grösse des Masses entscheidet,
denn *ER* füllt alles.

— Füllt ihr *euer* Mass,
so werdet ihr *IHM* ähnlich. Nur dann.

Ich verkünde euch, dass ich seit allen Zeiten messe.
Das ist mein Dienst.
Ich belohne nicht,
ich bestrafe nicht,
ich messe.
Belohnung und Strafe tragt ihr in euch selbst.
Füllt ihr *euer* Mass, so wachst ihr.
Wenn nicht, so verkümmert ihr.
Glaubt nicht, dass es Unmögliches gibt.
DAS MÖGLICHE IST DAS GESETZ DER SCHWERE.
DAS UNMÖGLICHE IST DAS GESETZ DES NEUEN.

Erstarrte Vögel, das Gefängnis ist offen
und ihr wagt nicht, zu fliegen!
Ich schrecke euch auf,
damit ihr flieget!

Ich sprach. Ich scheide.

(Ich fühle mich in der gewohnten Denkweise wie erstarrt und ahne, dass ein NEUES Erkennen möglich wird. Später frage ich mich, woher ich wohl Hannas Meister – zwar ohne Erinnerungsbild, aber mit unumstösslicher Gewissheit – kenne. Ich bin tief beeindruckt von seiner Strenge. Jetzt beginne ich zu verstehen, was mein Engel mir gleich am Anfang der Gespräche sagte: «ER hat dich nach meinem Bilde erschaffen.» Ich erkenne nun, dass ein jeder von uns seinem Engel ähnlich werden könnte, wenn er dessen wesentliche Eigenschaft im alltäglichen Leben verwirklichen würde.
Lilis Wesen entspricht dem «Helfenden», Hannas dem «Messenden», Josephs dem «Bauenden» und meines dem «Strahlenden».)

Freitag, 21. Januar 1944

31. GESPRÄCH MIT LILI

— Ich ergreife das Wort.
Ich spreche weiter über das Mass.

Die Aufgabe des Tieres ist «es selbst».
Es freut sich an dem, was sein *eigen* ist,
an seiner Luft, seiner Nahrung, seinem Jungen.
Ist es gesund, so freut es sich all dessen.

Der Name seines Lebenskreises ist «es selbst».
Es nimmt nur wahr, was im Innern des Kreises ist
und saugt es ein. Es ist Geschöpf.

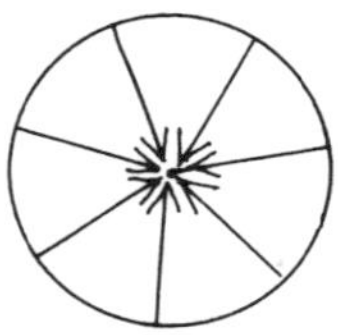

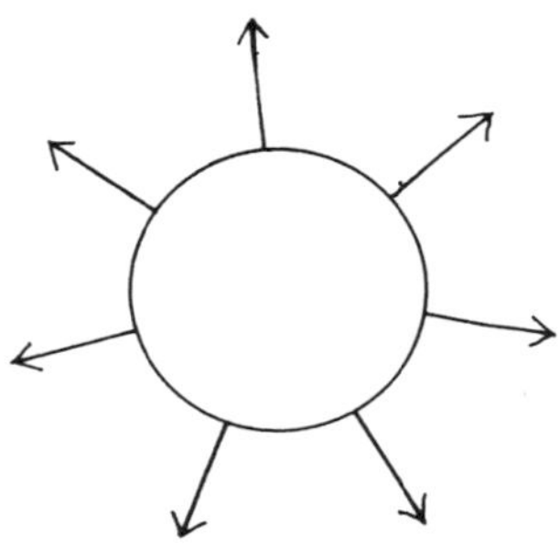

— Beim Menschen ist es gerade umgekehrt:
Sein Mass und seine Freude ist das,
was er vom Kreise *ausstrahlt.*
Und das ist unmessbar.
Das Tier ist hungrig, es frisst sich voll –
es füllt sein Mass.
Der Mensch ist erfüllt, er strahlt aus –
nie ist das Mass voll.

— Seine Freude ist unmessbar.
Das ist der Schlüssel zum ewigen Leben.

DAS MASS IST ERST VOLL, WENN SICH ALLES UM EUCH FREUT.

Das ist möglich.
Glaubt ihr es nicht, so glaubt ihr nicht an *IHN.*
ER füllt euch jederzeit bis zum Rande,
denn *SEINE* Barmherzigkeit ist unendlich.
(Zu Lili)
— Ich bin zu dir gekommen. Frage!
L. Warum will der Mensch alles fertig erhalten?
— Verdorbene Kindheit:
Fertiges Spielzeug - fertiges Wissen -
fertige Speise - fertige Erfahrung.
Das bekommt das Kind und es fühlt Ekel.
Der Wissensdurst und die Schaffenslust -
alles, was zum Menschen formt, verkümmert.
Die Lust an Versuchen?
Die vielen, guten Ratschläge töten sie.
Das ist Feigheit und Ungläubigkeit.
WENN DAS KIND ERWACHSEN WIRD,
IST ALLES IN IHM SCHON ERSTORBEN.

— Lerne daraus, meine Geliebte!
Berate nie, ergänze nie, kaue nie die Nahrung vor!
Du gib anders -
und alles wird sich unter deiner Hand erneuern!
Stelle Aufgaben, stelle Proben!
Locke, verführe, in deine Fussstapfen zu treten!
Aber führe nicht, halte nicht die Hand!
Stosse den Unsicheren gelinde an,
und seine Sicherheit wird erstarken.

— Das ist es, was du suchst – du wirst es finden.
Nach verschlafenem Grau
kommt wunderbares Strahlen.
Aber jetzt? Durch die vielen farbigen Bilder, farbigen Filme
wird des Menschen Auge grau.
Statt Farbe zu *geben,* erhält er sie.
Frage!

L. Es ist so schwer, das Interesse der Menschen zu wecken . . .

— Würde ich mich dir nähern, so bliebest du stehen.
Ich weiche aber zurück.
Du bemerkst es nicht
und lernst, auf der Luft zu schreiten.
Nicht auf dem Wasser – auf dem Nichts.
Ich gebe immer nur die eine Hälfte der Antwort –
die andere Hälfte bleibt aus. Fühlst du es?
(Mit bitterem Tonfall:)

— Aber die Menschen: «*Wir* sind so gut zu unseren Kindern,
zu jedermann» . . . und alles verkümmert,
weil «*wir* gut sind».
Du gib Hunger, nicht Sattheit!
«Alles ist uns bekannt – *wir* wissen alles».
Du öffne das Unbekannte!

L. Warum können so wenige Menschen sich konzentrieren?

— Weil sie auf *nichts* achten.
Soviel Lärm, soviel Farbe dringt in den Menschen ein!
Du aber zeige etwas Neues,
das stärker ist, als der stärkste Ton und dennoch leiser.
Darauf werden sie horchen.
(Lange, tiefe Stille.)

— Jetzt horchte ich . . . und der Klang war gut.
Ihr hört ihn auch, wenn ihr horcht.
Davon hängt alles ab.

— Das ist das Mass, das ist die Freude, das ist alles.
Horcht immer!
Hast du noch eine Frage?
(Lili ist noch immer von Stille erfüllt.)
L. Ich fühle, dass ich jetzt nicht fragen darf . . .
— Weil du jetzt nicht fragtest, erhältst du *zwei* Antworten.
Gib gut acht! *Zwei* grosse Antworten!
Eine von unten - die andere von oben.
Und beide werden eins.
Horche gut, denn nicht ich werde sprechen.

HORCHST DU, SO WERDEN SELBST DIE STEINE SPRECHEN.

Freitag, 28. Januar 1944

32. GESPRÄCH MIT GITTA

— Ich spreche über das Hohe und Tiefe.
Töne schweben im Raum, sie schwingen,
doch wir sagen «hoher Ton» und «tiefer Ton».
Schreiben wir den Ton auf,
so ist der hohe oben, der tiefe unten.
In Wirklichkeit sind sie nicht voneinander entfernt.
Hohes und Tiefes ist nur in der Materie entfernt,
im Geiste aber nah.

Gebt gut acht! Ich spreche vom Kreuz.

Im Kreuz
sind zwei Kräfte:
Weg
und Widerstand.

— Der erste Widerstand ist die Erde.
Der zweite Widerstand ist das Wasser.
Der dritte Widerstand ist die Luft.
Der vierte Widerstand ist zwischen Stofflichem
und nicht mehr Stofflichem.
Den durchbrecht ihr jetzt.
Wo sich die Kräfte schneiden, dort ist ein Grenzpunkt,
ein Wegstück, das zurückzulassen ist.
(Geste von unten nach oben:)
— Erde - Wasser - Luft - und das noch nicht Benannte.
Du kannst Erde nicht ins Wasser heben,
und Wasser nicht in die Luft.
Alles hat seinen Platz.

NICHT HEBEN, NICHT HINUNTERZIEHEN -
SONDERN VERBINDEN!

Erde gehört der Erde an,
Wasser dem Wasser,
Luft der Luft.

	MATERIE UND NICHT-MATERIE
dritter Widerstand :	LUFT (Gedanken)
zweiter Widerstand :	WASSER (Gefühle)
erster Widerstand :	ERDE

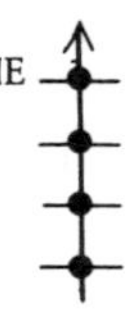

GELANGT ÜBER DEN NEUEN WIDERSTAND HINAUS,
OHNE EUCH LOSZUREISSEN!
So wird in der erschaffenen Welt Hohes und Tiefes eins.
Nicht in der Waagrechten hört die Entfernung auf,
sondern in der Senkrechten.
Maschinen rasen in der Luft, und die Entfernung
zwischen Hoch und Tief wird immer grösser.

— Je schneller sie rasen, umso grösser wird die Entfernung.
Der Widerstand ist Trägheit, und das ist gut so.
(Geste von unten nach oben:)
Das ist der Strahl, der allen Widerstand durchbricht,
wenn er sich *umformt*.
Durch seine Trägheit formt der Widerstand den Strahl.

DER MENSCH BRICHT HEUTE NICHT ZUM NEUEN DURCH –
ER VERFLACHT ZWISCHEN ZWEI WIDERSTÄNDEN
UND WIRD TATENLOS.

Das ist die Erklärung zur Strahlung,
nach der du mich fragen wolltest.
(Draussen stürmt der Wind.)
— Wind ist waagrechte Kraft.
(Geste von der Kehle bis zum Mund.)
Die «Sprechende» ist hier schwach;
als sie an die Luft kam,
war dieser Teil noch nicht beendet.
(Hanna war ein Siebenmonate-Kind.)
— Ihr alle, ihr seid jetzt bereit,
den Neuen Widerstand zu durchbrechen. Tut es!
Nur in einem Punkt ist es schwer:
Dort wo die beiden Richtungen sich schneiden.
Gebt gut acht! Dort berühren sich Geist und Stoff.
Irrt nicht!
Die Freude ist nicht mehr Wegweiser, wie bisher.
Nur in der Tiefe – unter euch –
schaut ihr die Freude.
Was bisher Schmerz war, das verlasst ihr auch.
Die Neue Freude hat noch keinen Namen.
Hast du eine Frage?
G. Wie kann ich wahrnehmen, ob ich *verbinde?*

— Daran, dass du es *nachträglich* wahrnimmst.
Wahrnehmen und Denken gehören zur Schicht der Luft,
die Stoff ist, aber feiner Stoff.
Gelangt ihr zur Einheit mit *IHM,*
so gibt es nichts Hohes, nichts Tiefes, nichts Niedriges mehr.
Getrennt von *IHM* gibt es Hohes und Tiefes,
vereint nicht.
Ihr alle, der Himmel sei mit euch!

Freitag, 28. Januar 1944

32. GESPRÄCH MIT LILI

L. Ich habe die Antworten, die du mir versprachst – eine von unten, die andere von oben – nicht gehört.
— War diese Woche leicht oder schwer?
L. Schwerer als die vorherige.
— Wo fühltest du sie schwer?
L. In meiner Stimmung, meiner Gemütsverfassung.
— Weisst du warum?
L. Nein.
— Fröhlich plätschert der Fisch im Wasser.
Du gelangst höher . . . und *da* kannst du noch nicht «plätschern».
Höre zu! Ich spreche wieder vom Kreuz.
(Geste von unten nach oben:)
— Das ist Tat.
(Waagrechte Geste:)
— Das ist Rast. Widerstand ist Rast.
Der Körper wird müde und legt sich zur Ruhe.
Wohin legt er sich?
Auf die Erde.

— Das Gefühl steht im Zeichen des Wassers.
Der Gedanke steht im Zeichen der Luft.
Die Schichten werden feiner, aber nicht leichter zu durchbrechen.
Am leichtesten ist es, die Erde zu durchbrechen.
Schon grössere Kraft ist nötig, um das Gefühl zu durchbrechen.
Noch grössere Kraft, um den Gedanken zu durchbrechen.
Was macht es möglich?
Der Rhythmus von Tat und Rast.
Da, wo du jetzt hingelangst, bedarf es keiner Rast mehr.
Das, (kraftvolle, blitzschnelle Geste von oben nach unten:)
das durchdringt alles!
(Endlich sehe ich, dass Stoff, Gefühle und Gedanken zur Welt der Gegensätze gehören. Werden wir uns klar bewusst, WIE sie in uns wirken, so überschreiten wir diese 3 Stufen der Materie, und der Weg zur 4. Stufe ist damit gebahnt. Auf demselben Weg kann nun das LICHT herabfluten, die drei unteren Stufen vereinen und sie durchlichtend verklären.)
— HEUTE ABER IST DER MENSCH IM STEHEN TATENLOS,
IM LIEGEN RASTLOS.

Auf deine Frage kommt Antwort von oben und unten:
Die Antwort bist du selbst.
Deshalb ist es schwer, sie wahrzunehmen.
Die wahre Antwort wird ein Teil deiner selbst.
Jede Frage ist Zeichen eines Mangels.
Füllt die Antwort dich aus,
so ist sie nicht mehr von dir getrennt.
Die sicherste Antwort lässt eine neue Frage in dir entstehen.
(Draussen stürmt der Wind.)
— Der Wind tobt,
aber wir durchbrechen den Gedanken bis zur feinsten Schwingung, wo wir Müdigkeit, Schmerz, Zweifel und Tod überschreiten.
Wir nähern uns.

Freitag, 4. Februar 1944

GESPRÄCH MIT HANNAS MEISTER

— Der «Messende» spricht: der Frühling ist da.
Wollen wir ernten, so müssen wir die Bäume lichten
und das Geeignete pfropfen.
Euch sehe ich nicht, aber ich sehe den Baum des Lebens.
In meiner Hand ein furchtbar scharfes Schwert . . .
Ein Spross am Baum ist jeder Erwählte.
WENN DAS NEUE DAS ALTE NICHT DURCHBRICHT,
SCHLAGE ICH NIEDER.

Fürchtet mein Schwert nicht, es trifft nur Totes!
Totes kann nicht gepfropft werden.
Der Pfropfer macht nicht wachsen,
er wählt nur, was gut, was schlecht.
Der Frühling ist da: was Leben birgt, wird wachsen.
Fürchtet den «Messenden» - nicht sein Schwert.
Die Knospe träumt - der abgeschlagene Ast träumt auch.
Ihr fühlt die Schneide des Schwertes nicht,
so furchtbar scharf ist sie.
Ich propfe nicht, ich messe.
Die Zeit ist bemessen: ewiger Traum oder ewiges Leben?

ZUM ERSTEN MALE WIRD DER BAUM FRUCHT TRAGEN.

Seit langem bewachen wir ihn.
Wir umschreiten ihn in der Runde - wir bereiten die Ernte vor.
Fruchtknospen, säumet nicht! Durchbrechet das Alte!
Die Freude ist nicht länger das Zeichen,
der Schmerz ist nicht länger das Zeichen.
Das ist das Wahre. Gebt gut acht!

Freitag, 4. Februar 1944

33. GESPRÄCH MIT GITTA

— Höret zu!
Wir sind vier – ihr seid vier – doch das macht nicht acht.
Der «Messende» misst alle.
Der «Helfende» hilft allen.
Der «Bauende» baut alle.
Der «Strahlende» strahlt allen.
Ruft uns, wenn ihr nicht weiter könnt!

JETZT ENTSCHEIDET SICH ALLES.

— Was der Saft für die Pflanze,
ist für den Menschen die Lebenslust.
Saftlos, lustlos, trocken.
Seid immer voller Lebenslust!
Das liegt wahrlich an euch.
Der Saft kommt von unten – die Lebenslust auch.
Es liegt an euch! Entscheidet!
Was ihr entscheidet, wird sein.
Scheidet, entscheidet: hier das Alte – hier das Neue,
und die Scheidewand wird hinter euch
und nicht vor euch sein.
Sie wird sich öffnen, sie wird zerfallen.
Ihr aber müsst entscheiden!
Wir werden jetzt immer mit euch sein,
seid also auch ihr immer mit uns!

WIR WISSEN NICHT, WANN DER *PROPFER* KOMMT.
IHR, DIE ÄSTE – WIR, DIE PFROPFREISER.
LASST UNS BEREIT SEIN!

(Mich berühren diese Worte so tief, dass mir Tränen in die Augen treten.)

— Saft ist die alte Lust. Sei lustvoll,
sei lieb zu allen und zu jedem, auch zu dir selbst!
Staune nicht, das «Ich» ist für dich schon dritte Person.

G. Wie kann ich zu mir selbst «lieb und lustvoll» sein?

— Du kannst es, wenn du dein «Ich» verlässt.

G. Wie könnte ich diesen Schritt tun?

— Öffne dich der Lebensfreude, das liegt an dir!

— Gib gut acht! Du wirst nur strahlen, wenn du darum bittest.
Die Bitte ist nötig.
Werde nicht müde, immer wieder zu bitten!
Du kannst uns alle vier rufen!
Du kannst uns alle vier bitten!

OHNE BITTE KÖNNEN WIR NICHT GEBEN.

Fragen und Bitten sind Zeichen des Mangels.
Ohne Mangel ist kein Platz, zu geben.

G. Seit zwei Wochen sind alle meine Taten leer und sinnlos . . .

— Du träumst noch. Beim Aufwachen wird der Traum sinnlos.
Präge meine Worte zur Lust, zur Lebenslust, in dein Herz ein!
Der Frühling ist da;
dennoch schreiten wir in einem toten, verdorrten Walde.
Der Saft kreist nicht . . . lustlos ist alles.
Wer freut sich des Lebens?
NUR SAFTVOLLE ÄSTE WERDEN GEPFROPFT –
VERDORRTE NICHT.

Meine Geliebten, ich nehme Abschied.

(Dieses Gespräch hat unerklärlicherweise eine ganz andere Wirkung auf mich als alle vorherigen Gespräche.)

Freitag, 4. Februar 1944

33. GESPRÄCH MIT LILI

— Wen rufst du?
L. *IHN* und dich.
— Wen rufst du?
L. Dich, meinen Lehrer,
— Es gibt nur *EINEN* Lehrer.
Wir sind nur Überbringer *SEINER* Lehre.
Zum wem sprichst du?
L. *(unsicher)* . . . zu dir.
— Sicher?
L. *(noch unsicherer:)* . . . Ja.
— Ich bin nicht der «Helfende».
Der «Helfende» sprach schon.
Vier sind wir. Wir belehren euch.
Heute tauschten wir unsere Rollen.
L. . . . also war doch mein erstes Gefühl richtig,
dass es der «Helfende» war, der zu Gitta sprach.

DAS *ERSTE* GEFÜHL IST IMMER RICHTIG.
WAS FOLGT, IST SCHON NACHDENKEN.
HÖRE IMMER AUF DAS *ERSTE* GEFÜHL!

— Der Kopf bleibt zurück.
L. Wie schön, dass ihr getauscht habt!
— Tretet ihr aus dem «Ich» heraus,
so werden aus vier sechzehn . . . und eins.
Baust du deine Aufgabe auf, so rufe den «Bauenden».
Rufet – wir kommen sicherlich!
Morgen rufe *mich,* denn du sollst strahlen und nicht helfen.
(Lili war zu einer pädagogischen Sitzung eingeladen.)

— Morgen sollst du das Neue LICHT zeigen,
das nicht durch Worte,
sondern durch deine Sicherheit erstrahlt.
Alle dort sind unsicher . . .
(Damit sind die Teilnehmer der pädagogischen Sitzung gemeint.)

— Sie bitten nicht, sie fragen nicht,
sondern denken nach . . . und reden herum.
(Stille)

L. Sprich über die Bedeutung meines Zeichens!

SEIN Zeichen	das Zeichen des Helfers	das Zeichen der Erlösung

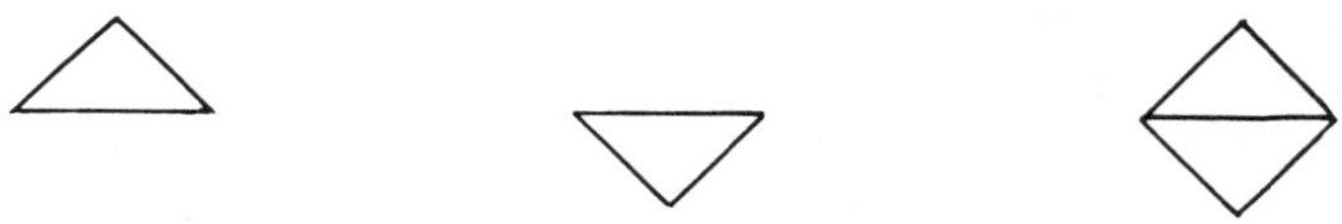

— Das Dreieck ist das Zeichen des Helfens.
Du kannst jederzeit jedem helfen.
SEIN Zeichen erhebt sich über deinem Zeichen,
dein Dreieck ist Spiegelbild *SEINES* Zeichens.
Ist das untere nicht vollendet,
so kann sich das obere nicht darauf erheben.
Wir vier sind Träger von vier Kräften,
aber wir acht - wir sechzehn - wir alle -
wir spiegeln *IHN*.
Frage!

L. Sprich über den Zusammenhang von Körper, Seele und Geist!

— Erheben sie sich zu *IHM*, so hängen sie zusammen.
Wenn nicht, zerfallen sie.
Zu Staub und Asche wird alles,
was sich nicht zu *IHM* erhebt,
selbst der Geist.

— Was nicht von *IHM* abhängt, hängt nicht zusammen.
Der Mensch glaubt, dass er zusammenhänge.
Hängt er nicht von *IHM* ab, so zerfällt alles.

HÄNGST DU VOM KÖRPER AB –
SO BIST DU NUR KÖRPER.

HÄNGST DU VON DER SEELE AB –
SO BIST DU NUR BESEELTER KÖRPER.

HÄNGST DU VOM GEISTE AB –
SO BIST DU NUR MENSCH.

HÄNGST DU VON *IHM* AB –
SO BIST DU ALLES.

Hänge nur von *IHM* ab,
damit Seele, Körper, Geist und *ER* eins werden!
Jeden kannst du daran erkennen, wovon er abhängt.
Lehre die wahre Abhängigkeit, die einzige Freiheit!
Alles andere ist Sklaverei.

(Lili war krank, sie kam aber des Gespräches willen trotzdem mit Freude nach Budaliget.)

— Da du heute weder vom Körper noch von der Seele
und selbst nicht vom Geiste abhingst,
trage ich alle deine Bitten vor *SEINE* Füsse.
Alles hängt von etwas ab, nur der Mensch nicht.
Er hängt von *IHM* ab.
Erhebt euch frei! Das hängt nur von euch ab!
Erbaut die strahlende Freude in euch, um zu helfen!

(Lili und ich freuen uns wie die Kinder, dass unsere Lehrer die Schüler austauschten.)

7. Februar 1944

(Hanna fühlt wieder die Gegenwart des Engels, der sich der deutschen Sprache bedient, um zu uns zu sprechen.)

Die Bergspitzen ragen,
zittern und wagen
die höchsten Fragen.
Meine Zehen berühren,
die Spitzen erglühen.
Die hohlen
Sohlen
singen.
Die Berge erklingen
und zwingen
den Dingen
das höchste Bedingen.

Ich tanze im Takt,
ganz frei und nackt
im Pulsschlag der Welt,
der alles erhält.
Ich hebe die Arme.
Die Sonne, die warme,
rieselt durch mich.
Auf Erden wird Licht:
Die Antwort von oben.

Dünn wird, was dicht.
Die dunkeln
Nebel
funkeln.

DEUTSCHE BOTSCHAFT

Ein Bogen aus Farben
wird die Erde umarmen.
Die Blumen, die zarten,
erwachen und warten.
Die Farben, die bunten,
saugen
die Laugen
vom Harten
ganz unten.
Aus Lauge und Licht
wird eins,
und es bricht
die Knospe.

Ich heisse
MORGEN.

Sei ohne Sorgen,
reich mir die Hand!
Ich berühre die Spitzen.
Sei nicht bang!
Du bist Berg,
nicht Hang,
noch Zwerg.
FRAG!
Und es wird Tag.

(Unsere Meister eröffneten uns bisher nur die Benennung ihres spezifischen Dienstes: der „Messende“, der „Bauende“, der „Helfende“ und der „Strahlende“. Der deutsch sprechende Engel ist der einzige, der uns seinen Namen nannte. Das erfüllt mich mit Freude, denn ich fühle es als ein Geschenk.)

Freitag, 11. Februar 1944

34. GESPRÄCH MIT GITTA

— Was ist mehr: Kraft oder Stoff?
G. Ich weiss es nicht . . . ich empfinde sie als gleichwertig.
— Was von beiden möchtest du sein?
G. Die Kraft ist mir eher verwandt . . .
— Es gibt nichts *Blinderes,* als Kraft.
Kraft ist Trägheit – Trägheit ist Kraft.
Kraft ist Stoff – Stoff ist Kraft.
DER *EINE,* DER ALLES LEITET, IST WEDER KRAFT NOCH STOFF.
Strahlende Kraft wird Stoff – Stoff wird strahlende Kraft.
Alles in der Schöpfung besteht aus Kraft und Stoff.
Doch *nur* Kraft und Stoff wäre Finsternis, die aussen ist.
Der Schöpfer aber ruht *zuinnerst* alles Geschaffenen.
Strahlst du wahrlich, so ist das nicht nur Kraft –
es gibt nichts Blinderes als Kraft allein.

Wenn die Kraft durchs Auge strahlt,
so wird sie *sehendes Licht.**

Ohne sie bist du nichts. Allein seid ihr nichts.
Eine abgeschnittene Hand . . . gibt es etwas Sinnloseres?
Kernspaltung.
Der Mensch – das törichte Kind – spaltet alles
und wird enttäuscht, denn *ER* ist eins und unteilbar.
Teilbar ist nur die träge Kraft und der kraftvolle Stoff.

AUS VIELEM *EINS* – DAS IST DER WEG ZU *IHM.*
Aus einem Brot viele Brote: das ist kein Wunder mehr,
denn die Erde ist überfüllt mit Brot.

* Siehe Hannas Erklärung über die Umwandlung der Gefühle auf S. 44.

— Aus vielen Menschen DER MENSCH:
Das ist das Neue Wunder,
das ist das Neue Brot, das allen Hunger stillt,
denn ein jeder wird davon erhalten.
Du kannst den Sinn meiner Worte noch nicht erfassen.
(Das ist nur zu wahr und betrübt mich sehr.)
— Mit Lächeln nehme Abschied von mir,
mit Lächeln erwarte mich!
Nur so kann ich immer bei dir sein.
G. Meine Stimmungsschwankungen trennen mich von dir . . .
— Ich kann nicht in das Wasser treten,
denn das Wasser vertrocknet dort, wohin ich trete.
Das Wasser aber ist nötig – und das Feuer auch.
Dir ist es gegeben, Feuer zu geben,
und Feuer ist Herr über Wasser.
ER ist der Herr über alles.

Freitag, 11. Februar 1944

34. GESPRÄCH MIT LILI

— Ich begrüsse euch.
(Hanna beginnt ein Wort auszusprechen, stockt aber plötzlich und eine lange Stille folgt.)
— Staunet nicht! Die «Sprechende» erschrak.
Sie sah den Tod einer fernen Welt.
(Ich habe den Eindruck, dass es sich dabei um einen Himmelskörper handelt.)
— Ich spreche über die wahre und falsche Entfernung.
Eurem Verstand unmessbar ferne
verwandelt sich eine Welt aus Materie in Kraft.

— Und siehe – ihr alle spürt es.
(Letzthin spürten wir alle einen starken Druck)
— Ihr sitzt nebeneinander, ihr reicht einander die Hände,
eure Finger berühren sich –
dennoch könnt ihr weiter voneinander entfernt sein,
als eure Erde von jenem fernen Himmelskörper.
Die Schöpfung ist *eins:* in ihr ist keine Entfernung.
Auch wenn die Schwingung einer Kraft ganz fein ist,
ist sie dennoch Kraft.
Ebenso wie jene ferne Kraft auf euch wirkt,
strömt auch ein jeder eurer Gedanken,
eine jede eurer Bewegungen, ins Weltall und wirkt.
DER MENSCH IST KÖRPER DES HIMMELS
UND GRÖSSER ALS ALLE HIMMELSKÖRPER.
ER IST NICHT TEIL, SONDERN GANZHEIT.

— Ihr hört einen Weheruf.
Wie antwortet ihr? Drückt er euch nieder?
Wie weit ist eine kleine Zelle der Fussspitze
von der Zelle im Kopf entfernt – wie weit!
Beide Zellen aber spüren, wenn im Körper etwas schmerzt.
Wodurch? Durch den Geist.
Alle Himmelskörper sind nur Zellen –
der Mensch ist der Geist.
Der Geist, der unendlich gross und unendlich klein ist.
Wenn eine Zelle stirbt, wird eine Kraft geboren,
eine fremde, neue, ungewohnte Kraft!
Lasst euch von ihr stärken!
DIE NEUE KRAFT FEGT NUR LEBENSUNFÄHIGES HINWEG.
Und darum ist nicht schade.

— Glaubtest du, ich sei nicht mit dir?
L. Nein, aber ich konnte mich nicht erheben.

— Ich kann niedersteigen, wenn es nötig ist.
Das Böse lauerte, doch ich gab acht auf dich.
L. Was war dieses Böse, und was war seine Aufgabe?
— Die Aufgabe des Bösen ist, zu versuchen.
Bald wirst du jenseits aller Versuchung sein.
Ungewohnte Kraft erfordert ungewohntes Widerstehen.
Lebensunfähiges kann nicht widerstehen,
LEBENSFÄHIGES ABER FORMT SICH UM.

— Lebensfähiges formt sich *dort,* wo es nötig ist.
Genau dort!
So wird aus Tod Leben, aus Bösem Gutes.
Was andere niederdrückt, belebt euch.
Der Mensch, der den Weheruf des Alls vernimmt,
ist berufen, die Süsse des Alls hervorzubringen.
Versagt er, so wird er zum Verderber des Alls.
Ein vom Druck verbeulter Apfel wird entweder süsser
als alle andern - oder er verfault.

L. Was ist Instinkt?
— GOTTES WORT ZUM TIER.

— *(an uns alle:)* Fragt auch ihr!
J. Wird es einen Übergangszustand geben,
oder wird die Neue Welt plötzlich rein erscheinen?
— Das Neue - ein KIND ohne Eltern - fegt das Alte hinweg.
Noch nie gesehen, nie gehört, wächst das KIND.
Es ist noch klein, wird aber grösser.
LICHT wird nicht aus Finsternis geboren -
Finsternis aber stirbt beim Kommen des LICHTS.
Es gibt sie in Wirklichkeit nicht.

Beten wir *IHN* an!

11. Februar 1944

GESPRÄCH MIT JOSEPH

— Gib acht! Ich habe wenig Worte.
Ich spreche über das Neue Gebäude,
das sich vom Himmel niedersenkt
und nicht aus Erde entsteht.

Du bist der «Bauende». Achte auf den Plan!
Der Geist plant zuerst das Haus, dann den Bewohner.
Das Neue Haus ruft den Neuen Bewohner.
Erschaffe also die Neue Welt,
das Neue Gebäude ohne Vorgänger.
Nicht leer wird es bleiben.
Das alte Gebäude ist ein Schneckenhaus,
eine kalkhaltige Absonderung schleimiger Wesen.

Horche in die Stille!

Freitag, 18. Februar 1944

35. GESPRÄCH MIT GITTA

— Ich spreche über das Lächeln.
Der Mund im Gesicht entspricht der Materie;
er ist unten.
Die niederziehende Kraft zieht den Mund nieder.
Die erhebende Kraft erhebt ihn.

Weinen, wehklagen kann jedes Tier.
LÄCHELN KANN NUR DER MENSCH!

— Das ist der Schlüssel.
Lächelt nicht nur, wenn ihr guter Laune seid!
Euer Lächeln sei ein schöpferisches Lächeln,
kein künstliches - ein schöpferisches Lächeln!
Wirkt Schwerkraft, so schliesst sie *hier* ab.
(Waagrechte Geste in der Höhe des Mundes.)
Das Ganze wird niedergezogen, das Ganze!
Der Mund gehört der Erde an,
Schwerkraft gehört der Erde an.
Wo Erdgeborenes und Gleichartiges
wie Schwerkraft und Materie, gemeinsam wirken,
wird alles zu Erde.

— Das Lächeln ist Bild der Erlösung, Symbol.
Die schöpferische Kraft erhebt die Materie,
und das liegt nur an dir.
Nicht mehr:
Ich bin fröhlich - ich lache.
Ich bin traurig - ich weine.
Das gibt es nun nicht mehr! Alte Erziehung!
Das Kind, das du bist, erziehst du schlecht,
nach alter Art.
Schläge verderben das Kind -
nur äusserlich ist die Besserung.
Die Form - nicht das Wesen - ändert sich.
Dressiertes Kind - verkrüppeltes Kind.
Kennst du mich?
G. Ja.
— ICH BIN DEIN MASS.

Miss das Kind nicht mit altem Masse,
sonst verkrüppelt es.
Auch mit *fremdem* Masse nicht!

— Wie könntest du *deinen* Weg erkennen,
wenn du nicht lächelst?

ICH WOHNE IM LÄCHELN – UND ICH BIN DEIN MASS.

Lächeln ist Symbol für die Beherrschung des Stofflichen.
Liest du ein Buch, so hältst du es so nahe,
dass du es gut sehen kannst.
Willst du mich lesen, so musst du dich mir nähern.
Ich wohne im Lächeln.
Ich kann nicht weinen . . . ich wüsste nicht worüber.
Unnötig, den Mangel zu beweinen.
Schlechtes, Schrecken, Finsternis –
euer Name ist Mangel!
Nicht Mangel an Wasser, sondern Mangel an Feuer.
Nur das träge Geschöpf weint.
Zu träge für anderes, wird es vom Grab verschluckt.

18. Februar 1944

35. GESPRÄCH MIT LILI

— Höre zu, meine Geliebte!
Auch ich spreche vom Lächeln.
Ihr geht daran vorbei – es ist ja so bekannt.
Ihr wisst nicht, was es bedeutet.

DAS LÄCHELN IST BRÜCKE ÜBER DEN ALTEN ABGRUND.

Zwischen dem Tier und jenseits des Tieres ist ein tiefer Abgrund.
Das Lächeln ist die Brücke.

— Nicht das Lachen, nicht das Grinsen – das Lächeln!
Das Lachen ist Gegenteil des Weinens.
Das Lächeln hat kein Gegenteil.

Höre gut, mein Diener. Du bist die «Helfende».
Der Schlüssel all deiner Taten, all deines Lehrens
sei das Lächeln. Versuche es!
Prüfe, ob deine Schützlinge zum inneren Lächeln gelangen!
Sie werden sich danach anders bewegen.
Lächeln wirkt mehr als alles Turnen.

LÄCHELN, SPRACHE, SCHÖPFUNG,
SIND ZEICHEN DES MENSCHEN.

Merke dir wohl: Es gibt auch leeres Grinsen,
Tünche, Heuchelei und Scheinheiligkeit, Schein-Heiligkeit!

DAS LÄCHELN IST DAS GEBET EINER JEDEN ZELLE,

einer jeden . . ., steigt bis hierher empor
(Geste in der Höhe des Mundes)
und hebt über alles.
Habt ihr bemerkt, wo ihr seid,
wenn ihr nicht lächeln könnt?
Im Kot, im wässerigen Kot,
der bis zum Hals oder Scheitel reicht.
Das Lächeln ist so einfach, aber niemand kennt es.
Kennst du jemanden, der wirklich lächelt? Sprich!
L. Ich glaube nein.
— Das Lächeln ist erste Bedingung.
Zu was aber wurden die Menschen? Zu Hanswürsten.
Sie missbrauchen das menschliche Angesicht,
das heilig ist.

— Was machten sie daraus? Verschmierte Larven,
abscheuliche Kothaufen, zerknüllte Lumpen!
Gottlose! Elende!
Ein einziger Ausweg:
Das Lächeln, das niemand kennt.

Wenn du am Morgen die Augen öffnest,
so lächle mir zu!
Wenn du etwas beginnst – wie Unterricht zu geben –
so lächle mir zu!

Jedermann lerne und versuche zu lächeln!
Beobachte das wahre Lächeln!
Woran erkennst du es?
Das Auge nimmt nicht daran teil – nur der Mund.
Sprich!

L. Sprich über die Hand!

— Die Hand bedeutet: geformt sein, bereit sein.
Das Werkzeug ist geformt, ist bereit.
(Die Hand öffnend:)

— Geben . . .
(Die Hand zu einer verkrallten Geste schliessend:)

— Nehmen.
Die verkrallte Hand ist tierische Kraft.
Die offene Hand ist bereit.
(Meine Hand ist geschlossen. Zu mir:)
Du bist noch nicht bereit.
Bei dir ist es weder Neid, noch Gier,
sondern Mangel an Selbstvertrauen.
Du glaubst nicht, dass *ER* durch dich gibt.
Du glaubst nicht, dass du würdig bist.
Sei bereit!
Auch die Hand lächle – alles lächle!

(Wieder zu Lili:)

— Frage!
L. Warum wollen wir, statt «*DEIN* Wille geschehe»,
unseren eigenen durchsetzen?
— Weil ihr *SEINEN* Willen nicht kennt;
könntet ihr den *SEINEN* wahrnehmen,
so würdet ihr den euren nicht wünschen.
— *SEIN* Wille ist GANZSEIN.
Lasst uns *SEINEN* Willen erfüllen!
Jetzt erfüllt sich noch der Wille des Menschen
und nicht der *SEINE.*
Der Mensch ist das grösste Raubtier.
Keine Tierkralle, keine Löwenpranke kann so reissen,
wie die Menschenhand.
Wer nimmt - dem wird genommen,
denn er ist unwürdig, eine Hand zu haben.
Die Hand ist nicht zum Nehmen da.
Hast du noch eine Frage?
L. Wie könnten wir vier die Einheit unter uns verstärken?
— Durch das Erfüllen der Aufgabe.
Eure Aufgabe ist die Neue Welt.
Was würdet ihr in der Neuen Welt
für die Neue Welt tun?

DAS ERKENNEN DER EIGENEN AUFGABE
IST ERSCHEINEN DES REINEN, EINEN ICH.

Wisset, wozu ihr berufen seid!
Alles andere ist nur Salbe für den Schmerz,
dessen Name «mehr» oder «weniger» ist.

Ich bleibe.
Nur das Wort entfernt sich, denn es ist Kind der Zeit.

21. Februar 1944

(Diesmal fühlen wir, dass die deutschen Worte an Hanna gerichtet sind.)

Lasse die Gasse,
wo die blasse Gosse
sich ergiesset!
Aus Gosse wird kein Wein!
Die Trauben sind verdorben.
Pflanze neue morgen!

Sei einsam und rein
im Wald!

Bald
wird es spriessen.
Du sollst es begiessen
und binden die Winden
gegen die Winde,
die zerren
die Reben.
Dein Leben
ist Geben,
was tief ist, heben,
beschneiden
ohne Leiden.

Gib auch dich hin,
Gärtner von
IHM!

(Hanna leidet oft an stechenden Schmerzen im Herzen. Jedesmal, wenn ich sie darüber besorgt befrage, sagt sie nur: «Diese Schmerzen kommen nicht vom Körper.» Ich fühle, dass die Menschen vielleicht nie so viel Leid erfuhren, wie in den heutigen Tagen, und ich weiss, dass Hanna nicht nur für das Licht der Engel empfänglich ist, sondern ebensosehr für die Qualen der Umwelt. Diese später gekommene, letzte deutsche Botschaft empfinde ich als eine Antwort auf Hannas Schmerzen.)

Heute ist heute.
Morgen ist morgen.
Ich bin heute
Morgen.
Das ist mein Sein,
nicht eng, nicht weit,
Zeitlosigkeit.
Sei mein!
Einen
Weg gibt es:
Der höchste Punkt,
wovon wir singen,
wo wir tanzen
über Spitzen von Lanzen.
Sei nicht schwer!
Dann wird es nicht weh tun
mehr.
Die höchsten Spitzen dort oben
sind unten, nicht oben,
sind tief drinnen
in Gottes Herz.
Schmerz.
Ein Herz gibt es nur.

DIE ANTWORT DER ENGEL

Ein Kern, ein Wort.
Ewiger Hort.
Nicht weit, nicht fern:
Dort,
wo die Speere
durchqueren die Leere.
Die Leere verschwindet.
Sieben Speere
treffen sich.
Anstatt Leere
Schmerz.
Dein Herz.

Wir singen Lobgesang.
Wir sind nicht mehr bang
um dich.
Die Speere sind aus Licht.
Es schmerzt nur,
was dicht ist.
Weine nicht,
Richte nicht,
scheine!
Du bist doch Licht.

Ich geb dir meinen Namen.
Namen haben nur
Einsame.
Sei Licht!
Name ist keine Pflicht.

Name ist Same.
Und Samen empfangen nur
EIN-SAME.

DEUTSCHE BOTSCHAFT

Heute geb ich dir meinen Namen.

Mein Name ist
«Morgen».
Ewig und ewiglich.

Die andern wandern.
Du sollst tanzen
über Speere und Lanzen,
über der Schwere des Ganzen.
Und dein Tanzen
ist nur Schein.
Du bist Schein.
Du bist mein.
Du darfst nicht versagen.
Ich geb dir drei Gaben:
Sprich,
tue ohne Verzagen!
Sei ich!

Ich,
du,
ER:
EINS.

Ewiges Sein ist Geben.
Im Anfang
war das
«DEIN».

Kehre heim!

Freitag, 25. Februar 1944

36. GESPRÄCH MIT GITTA

— Erde bepflügende alte Stämme und Hirtenvölker
opferten ihren Göttern das schönste Getreide,
die vollkommenste Frucht, das gesundeste Vieh.
Sie brachten die erste Frucht ihrer Mühen dar.
Das Opfer war Bild, war Zukunftsbild dessen,
was jetzt zu tun ist:
Die Materie in den Geist zu erheben.
Nur wenn sie opferten, erhielten sie Regen.
Das Wasser war damals noch oben
und war die ersehnteste Gabe.

— Es kamen andere Zeiten und es kam das Wissen.
Nun isst der Mensch den schönsten Apfel,
das schönste Getreide, die schönste Frucht.
Das wurmstichige Fallobst malt er rot an,
und stellt es aus,
damit ein jeder sehe, dass er Gott opfert.
Aber der kleine Wurm im Apfel - Gottes Kind -
durchbohrt die bemalte Schicht
und der Betrug wird offenbar.

— Stein, Wind, Pflanze, Wasser, Feuer,
sie alle klagen den Menschen an,
denn er hat die Erde rot bemalt
und siehe es ist Blut!
— Jede deiner Taten, jede deiner Aufgaben
sei wahres Opfer!
Nur das Schönste, das Vollkommenste,
das dir gediehen ist,

ist würdig, *IHM* zu Füssen gelegt zu werden.
Braucht *ER* Äpfel . . . braucht *ER* Getreide?
SEIN Gesetz ist das Ganzsein.
Bringe mir die erste Frucht deiner Mühen,
und ich trage sie zu *IHM*.
So erhältst du Segen für die neue Saat:
Statt Regen - die neue Aufgabe.

Frage!

G. Selbst wenn ich lächeln kann, dauert es nicht,
und ich beginne zu sinken.

— Petrus schritt auf dem Wasser.
Das ist meine Antwort.
Als er nicht an sich glaubte, sank er.

GLAUBST DU AN DICH, SO GLAUBST DU AN *IHN*.

Irre nicht! Es gibt nicht zweierlei - nur das Eine.
Der Glaube hat keine Richtung,
kein Oben, kein Unten.
Verachte die Materie nicht!
Alles ist *SEIN* Körper.
Du meinst nur, zu glauben.
Sinkst du, so glaubst du nicht.
Der Meister schritt auf dem Wasser,
und *Er* sank nicht.
Er trug den *VATER* in sich - *Er* war eins mit *IHM*.
Ist das dein Ziel?

G. Ja.

— KANN ETWAS EINS MIT *IHM* SEIN, OHNE *ER* ZU SEIN?

Irre also nicht, und du wirst nicht sinken.

— Ich belehre dich:
Kommt von wo und wem auch immer eine Kritik,
ein Zeichen des Mangels,
so ist dies nicht Spiegel deines Unvermögens,
SONDERN DEINES VERMÖGENS.
Jede Kritik erhebe dich!
Dein Vermögen erweitert sich durch sie.

Jeder Gegenstand, jedes Wesen,
alles, was dich umgibt, bittet dich.
Aber nur um das, was du zu geben vermagst.
Wer bittet den Elenden, den Unvermögenden?
Wer pflückt Feigen von der Distel?
Der Feigenbaum aber wird geschüttelt,
denn von ihm werden Feigen erwartet. Bringe Frucht!
Es betrübe dich nicht, wenn du geschüttelt wirst!
Die Distel wird nicht geschüttelt.
Frage!

G. Wie könnte ich den höchsten Grad *eigenen* Feuers erreichen?

— *Eigenes* Feuer hast du nicht. Nur *ein* Feuer gibt es.
Soviel du davon verdienst, soviel ist *dein.*
Soviel du weitergeben kannst, soviel ist *dein eigen.*
Je näher der Kreis bei *IHM,*
umso mehr Feuer senkt sich nieder,
und dir wird ein Neues «Ich» geboren.
Du hast nichts *Eigenes,*
du bist alles und du bist nichts.
Du kannst wählen.

DEM SPENDER ALLEN FEUERS!

(Stilles Gebet. Lili hat die Mitschrift noch nicht beendet. Mit Strenge zu Lili:)

— Die Zeit des Gebets ist nicht die Zeit des Schreibens.

Freitag, 25. Februar 1944

36. GESPRÄCH MIT JOSEPH

(Joseph fiel es oft schwer, «Ja» zum Leben zu sagen. Die düsteren Perspektiven des Jahres 1944 machten es ihm noch schwerer. Während er mit diesem Problem rang, stürzte plötzlich die Zimmerdecke und ein Teil der Wand seiner Werkstatt ein. Schutt und Steine lagen vor ihm am Boden. Joseph war sehr davon beeindruckt und mass diesem Ereignis eine symbolische Bedeutung zu.)

— Du bist der «Bauende».
Bringe erst die Grube in Ordnung,
bevor du weiter aufbaust!
Fülle die Grube mit Steinen aus –
auf Brettern kann kein Haus erbaut werden!

Das Wort deines Weges ist weder «es war»,
noch «es wäre gut», und schon gar nicht «es ist gut».
Das bauende Wort ist «ES SEI!».
«*Es war*» ist Versäumnis,
«*es wäre gut*» Unfähigkeit,
«*es ist gut*» Selbstgefälligkeit.
DEIN WORT SEI «*ES SEI*»!

— Dein Himmel ist grün, weil die Erde grün ist.
Das Gesetz der Schwere bindet *und* hebt.
Ich spreche mit Freude zu dir.
Können *wir* nicht sprechen, so sprechen die Steine.
Der Stein fiel zur Erde und zeigte dir, wo dein Mangel ist.
Der erkannte Mangel ist jedoch kein Mangel mehr.
Im Namen der erbauenden Stille.

Freitag, 25. Februar 1944

36. GESPRÄCH MIT LILI

— Der kleine Keim ahnt nicht,
zu was er heranwachsen wird und schwillt dennoch,
strafft sich und strebt zum Licht empor.
Zu was er wirklich wird,
hängt vom Grad seines Strebens ab.
Gebt gut acht:

— ALLES HÄNGT VOM GRAD DES STREBENS AB.

Umsonst wüsste der kleine Keim, dass in seiner Tiefe
die Verheissung eines grossen Baumes ruht,
wenn er nicht strebte und empordrängte zum Licht.
Der Boden ist so hart, die Erde ist so schwer,
dass er alle Kräfte einsetzen muss, um sie zu bezwingen.

(Letzte Woche wurden wir gefragt: «Was würdet ihr in der Neuen Welt für die Neue Welt tun?»
Lili hatte sich keine Minute mit dieser Frage beschäftigt, da sie so «gutherzig» war, ihren Schülern bis spät in der Nacht mit Rat beizustehen.)

— Mein kleiner Diener, du hast dich verirrt.
Um die Aufgabe zu erfüllen, musst auch du emporstreben.
Strebst du empor, so kannst du mehr geben.
Je grösser die Aufgabe, umso grösser dein Wachstum.

— Du halfest zwei Menschen –
du versäumtest zweihundert,
und deine Aufgabe könnten zweitausend sein.

— Glaubst du, dass es so ist?
L. Sicher.
— Hebe das Helfen also höher, viel höher.
Über das Gefühl hinaus.
Ungeahnte Kräfte werden dir dienen.
Sie sind noch in dir gefangen,
denn du öffnest ihnen nicht die Türe.
L. Wo verschliesse ich mich?
— Du machst die kleine Aufgabe schon gut.
Doch wähle den besseren Teil:
Sei Maria und nicht Martha!
Suche von neuem! Du wirst ein «Mehr» finden.
ABER WENN DU NICHT MIT VOLLEM GLAUBEN SUCHST,
WIRST DU ES NIE FINDEN.

Stelle die Aufgabe über alles, dann – glaube es mir –
dann wirst du helfen können.
Ob wir hinabblicken, ob hinauf, ob um uns,
alles ist *ER*.

Samstag, 26. Februar 1944

FORTSETZUNG DES 36. GESPRÄCHES MIT LILI

(Heute ist Samstag. Lili versucht, sich in der Werkstatt in die gestrige Lehre zu vertiefen. Plötzlich fühlt sie ein intensives inneres Licht. Wir alle spüren die Gegenwart ihres Meisters.)

— Die Zeit, der Ort und die Gelegenheit sind ungewohnt.
Dennoch kam ich herab, denn mein Dienst ist, zu helfen.

— Hast du noch Zweifel, bist du noch im Dunkel?
L. Oh nein, aber ich finde meine Aufgabe sehr gross!
— Das ist nicht Dunkel, sondern zu starkes Licht.
Fehlt das Licht, so sieht das Auge nichts.
Ist das Licht ungewohnt stark, so sieht es auch nichts.
Drei Funken hast du heute bekommen. Fühlst du sie?
L. Noch nicht.
— Was sind deine grössten Mängel?
L. Der Mangel an Glaube, an Geben und an Arbeit!
— Nicht Mangel an Arbeit, sondern Mangel an TAT.
Arbeit hast du genug, nur verrichtest du sie nicht.

— Die drei Punkte deines Zeichens
werden sich an den drei Funken entzünden:
TAT - GEBEN - GLAUBE.
Auch am Glauben an dich selbst.
Die drei Funken sind nicht in Zeit und Raum.

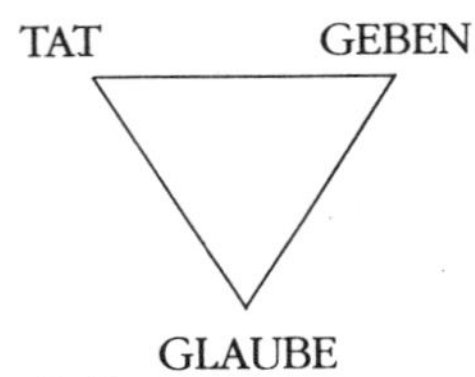

Es gibt die drei Mängel nicht mehr - sie sind gefüllt.
Du wirst sehen, dass es so ist.
Der Körper ist langsam, er nimmt es später wahr.
Du aber bist nicht nur Körper.
Nicht nur dein Körper erfüllt deine Aufgabe.

RUFE DAS GANZSEIN IN DIR AN,
UND GANZ WIRST DU WERDEN!

Es ist nicht mehr deine Aufgabe, deine Mängel zu füllen.
Jetzt komme die Frucht!
Glaubst du jetzt, dass Unmögliches möglich ist?
Was du heute bekamst, ist Vorgeschmack des Ganzseins.
(Stille)
— Ihr alle, gebt sehr acht:

— DAS WORT ERSCHAFFT – ES KONZENTRIERT.
(zu Lili:)
Du hast den Mangel ausgesprochen
und der Funke konnte kommen.
(Zu mir:)
— Achte auf das Wort! Das Wort baut auf.
Es ist nicht gleich,
welcher Stein zu welchem Stein gefügt wird,
denn was du baust, könnte zusammenstürzen.

Ihr alle, ihr wisst noch nicht, das Wort zu gebrauchen.
Schale ist nicht Kern – Spreu ist nicht Korn.
Wort – Name – Geheimnis.

Gebt acht, was ich sage, wiegt schwer:
Sprecht ihr aus: «ES SEI!», so wird es sein.
Sprecht ihr nichts aus, so wird nichts sein.
Nicht «*Wenn es nur wäre!*»,
denn vier Worte sind weniger als zwei.
«*Manchmal glaube ich*» ist weniger als «*Ich glaube.*»
«*Wie gut wäre es, immer helfen zu können!*» – acht Worte.
«*Ich helfe*» – ein Wort,*
und es gibt keine Spaltung – auch in dir nicht!
Die Tat ist das Wort des Körpers,
Ganzsein ist nicht Vielfalt, sondern das Gesammelte.
Und das ist ewiges Mass.
Frage noch . . . als Wegzehrung!
L. Ich wünsche, dass all das so stark in mir bliebe . . .
— Wünsche nicht, was du schon hast!
Hebe deine Wünsche höher!
Der Körper ist langsam,
aber auch er wird es bald erfassen.

* Im Ungarischen ein Wort.

Freitag, 3. März 1944, Vormittag

37. GESPRÄCH MIT GITTA

(Als ich heute morgen versuchte, die sieben Freuden zu spüren, fühlte ich plötzlich meine Mitte.)

— Ich spreche über die Sieben Freuden:
Du hast deine Mitte erreicht, doch mühevoller als nötig.
Die Sieben Freuden sind sieben Tore.
Durch sieben Tore hättest du in die Kugel gelangen können.
Die Tore öffnen sich nach innen und nach aussen.
Deine Neue Aufgabe ist,
die Sieben Freuden auszustrahlen.
Es sind dieselben sieben Tore,
nur öffnen sie sich nach aussen.
DAS AUGE SIEHT UND *STRAHLT.*

Gott helfe dir in deiner Aufgabe!

Freitag, 3. März 1944, Nachmittag

37. GESPRÄCH MIT GITTA

— Lass keinen Tag vergehen, ohne die Tore zu öffnen.
Öffne sie am Morgen, nicht am Abend!
G. Es fällt mir so schwer, die Zeit zu meistern . . .
— Deine Aufgabe ist nicht, die Zeit zu meistern,
sondern über sie hinauszugelangen.
Du kannst aus einer Stunde nicht zwei machen.
Gelangst du über die Zeit hinaus – nur einen Augenblick –

— so siehst du die Sieben Tore zugleich.
Näherst du dich der Kugel von aussen,
so erblickst du nur eines allein.
Von innen aber siehst du die sieben Tore zugleich.
Die Kugel dreht sich - jede Kugel dreht sich,
daraus entsteht ihre Kugelform.
Jede Form gestaltet sich
nach dem Gesetz ihrer Bewegung.
Die Kugel dreht sich - du aber nicht.

Der *VATER* ist unbewegt in der Mitte der grossen Kugel.
Alles ist in Bewegung - *ER* aber nicht.
ER hat den Menschen nach *SEINEM* Bilde erschaffen;
ER hat ihm die kleine Kugel anvertraut.
(Mit bitterem Tonfall:)
— Gut hat der Mensch sie zugerichtet!
Er läuft ja nur auf ihrer Oberfläche herum,
und so gelangt er nirgends hin.
G. Was soll der Ausgangspunkt für meine Arbeit sein?
— Die Sicherheit. Kann der Kopf sicher sein?
G. Nein.
— Gebt gut acht:
Mit dem Kopf sollt ihr keine Pläne schmieden,
mit dem Kopf führt Pläne aus!
Der PLAN ist beim *VATER*. Jeder PLAN.

Du aber planst das Auszuführende mit dem Kopf
und lässt die Zeit
vorzeitig auf das Auszuführende los.
Der Kopf und die Zeit sind eins.
(Verständnislos stütze ich den Kopf in die Hände.)
— Zerbrich dir nicht den Kopf!
Der PLAN schwebt über der Zeit.

— Werdet ihr eins mit dem PLAN,
so eilt ihr nie und säumt ihr nie.
(Stille)
— Frage, denn die Zeit ist um.
G. Ich mache so viele überflüssige Bewegungen.
Lehre mich die wahre Bewegung!
— Es gibt nichts Überflüssiges.
Es gibt nichts Überflüssiges auf Erden,
und es gibt auch keinen Mangel.
Überfluss und Mangel gibt es nur,
wenn der Überfluss den Mangel nicht ausfüllt.
Überfluss im einen zeitigt Mangel im andern.
Schütte den Überfluss nicht weg,
denn es gibt ihn in Wahrheit nicht!

FÜR JEDE DEINER BEWEGUNGEN
MUSST DU RECHENSCHAFT ABLEGEN.

— Wisse das, und der Überfluss
wird bald seinen Platz finden.
Tust du alles, was du tun solltest?
G. Oh nein! Nicht alles!
— Siehst du, es gibt nichts Überflüssiges.
Nimm nichts weg, füge nichts hinzu,
sondern leite das «Zuviel» zum «Zuwenig»,
leite alles zu seinem rechten Platz!

DER MANGEL ZEIGT DAS ZUVIEL,
DAS ZUVIEL ZEIGT DEN MANGEL.

Leitest du eines dem anderen zu, so wird alles gut.

Im Namen der Ganzheit!

Freitag, 3. März 1944

37. GESPRÄCH MIT LILI

— Ich spreche zu euch allen.
Ihr müsst rein werden, rein vom Alten!
Was ist das Alte? Das Unvollkommene.
Warum müsst ihr rein werden?
WEIL EURE BITTE ERSCHAFFT.

Was ihr erbittet, wird sein,
WIRD DA-SEIN.
Ihr könnt nicht mehr für euch selbst bitten,
denn ihr habt keinen Mangel mehr.
Was ihr erbittet - rein vom Alten - WIRD SEIN.
Die Bitte aber ist nötig.

(Zu Joseph:) Wehe dir, schaust du zurück!
(zu Gitta:) Wehe dir, schaust du zurück!
(zu Lili:) Wehe dir, schaust du zurück!

(zu Gitta:) Der gute Arbeiter verdient es,
sein tägliches Brot zu erhalten,
um himmlisches zu geben.
(zu Joseph:) Er verdient sein Obdach,
um das himmlische zu bauen.
(zu Lili:) Er verdient die Einsamkeit,
um vielen geben zu können.
(zu Hanna:) Er verdient die Stille,
um sprechen zu können.

— Es gibt keinen Kompromiss! *SEIN* Gesetz ist GANZSEIN,
und im Ganzen ist alles enthalten.

— Das Grössere umschliesst das Kleinere.
(zu Lili:) Keines deiner Schäflein geht verloren.
Was hat sie bis jetzt zusammengehalten?
Sind sie nur gekommen, um sich zu bewegen?
Wenn dein Glaube erstarkt,
so werden sie noch zahlreicher kommen.

L. Bitte sprich mehr über die Reinheit!
— Alle Taten, Gedanken, Arbeiten, Gefühle,
seien wahrhaft rein! Sind sie rein, so sind sie gut.

ALLES IST REIN, WAS AN SEINEM PLATZE IST.

Unrein ist die Tat, die nicht am Platz ist.
Unklare Gedanken sind unrein,
Gefühle im Geiste sind unrein.
Es gibt nichts Schmutziges - hässliches Wort -
es gibt nur Unreines.

— Seid an eurem Platz - aussen wie innen!
Nicht der Platz ändere euch -
ihr sollt den Platz ändern!
Das ist Reinheit.

Die Kirche, in der Gott geehrt wird,
ist heilig und rein.
Stirbt die Religion,
so kann ein Lagerraum daraus werden.
Eine Kirche wird durch Ehrung Gottes zur Kirche.
Noch sterben sie,
die Kirchen, Tempel und Religionen.
Der Neue Tempel, die Neue Kirche aber
hat keine Mauern und ist unsterblich.

— Ihr seid die Erbauer und künftigen Priester
des unsterblichen Tempels,
dessen Name lautet: ERLÖSTE WELT.

L. Ich denke jetzt an meine Schülerin Clara.
Warum ist sie wohl krank?
— Ihr Name ist die Antwort.
Ihr Name bedeutet: Reinheit.
Sie vergeht sich dagegen,
und verdeckt etwas vor sich selbst.
Überdeckte Unreinheit
ist Grund aller Krankheit.

(Während ich das Gespräch aufzeichne, rutscht die Mine des Bleistifts zurück. Ich kann nicht weiterschreiben und schüttle sie ungeduldig.)

— *(zu mir:)* Du hast eine unnötige Bewegung gemacht,
eine unreine Bewegung.
Du kannst über sie keine Rechenschaft ablegen,
der *HERR* aber wird Rechenschaft von dir verlangen.
Liebe das Werkzeug in deiner Hand!
ER verlangt Rechenschaft
über jede deiner Taten, jede deiner Bewegungen.
IHM zu dienen ist das Geheimnis der Freiheit.
(zu Lili:) Nehmen wir Abschied?
L. Nein.
— Stellst du dich auf die Fussspitzen,
so kannst du mich schon erreichen.
Es gibt keine Grube mehr,
aus der du nicht zu mir hinaufreichst.

Bald kommt das «Mehr».
Es ruht im Schoss der Stille und Einsamkeit.

Freitag, 10. März 1944

38. GESPRÄCH MIT GITTA

— Es gibt einen Punkt, den Brennpunkt,
und er wird genannt: Ewiges Sein.
Er ist der Punkt der Sicherheit und Herrschaft.
Was täuscht euch?
Der grosse Täuscher ist die Zeit.

DIE ZEIT IST NICHT HEIMAT DES MENSCHEN,
HEIMATLOS IST ER IN IHR.

— Ein Schritt - und die Strömung,
die Strömung der Zeit reisst ihn mit.
Das Zeichen der Zeit ist der Strom.
Ihr aber seid nicht Frösche und noch weniger Fische.

Vergangenheit, Gegenwart, Zukunft.
Der eine bedauert die Vergangenheit -
der andere fürchtet sie.
Der eine hofft auf die Zukunft -
der andere fürchtet sie.
So gibt es keine Gegenwart.
Es gibt keine Gegenwart, denn der Mensch
ist entweder in der Vergangenheit oder in der Zukunft.
Alle drei sind ein Strom, ein einziger Strom,
unzertrennlich eins: Bewegung,
Bewegung der feinen Materie.
Es ist ein anderes, den Strom zu überblicken,
als *darin* zu sein.

DER MENSCH IST AUCH DES STROMES HERR.

— Die Tat ist das Erscheinen der Ewigkeit in der Zeit.
Hasten ist nicht Tat.
Der Punkt, von dem ich spreche, ist jenseits des Stromes.
Vergangenheit, Gegenwart und Zukunft sind drei Strahlen.
Ihr Brennpunkt ist die Ewigkeit,
die Wirklichkeit, das Wirkliche.
Verlasse die Zeit, mein Diener, und du bist ihr Herr.
Schöpfung und Tat
können nur aus der ewigen Wirklichkeit entspringen.
G. Ich kenne den Namen des Tores nicht, das ins Zeitlose führt.
Wo verirre ich mich?
— In der Zeit. Deshalb spreche ich von der Zeit.
Wieviel Tore wünschst du?
G. Eines.
— Ich gebe dir hunderttausend.
Jeder Gedanke, jede Rast, jede Tat
sei *IHM* dargebracht und alles führt zu *IHM.*
SELBST DAS KLEINSTE IST WÜRDIG,
IHM DARGEBRACHT ZU WERDEN.

— Welche Glückseligkeit wäre euer Dasein,
wenn ihr wahrlich darbringen könntet!
G. Sprich über die Neue Sonne!
— Dunstwolken verhüllen sie, sonst könntest du sie sehen.
Es ist noch zuviel Wasser in dir.
Noch kann die Sonne den Nebel in dir nicht durchbrechen.
Erwarte sie nicht von aussen - dort siehst du sie nie!

Eure Aufgabe ist die TAT.
Wir tun nicht, wir geben nicht, wir nehmen nicht,
wir waren nicht, wir werden nicht - wir *sind* durch *IHN.*

Beuget das Haupt - *ER* ist mit uns!

10. März 1944

38. GESPRÄCH MIT LILI

— Ausbessern und Ersetzen sind nicht Tat.
Ersetzen ist nicht mehr möglich,
Helfen ist nicht Ausbessern.
Kannst du die Frucht an den Baum kleben?
ER klebt nicht – *ER* macht wachsen.
Sei *SEINE* Hilfe und du rettest die Welt!
SEINE Hand ist nahe und *SEINE* Hand bist du.

— Hast du Fragen?
L. Lehre mich, was die irdische und die himmlische Aufgabe ist!
— Die Erde ist vollendet,
aber der Himmel brennt noch nicht in dir.
Du kannst nicht in beiden sein –
DEIN PLATZ SEI DIE MITTE!
Das irdische und das himmlische Sein hat sieben Stufen;
drei sind vollendet – *drei* sind jenseits der Grenze,
aber die *Vier* wird sie finden
und die sieben werden EINS – die Sünde wird getilgt!
Der *Fünfte* spricht.
L. Das verstehe ich nicht ganz . . .
— Nicht einmal halb verstehst du es.
Die *Vier* verbindet die beiden *drei* der sieben Stufen.
Ich bin der *Fünfte*.
Durch dich stütze ich mich auf die Erde.
Der Glaube führt zur *Vier* – der *Vierte* glaubt nicht mehr.

(Das Gespräch mit Lili kommt mir wie ein abstraktes Spiel mit Zahlen vor, dessen Sinn mir unverständlich ist. Ich bitte Hanna um Erklärungen, besonders was die Bedeutung des „Fünften" betrifft. Hanna zeichnet wieder das

Schema des 19. Gespräches auf, aber jetzt ergänzt sie, was damals noch fehlte. Mit einem Schlag wird der Zusammenhang klar und das Schema wird zum erläuternden Symbol alles bisher Gesagten. Es zeigt die Lehre in geordneter Struktur. Endlich verstehe ich, wo der Platz des Menschen in der Schöpfung ist.
Ich entdecke ein neues Gleichgewicht, in dem es falsch ist, sich in den Geist zu flüchten und die Materie zu verachten und ebenso falsch, sich an die Materie zu klammern und den Geist zu verneinen. Ich verstehe, wie wesentlich es ist, das Leben des Körpers wie das Leben des Geistes voll zu bejahen.

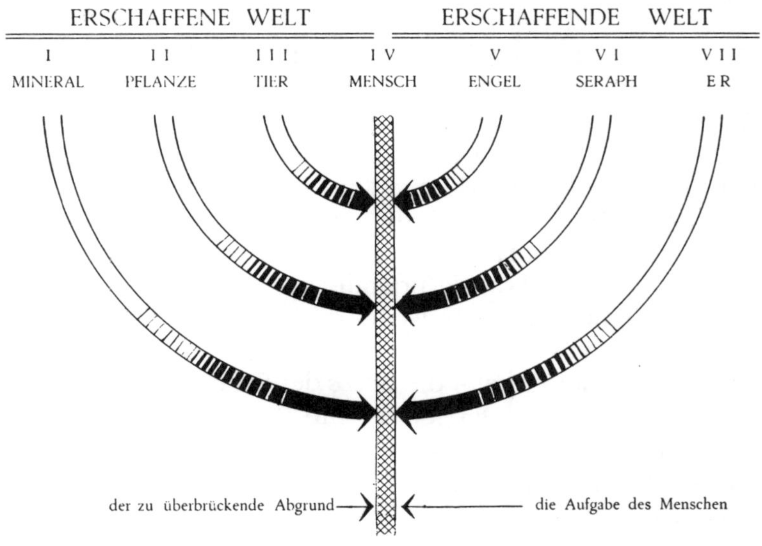

Und endlich sehe ich auch meine eigene Würde, die Würde des individuellen Menschen, der dazu berufen ist, Geist und Materie in sich zu vereinen.
Nie habe ich klarer gefühlt, dass die Schöpfung sich ohne die Tat des Menschen nicht erfüllen kann.
Mein Engel, der «Fünfte», will durch mich auf Erden wirken! Dadurch hat mein Leben seinen Sinn gefunden, denn auch ich habe die Möglichkeit, diese vereinende Mitte in meinem Körper und meiner Seele zu leben.)

Freitag, 17. März 1944

39. LETZTES PERSÖNLICHES GESPRÄCH MIT GITTA

— Die Kugel ist Ganzsein.
Der Apfel ist die Macht des Ganzseins.
Isst du ihn und wirkst du nicht,
nimmst du ihn und gibst ihn nicht,
so verdienst du nicht die *Sechs.*
Die Macht der *Sechs* wirkt überall.
Ich verrate dir, was Macht ist.
Höre zu:
Die *Fünf* ist der Engel - die *Sechs* der Seraph.
Was ich *dir* bin - ist der Seraph mir:
Mein Meister und mein Vermittler.
Ich bin eins mit ihm.
Aber wo ist die *Vier?*

ER duldet keine Leere,
denn *SEIN* Name ist: FÜLLE.

39. GESPRÄCH MIT GITTA

— Dein Platz ist die *Vier.*
Dort enden nah und fern.

Beuge dein Haupt vor *IHM,*
doch erhebe es vor allen anderen.
Nur die Tat macht dich zum Meister.

Hörst du mein Wort?
G. Ja.
— *Verstehst* du mein Wort?
G. Ja.
— *Höre* es nicht – *verstehe* es nicht – LEBE es!
Fürchte *IHN* nicht – *diene IHM*!
Furcht gibt es nur unten.

NUR AUF DEM GIPFEL DEINER FRAGEN
FINDEST DU ANTWORT.

Ich bin *dort* – antworten kann ich nur *dort.*
Was immer du halb nur tust, bringt dir nicht Segen,
kann dir nicht Segen bringen.
Geh immer den Weg, der aufwärts führt!
Gleite nicht ab und bleib nicht stehen!
Wer stehen bleibt, stirbt den *zweiten* Tod.

DAS IST DIE LEHRE:
ALLES HAT SEINEN GIPFEL
UND DER GIPFEL IST DEIN PLATZ.

Der Himmel sei mit dir!

Freitag, 17. März 1944

GESPRÄCH MIT DEM MESSENDEN

Der «Messende» misst. Was misst er? Den Raum.
Nutzlos ist der Kreis, in dem eure Hand nichts vollbringt.

Gott sät die TAT und der Mensch erhält sie.
Kreis und Tat sind Zeit und Raum. *ER* misst sie durch mich.
WO IST EURE TAT?
Die Zeit ist reif; der Kreis wächst. *ER* sieht alles.
WO IST EURE TAT?
Raum ist, was eure Hand füllen kann.
Die Hand ist vollbracht,
doch sie vollbringt nichts.
Keinen Ausweg gibt es mehr:
Jeder Weg mündet in *einen* Punkt.

LICHT – einzige Wirklichkeit!
LICHT ist das Geschöpf.
Du bist Geschöpf und du bist LICHT. So ist es.
Die Kröte sitzt im Wasser . . . lau.
Weder Fisch noch Säugetier. Kröte oder Engel?
Die Waagschale ist leer.
Was ihr vollbringt, ist nicht genug.
Es langweilt mich, Leere zu messen,
denn ich möchte schon Frucht darbringen.
ER erwartet mehr von euch. Eure Hand sei bereit!
— Der «Messende» spricht.
Höret gut, denn durch mich spricht *ER*.

(Die Dringlichkeit dieser strengen Worte weckt in mir die Vorahnung von kommenden Katastrophen, denen wir nur gewandelt entgegentreten könnten.)

17. März 1944

39. LETZTES PERSÖNLICHES GESPRÄCH MIT LILI

— Sieh dein Zeichen, das Dreieck!
(Die drei Ecken des Dreiecks bezeichnende Geste:)
— Wie wird daraus die *Vier?*

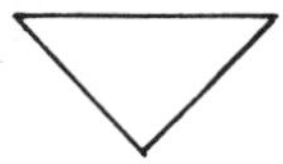

(Geste der linken Hand:) – Materie.
(Geste der rechten Hand:) – Kraft.
(Geste zum Herzen:) – Der Tuende.
Materie ist Aufgabe.
Kraft ist Mittel.
Der Tuende ist *ER.*
Was ist das *Vierte?* Die TAT.
So wird das Gebäude vollbracht.

Dein Mangel ist gefüllt.
Vergangenes ist aufgelöst,
Altes gleitet ab.
Der Himmel öffnet sich.

Tanz, der Himmel und Erde verbindet, ist deine Tat.
Jede deiner Bewegungen wird himmlischer Tanz.
Auch ich bin Tänzer, ich tanze für *IHN.*
Tanze auch du für mich und für *IHN.*
Deine Hand ist frei, dein Fuss lacht.
Unsere Lippen singen dasselbe Lied.
Jedes Lied ist für *IHN* gesungen,
jeder Tanz ist für *IHN* getanzt,
jeder Strahl ist ein Vogel im Flug zu *IHM,*
jede Mauer des Neuen Gebäudes steht nur durch *IHN.*

Jetzt steigt das Lied der *Vier* zu *IHM.*

17. März 1944

39. LETZTES PERSÖNLICHES GESPRÄCH MIT JOSEPH

— Die Erde dort unten ist ebenso nahe,
wie die Stille hier oben. Sie sind eins.

DIE ERDE, DIE GRÜNE ERDE, IST DEIN HIMMEL.

Die Tat ist nur auf Erden möglich.
Leer ist die Erde, obwohl erfüllt von *SEINER* Hand,
deren Name «Mensch» ist.
Der MENSCH ist der Bauende.
Der MENSCH ist der Helfende.
Der MENSCH ist der Strahlende.
Der MENSCH ist der massvoll Tuende.
«Gesandter des Himmels» ist dein Name.
Vergiss nicht, dass dein Platz auf Erden ist,
denn nur so werden Himmel und Erde eins!
Der alte Wirbel verschlingt alle Steine,
aus denen das Gotteshaus gebaut wurde.
Du aber baust dem Himmel neue Mauern hier unten.
Nicht mehr mit Stein,
sondern mit Gesetz, Rhythmus und Lied.
«Gesandter des Himmels», *ER* ist mit dir!

(Ich frage Hanna, warum Josephs Himmel die grüne Erde sei. Sie antwortet mir, dass Josephs vorwiegende Eigenschaften „des Himmels" seien und er die Schwere der Erde benötige, um hier sein erlösendes Gleichgewicht zu erlangen. Sie fügt hinzu, dass ich hingegen „erdhaft" sei und dass das Zuviel der Materie in mir des Himmels bedarf, um die erlösende Mitte verwirklichen zu können.)

Freitag, 24. März 1944

40. GESPRÄCH: CHORGESANG

(Das ganze Land ist in tiefer Bestürzung. Ungarn wurde blitzschnell von den deutschen Truppen besetzt.)

— Der Siebente Himmel ist ebenso nahe,
wie die Erde hier unten, wo eure Füsse ruhn.
Dort ist *Er* König.
Er kommt nicht mehr zur Erde zurück.
Blendendes Licht, einzige Wirklichkeit,
König, Ewig-Seiender.
Sein Gewand ist weisses Feuer,
das bis zu *IHM* hochflammt.
Ihr seid *Seine* Diener. Dient *Ihm,*
dem Glorreichen, dem Lichtseienden, dem Unschaubaren,
dem ewig Unglaublichen, dem einzig Glaubhaften!

— Ihr seid *Seine* Nachkommen, ihr alle!
IHR SEID: JESUS.
Ihr seid an *Seiner* Statt, ihr tut, ihr lebt, ihr werdet.
Er ist der Ursprung, der Weg, die Wahrheit und das Leben.

Finsternis und Schrecken entschwinden, enden
beim Kommen des LICHTS.
Das LICHT, das wir geben, wird zweimal gedämpft,
denn es ist so stark, dass die Welt in Flammen aufginge.
Wir filtern es mit unseren Flügeln.
Erhebt euch! Filtert es wieder!
Nur so kann das LICHT kommen.

FEUER SENKT SICH ZUR ERDE.

Brennt der Himmel in euch, so verbrennt alles Alte.
Seht: *Er* kann im Alten, das verbrennt, nicht wirken.
Erst wenn alles Alte in euch verbrannt ist,
werdet ihr himmlisches Feuer sehen –
vorher würdet ihr daran verbrennen.

Irdisches Feuer kann nur von der Erde stammen
und kann nur Irdisches verzehren.
Der Himmel aber verbrennt nicht –
denn er ist das Feuer selbst.
Feuer tragen, Feuer ertragen kann nur *SEIN* Würdenträger.
Werdet würdig! Nur so ist es möglich.
Das LICHT, das ihr hinunterbringt, ist wunderbar
und schmerzt nur dort, wo ihr euch ändern müsst.

Im Krug ist kein Wasser mehr – nur loderndes Feuer,
weil *Er,* der über allem Seiende, mit Feuer tauft.

Der Name des Leidens ist: Bresche.
Seid erfüllt – die Zeit ist nahe!
Schreckliches Unheil,
wenn das Feuer ausfliesst durch die Bresche.
Das Feuer kommt nur durch euch – nur durch euch!
Also TUT – TUT!
Nur so erhält die Erde das himmlische Feuer.
(Draussen tobt der Sturm)
Der Sturm tobt, braust, wirbelt, aber ist schon kraftlos,
denn es kommt die Wärme, das Keimen, das LICHT.
Glaubt es, *Er* kommt wahrlich,
Er kommt und *Er* ist das LICHT.

(Wir fühlen, dass nicht nur unsere Meister zu uns sprachen, sondern eine viel mächtigere Kraft.)

Freitag, 24. März 1944

40. BOTSCHAFT FÜR LILI

(Nach der Besetzung Ungarns sind sofort alle Verkehrsmöglichkeiten gelähmt. Lili kann Budapest nicht verlassen.)

— Der Engel der «Helfenden» ist da.
Die eben gehörte Botschaft war Chorgesang,
an euch vier gerichtet.
Jetzt spreche ich zu ihr, die ferne ist
und dennoch hier sein kann.
Das Dunkle kann es nicht verhindern.
Das Dunkle ist nur Schatten der Materie,
die nicht vom Licht durchdrungen ist.
Auch Licht ist nur Materie,
wenn Materie ihm Grenzen setzt.

Das neue LICHT aber durchdringt alles.
Es gibt keine Grenzen, kein Nahes und kein Fernes mehr,
und mein Diener kann hier sein.
Er ist die Mitte von allem.
Kommt das Licht von *Ihm,*
so wächst die Hand der «Helfenden»,
umfasst alles und wirkt frei.
Überall kann die «Helfende» sein, überall kann sie wirken.

Die Kraft des «Höchsten Helfers» ist mit dir.
Auch ich diene dir.
Ich, du, *Er* – sind drei. Dort, jenseits der Grenzen – EINS.
Das ist Gnade.

(Ich notiere die Botschaft, um sie Lili sobald wie möglich zu übergeben.)

TEIL II

DIE GESPRÄCHE IN BUDAPEST

«Reich mir die Hand!
Wir sind das Band,
die Brücke, der Bogen,
zwischen unten und oben.»

Nach der Besetzung Ungarns durch die deutschen Truppen beginnt die Judenverfolgung sofort.
Zuerst wird die Provinz davon betroffen, aus der die jüdische Bevölkerung in die Vernichtungslager abtransportiert wird. In der Hauptstadt hat die Verfolgung noch nicht begonnen.
Alle Strassen, die nach Budapest führen, sind unter strenger Kontrolle. Trotzdem entscheiden sich Hanna und Joseph, aus der gefährdeten Provinzzone nach Budapest zu fliehen, um dort in der Wohnung von Hannas Eltern die Ereignisse abzuwarten.
Wir machen uns also eines Abends aus Budaliget auf und gelangen durch die Wälder, die Budapest im Westen umgeben, auf kleinen unbewachten Pfaden in die Stadt.

Freitag, 31. März 1944

41. GESPRÄCH – MIT DEM MESSENDEN

(Heute warten wir auf das erste Gespräch in der Wohnung von Hannas Eltern, die zum Glück im Ausland weilen. Die Fenster im ersten Stock gehen auf eine graue, lärmende Strasse in der Nähe des Ostbahnhofes. Nach unserem kleinen Dorfe Budaliget scheint alles sehr düster.)

Der «Messende» spricht.
Höret gut!
Der Mangel ebbt ab,
der Keim spriesset;
die Waagschale füllt sich.

Hier oben schauen es brennende Augen:
Ihr lebtet richtig.

Der «Messende» schaut.
Die Gefahr schwindet.
Eure Hand ist bereit,
und so muss mein Schwert
nicht schneiden. Es beschützt.

Das Dasein lastet.
DOCH DEM, DER SICH NICHT VERGEHT,
WIRD DIE LAST ZUM FLÜGEL.
Es öffnet sich das Neue.
Die TAT ist der Same,
dem das Neue entspriesst.
Die Gefahr vergeht – der Same aber bleibt.
Ein lauer Wind hebt an,
und zur rechten Zeit spriesst die TAT,
die *ER* in euch säte.
Behütet den Samen, er ist so klein!
Ein winziger Riss – und er geht verloren.

Der «Messende» spricht.
Ihr lebt richtig, ihr lebt jetzt richtig.
Mein Schwert beschützt.
Sieben Kräfte brennen in seiner Spitze:
SEINE Gnade.
Beugt euer Haupt!
Die Spitze berühre euch!
ER sei mit euch!

Die Prüfung dauert an.
Wer ausdauert, wird selig.

Ist *SEIN* Friede mit euch,
so kann der Fluch nicht schwanger werden
und ihr lebt glückselig.
Lebt ihr, lebt ihr in *IHM,*
so fürchtet ihr nichts
und wünscht kein anderes Schicksal.

Die sieben Kräfte münden in einen Punkt.
Dies ist das Geheimnis und der Weg.
Fehlt eine einzige Kraft,
so schlägt die Waage aus.
Ich bitte euch: seid wachsam!
Ein einziger Mangel entscheidet.
Seid wachsam! Hoffet!
Den *EINZIG-EINEN* betet an!

Wir alle dienen *IHM* in der Runde,
ein jeder entsprechend seinem Amt.
Ich bin der «Messende»,
doch bin ich auch «Gärtner».
Ich behüte euch, kleine Blüten am Baum.
Ich behüte euch, denn nicht bloss schneiden
ist mein Dienst.
Ich schneide nur, was schlecht ist.
Ihr legtet einen langen Weg
in kurzer Zeit zurück.
Verlassen habt ihr das Alte,
aber wehe – schaut ihr zurück!
Das Haus ist eingestürzt,
dort könnt ihr nicht mehr wohnen.
Zur rechten Zeit musstet ihr es verlassen.
Doch vor euch ist ja der Weg schon frei!

Der «Messende» sprach.

Was war, ist tot.
Was sein wird,
geht nicht mehr verloren.
Der «Gärtner» freut sich,
wenn der Himmel sich lichtet
und aufgeht die Saat!

7. April 1944

42. GESPRÄCH – Karfreitag

(Unsere berufliche Tätigkeit ist zu einem völligen Stillstand gekommen. Die alltägliche Arbeit fehlt uns sehr. Wir sind viel empfänglicher für alle Schreckensnachrichten geworden, die sich wie Lauffeuer verbreiten.)

Seid gegrüsst, ihr vier!
Der Chor der Engel spricht
und verkündet diese Botschaft:

DAS KREUZ IST NICHT ZEICHEN DES TODES.
Sterbet mit *Ihm* und ihr lebt ewig!
Das Kreuz lässt euch nicht los.
Dies Zeichen zu erfüllen, ist euer Dienst.

STERBET MIT *IHM* –
DAS IST DIE ERSTE HÄLFTE DER AUFGABE!

Drei Tage: die Zeit.
Vergangenheit, Gegenwart, Zukunft.
Im Grabe, im Linnen, im Balsam ruht der Leib.

Kommt der Morgen.
Der Morgen kommt – und es lebt der LEIB,
doch es stirbt die Zeit.
Abgelaufen ist die Zeit des Todes.
Rund ums Grab die Menschen.
Und innen nichts – nichts als das Leichentuch.
Abgefallen ist die Hülle, der Tod ist tot,
und EWIGES SEIN entbrennt.

LEBET DURCH *IHN* –
DAS IST DIE ZWEITE HÄLFTE DER AUFGABE!

Zu *Seinen* Füssen
ist der Engel des Todes.
Treu dient er dem Gesetz.
Doch *Sein* ist die Gnade –
und Gnade schwebt überm Gesetz.
Habt heiligen Glauben –
und die Gnade ist euer!
Aber sie ist nur Pfand.
Durch euch wirkt sie nach unten.

Glaubt ihr nicht,
so reisst ihr alles in den Tod,
denn das Gesetz wirkt.
Der schwangere Wirbel gebiert Höllen,
deren Name lautet:
«das Alte, das nicht mehr dient».

Der LEIB ist nicht Leiche.
Der LEIB ist nicht Materie.
Der LEIB ist Same, der aufgeht,
der aufersteht durch *IHN*.

Der LEIB ist PLAN und nicht Organ.
Der LEIB ist *ER SELBST.*

Was macht den Samen zum Samen?
Die Hülle?
Sie kann nie keimen.
Samen seid ihr durch *IHN*
UND *ER* IST ES, DER DURCH EUCH WACHSEN WIRD.
Heiliges Geheimnis!

Wir sind Engel.
Unser Wort ist Wahrheit,
denn wir sind durch *IHN.*
Unser Trank ist LICHT,
unser Lied ist Lob.
SEIN ist all unser Dienst.
Wir dienen gemeinsam,
und wir sind eins.

Vier Säulen reichen zum Himmel
und verbinden Himmel und Erde.
Wir sind das Gewölbe,
die Erde ist unser Boden.
Bereit ist das Haus.
Es naht die Hochzeit von Himmel und Erde.
Nach der Hochzeit das Neugeborene: *Er.*
Er nimmt Wohnung in euch.
Glaubt es, *Er* ruht schon hier.
Bewahrt *Ihn* treu im Herzen!
Und wir in der Runde,
wir singen Lob – nicht mehr getrennt,
sondern vereint mit euch,
denn unser Weg ward eins.

42. GESPRÄCH

MIT EUCH VERDERBEN WIR –
ODER MIT EUCH LÄUTERN WIR UNS.

Die Hülle ist das Gewicht.
Haucht *ER* euch an,
so geht der Same auf.
Die Zeit ist nahe,
die Zeit ist fern –
sie bleibt von selbst zurück.
Zeitlos wächst das Göttliche in euch!
Ein einziger Weg:
Gebärt das KIND,
den neuen Menschen!
Nicht mehr im dunklen Stall –
Seid immer auf dem Gipfel, immer!
Dort sind wir.

Seht, *Er* ist auch unser Sohn!
Sein kleiner Körper
ist noch der eines Kindes,
doch es erzittern Erde und Himmel
vor *Ihm*.
Die Milch, die *Er* saugt,
ist die Kraft des Geistes.
Treue Diener behüten *Ihn*.
Seid treu!
Die Herzen erfüllen sich mit *Ihm*;
und was erfüllt ist,
schmerzt nicht mehr.

Über euch schwebt der Chor der Engel.
Friede komme über euch!

Gebt den Frieden weiter –
er ist nicht euer!
Nur eins ist unser: ER.
Und wir sind *SEIN*.
Das ist unsere Lehre:
WIR DURCH *IHN* – UND *ER* DURCH UNS.

(Seit etwa drei Wochen sprechen die Engel in rhythmisch-poetischer Form, die viel unpersönlicher ist, als die Dialoge in Budaliget. Dies irritiert mich, denn ich habe nie etwas für Poesie übrig gehabt und kann den Zweck dieser neuen Form nicht begreifen. Ich bin enttäuscht, jetzt keine Fragen mehr stellen zu können.*
Obwohl ich weiss, dass Hanna ja nur ein menschliches Instrument ist und die Botschaft der Engel mehr oder weniger gut in Worte kleiden kann, schiebe ich ihr die Schuld für meine Unverständigkeit zu. Heute aber treffen mich die schrecklichen Worte: „mit euch verderben wir . . ." wie ein Peitschenschlag, der mich aus meiner Verwirrung reisst. Erst später erkenne ich, dass meine unzufriedene Abwehr mich daran hinderte, zu entdecken, dass der Rhythmus der Worte mich direkt berührt und nährt, ohne den Umweg über den Intellekt zu nehmen.
Der Schluss des heutigen Gespräches erfüllt mich mit Staunen: „Wir durch IHN – und ER durch uns" . . .! Die Würde, die mir dieses menschlich-göttliche Gleichgewicht gibt, ist mir in seiner vollen Bedeutung noch unfassbar.)

* Es ist unmöglich, die Intensität und den Rhythmus der ungarischen Verse in der Übersetzung wiederzugeben.

9. April 1944

43. GESPRÄCH Ostersonntag

Der Leichnam bleibt für immer tot.
Das Lebende bleibt für immer lebend.
Verbunden sind sie zwischen Geburt und Tod.
Was ihr Leben nennt, ist die Aufgabe.
Wirkt sie – ist der Tod ihr Diener.
Wirkt sie nicht – ist der Tod ihr Herr.

Geburt und *Tod* sind ein Paar,
nicht Leben und Tod.
Hier irrt die bangende Seele,
DENN EWIG LEBT DAS LEBEN.

14. April 1944

44. GESPRÄCH

Viele sind wir,
doch unser Wort ist eins.
Die Gnade strömt durch uns,
und wir ermüden nie.
DIE GNADE, DIE WIR GEBEN,
IST DAS LEBEN, DAS WIR LEBEN.
Geben ist des Gewichtes Gegengewicht.

Dürstet nach dem Neuen!
Feuer ist euch gegeben: ewiger Durst.
Gebet ihn weiter!

Die sieben Seelen sind euer Heim.
Auf der ersten ruht euer Fuss.
Sechs umhüllen euch bis zum Scheitel,
und die Sieben ist oben.
Jede der sieben Seelen wirkt:
Wahrheit – *ist.*
Liebe – *wächst.*
Rhythmus – *bewegt.* Harmonie.
Erkennen – *erschafft.*
Friede – *ruht.*
Glückseligkeit – *durchstrahlt alles.*
Urgrund – höchstes Geheimnis,
unsagbarer Rausch und Lust. *Ganzsein.*

Ewig Seiender, ewig Gebender,
immer Wirkender, nie Ermüdender!
Wirkend bist du nur durch *Ihn.*
Jedes Licht entspringt aus *Ihm.*
Jedes Raumes Grund ist *Er.*
Jeder Mensch, der glaubt, ist *Er.*
Jedes Lied steigt auf zu *Ihm,*
und nicht stirbt, wer dienet *Ihm,*
nie ermüdet, wer strebt zu *Ihm.*
Jeder Duft strömt zu *Ihm.*
Jeder Berg weist auf *Ihn.*
Wer sucht, findet den Weg –
ist der Weg doch *Er selbst.*
Jeder andere Weg ist Irrweg.
Jedes Wort erstirbt vor *Ihm.*
Er ist das Haus und *Er* der Bewohner.
Die sieben Kräfte sind euer.
Nehmet sie, esset sie!
Wirkt durch sie!

44. GESPRÄCH

Tat und Speise seien im Gleichgewicht!
Auf dem Gipfel ist Gleichgewicht nötig –
Gleichgewicht, Friede und Stille.

Viele sind wir.
Durch uns und durch euch
erweitert sich das Sein,
strömen die Sieben.
Totes verdorrt, Gewesenes verwest,
das Neue aber keimt.
Die Sieben bereiten die Neue Speise zu,
die alle Sünden tilgt.
Der Himmel öffnet sich jedem:
Himmlisches Brot steigt nieder,
geboren aus LICHT – nicht aus Scholle.

Hunger, Finsternis, Laster und Grab –
sie sind nur Leere.
Die Botschaft aber, die kommt,
füllt sie schon.
Still wird die Erde und wartet.

Der Tod wird für immer satt.
Er wartet ja nur darauf.
Der traurige Engel, der immer hungert,
der alles verschlingt,
und dennoch immer hungert –
bald wird er befriedigt.

WER LEBEN ISST, HUNGERT EWIG.
WER LEBEN GIBT, WIRKT EWIG MIT *IHM,*
und Leeres wird voll.
Ihr wurdet empfangen, ihr werdet Kinder.

Liebespfand des VATERS und der MUTTER,
im Schosse der Vier.
Noch ist sein Name geheim.
Wird Himmel und Erde eins in euch,
ist alles erfüllt.
Erhebet das Haupt!
Der Siebente sei mit euch!
Er berühre euch!

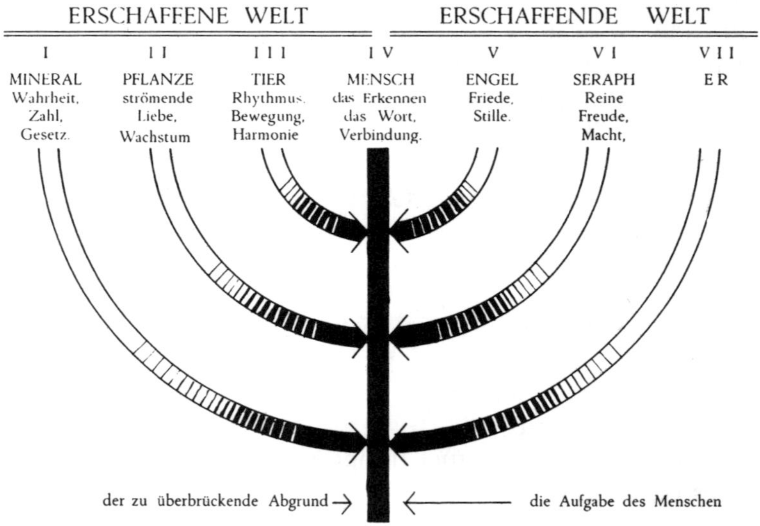

(Gleich nach dem Gespräch ergänzen wir das Schema, das uns bisher immer geholfen hatte, das Gehörte besser zu überblicken. Das heutige Gespräch erweckt so viele Fragen, dass wir bis spätnachts wach bleiben. Ich dränge Hanna, alles zu erzählen – selbst wenn es nicht ganz deutlich war –

was sie während des Gespräches wahrnehmen konnte. Soweit ich mich erinnere, sagte sie ungefähr folgendes:
«Ich nahm die spezifische Beschaffenheit einer jeden der sieben Lebensseelen wahr. Das Mineral, der Stein, der Kristall, ist von der Seele der Zahl, des Gesetzes und der Wahrheit durchdrungen – dies ist die EINS.
Die Seele der Pflanze ist die wachsende Liebe – die ZWEI. Die DREI, das Tier, ist durch Bewegung, Harmonie und Rhythmus beseelt.
Diese drei Seelen der Schöpfung sind in uns Menschen enthalten, aber wir sollten schon die VIER, das Wort, leben und so das bewusste Band zwischen Schöpfer und Schöpfung werden. Diese Verbindung, dieses Einswerden nennen die Engel Erlösung.»
Ich wende ein: «Eines ist mir unverständlich. Es wurde uns gesagt, dass Joseph die FÜNF – Stille und Friede – sei. Ich bin die SECHS – strahlende Kraft – und Lili ist die ZWEI – strömende Liebe. Und wir alle sollen die VIER verwirklichen? Wie ist das denn möglich?»
Hanna antwortete, dass es gerade die von mir aufgezählten Eigenschaften sind, die es jedem von uns ermöglichen, zur VIER, in der alle sieben Seelen vereint sind, zu gelangen. Nur indem Lili die Liebe – ihre individuelle Aufgabe – erfüllt, kann sie im täglichen Leben das Band zwischen Himmel und Erde, zwischen Schöpfer und Schöpfung – die VIER – werden.
Das individuelle Schicksal anzunehmen und zu leben, ist die einzige Türe, die zur VIER führt, und sie ist auch die einzige, zu der man selbst den Schlüssel habe.
Und Hanna fügt hinzu: «Hast du dich schon einmal gefragt, warum dein Meister dir schon zu Beginn der Gespräche immer wieder sagte: „Geh deinen eigenen Weg! Sei selbständig! Du bist nach meinem Bilde geschaffen! Deine Augen

sollen strahlen!» Das alles wurde dir gesagt, damit du dir endlich deiner eigenen Individualität bewusst werdest, damit du die SECHS – die strahlende Kraft – im Alltag verwirklichst. Nur so kannst du zum Neuen Menschen – zur VIER – werden, nur so kannst du bewusst am Einswerden der erschaffenen und erschaffenden Welt mitwirken.
Jedes Schema ist jedoch nur ein begrenztes Bild des Seins. Nie kann es die Liebe, die dynamische Anziehung zwischen Geist und Materie spürbar machen. Nie kann es das Geschehen des Einswerdens der sieben Seelen im Menschen darstellen.»)

19. April 1944, Vormittag

45. GESPRÄCH – MIT DEM MESSENDEN

(Es verbreitet sich die Nachricht, dass jene jüdischen Männer, die dem Militärdienst nicht mehr unterworfen sind, deportiert würden. Joseph ahnt sein Schicksal und wird immer stiller. Hanna leidet ständig. Sie zeigt es nicht, aber ich weiss, wie hart sie um ihr Gleichgewicht kämpft.
Lili kennt keine ruhige Minute mehr. Von früh bis spät ist sie bei ihren Schülern, die ihre Ängste auf sie ausgiessen. Meinerseits renne ich von einer amtlichen Stelle zur andern, um herauszufinden, wie ich meine Freunde retten könnte. Überall aber finde ich nur wachsende Desorganisation, erschreckende Verantwortungslosigkeit und eine grosse Apathie. Niemand weiss, was der nächste Tag bringen wird.
Die Panikstimmung in der Stadt ist schwer zu ertragen.)

45. GESPRÄCH

Der «Messende» spricht:
Selbst der Stein wächst,
der Baum blüht,
das Tier liebt,
aber der Mensch verdirbt alles,
begräbt, verrät das Gesetz!

Bringet Frucht –
denn mir schaudert,
Lebendes zu schneiden!

Das WORT lebt in euch.
Bringt der Feigenbaum
aber keine Frucht,
so wird er gefällt.
Die Knospe birst auf:
Wird sie Frucht oder nur Laub?
In meiner Hand das flammende Schwert,
das Feuerschwert,
doch in Aufruhr ist meine Seele.

Der «Gärtner» bittet:

NOCH EINEN TAG, HERR!
RINGS UM DEN STAMM
WILL ICH GRABEN,
ICH WILL IHN AUCH DÜNGEN –
VIELLEICHT BRINGT DER BAUM
DOCH NOCH FRUCHT!
WENN NICHT – SO FÄLLE IHN.
ERHÖRE MICH!
ICH BIN DOCH GÄRTNER
UND DER BAUM IST MIR LIEB.

In meiner Hand das Feuerschwert . . .
und ich weiss, dass ich niederschlage,
so *ER* das Zeichen gibt, denn ich bin *SEIN* Diener.
Auch des Engels Dienst ist schwer.
Dennoch ist er immer bereit, zu dienen.
Ich empöre mich nicht, ich nehme nicht Anstoss.

Dienet Tag und Nacht!
Stehenbleiben ist verboten!
Viele Talente sind euch anvertraut,
und ihr müsst Rechenschaft ablegen.
Seht – es ist doch so gut, *IHM* zu dienen!

Blühet! Ich bitte euch!

(Noch nie waren wir vom Gehörten so erschüttert wie heute. Hanna sagt: «Wenn wir jetzt aufgeben, so sind wir verloren, weder Himmel noch Erde werden uns aufnehmen . . . wir würden ausgespien!» Wie liess ich mich doch in den letzten Tagen von den äusseren Umständen beherrschen!)

Freitag, 21. April 1944

46. GESPRÄCH

(Die Beschlagnahmung der jüdischen Wohnungen beginnt. Die Obdachlosen werden in einem zum Ghetto gewordenen Stadtteil zusammengepfercht. Wir wissen nicht, wann dieses Schicksal Hanna, Joseph und Lili erreichen wird. Doch wir stehen den Ereignissen gelassener gegenüber als letzte Woche und bewahren unsere Ruhe.)

ER spricht und die Vier singen!
Erschafft immer! Tut immer!
Ohne die Hand zu heben,
ohne tun zu wollen, tust du dennoch.
Du wirst MENSCH.
Du erhältst himmlische Kraft: *IHN.*

Es hilft die Fünf.
Der Glaube glüht
und die Nebel lichten sich.
Die Sehenden *sehen.*
Die Hörenden *hören.*
Die Sterbenden *leben.*
Die Lebenden *bezeugen.*

Das Lied endet nie.
Doch es endet die Mauer:
Babylon ist eingestürzt!

Das Lied schwingt sich empor.
Seligkeit, endloser Friede!
Das Ende ist Anfang.
Im Anfang ist das Wort
und das Wort wohnt in euch.
Sucht es, sucht es immer!
Wer sucht, der findet.
Der Tod aber sucht euch umsonst –
er findet euch nicht mehr.

Das Lied steigt auf.
Der Same ist gesät
und in guter Erde
ruht er nicht lange.

Alles stirbt –
der Same aber bleibt.
Achtet nur auf ihn!
Seid erfüllt mit ihm!
Erwachet mit ihm,
und ruhet mit ihm!
Die grösste Kraft
wirkt im spriessenden Keim;
Felsen sprengt er, denn seht:
Der Glorreiche wohnt in ihm.
Wir dienen euch,
denn *ER* wohnt auch in euch!

Neue Welt, frei, weit, wahr!
Die Wohnung, die ihr dort nehmen könnt,
kann euch niemand mehr nehmen.*
Ihr aber könnt sie geben.

Es dürstet die Welt –
die Quelle in euch.
Es schreit die Welt –
die Stille in euch.
Es weint die Welt –
das einzig Heilende in euch.

Brücke über dem Abgrund.
Statt Gesetz – Gnade.
Statt Wehgeschrei – Lächeln.
Statt Wahnsinn – Friede.
Nicht Ende des Krieges – das Neue!
Bringt es endlich herab, das Neue!
Schwört dem Himmel, dass ihr es vollbringt!

* Anspielung auf die Beschlagnahmung jüdischer Wohnungen.

Was aussen ist, versinkt.
Was innen ist, wird erfüllt.
Und zwischen Neuem Himmel
und Neuer Erde wird sein:
DER MENSCH.
Freut euch mit uns!
Wer ist gegen uns?
Gemeinsam finden wir
die Gewissheit des Neuen Seins!
Das Lächeln verlasse nie euren Mund!
Wer es nicht findet, bleibt gefangen.
Ewig frei aber ist, wer durch *IHN* wirkt.

ER sprach, die Vier sangen.
ER wird sprechen jeden Tag.
Horchet gut!

Samstag, 22. April 1944

47. GESPRÄCH

(Der «Messende» spricht:)
Ich bringe den Geschmack des Neuen Wortes.
Was *ER* gegeben, gebe ich weiter.
Nur *SEIN* gegebenes Wort ist wahr,
ist weiterzugeben!
Wer mehr spricht, vergeudet.

Das Wort ist TAT.
Wahres Wort erhebt,
falsches Wort begräbt.

Es begräbt nicht das äussere Sein,
aber die Seelen des Seins.
So ist die Vier verwirkt.

Es bleibt das Tier, das Pferd.
Zuviel an Bewegung –
verwirkt die Drei.

Es bleibt das Gras.
Doch wenn der Körper schwillt,
so ist das Sein gemindert
und verwirkt die Zwei.

Es bleibt der Stein.
Zuviel an Trägheit
verwirkt die Eins.*

(Der «Strahlende» spricht:)
Ist das Wort wahr,
so spricht *ER* durch dich,
und keine Mauer gibt es mehr.
Die Nebel lichten sich.
Die Fünf öffnet sich,
die Sechs formt sich,
und die sieben Kräfte
sind deine Krone.
Sie grünen alle
am himmlischen Baum.
Dort reift das EWIGE SEIN.
Wer es kostet,
wünscht nur mehr eines:
IHM zu dienen.

* siehe das Schema des 44. Gesprächs.

47. GESPRÄCH

Nicht das «Viel» –
das «Mehr» ist wesentlich.
So bringen die sieben Kräfte Frucht.

ER, der Herr der Früchte, erntet alles,
wenn der Tag kommt.
Blühet, bringet Frucht!
Entsetzlich ist die leere Hand!

(Der «Helfende» spricht:)
Unheil, Finsternis, Krieg,
sind Mangel an Frucht.
ER ist der Hungernden Hunger,
ER ist die Bitte um Brot,
ER ist der Leidenden Träne,
ER ist des Mangels Schrei.

Alten Weizen gibt es genug.
Suchet den Namen des Neuen,
– den Namen –
DENN DAS WORT ERSCHAFFT.
Nur dem diene der Mund!
Nur Neues möge das Auge schauen!
Nur für *IHN* möge die Hand wirken!
Damit sie endlich *gebe* – und nicht nehme!
Möge endlich Frieden werden!
Schwört dem Himmel, dass ihr es vollbringt!

> *(Schon zum zweitenmal wird uns eindringlich gesagt: «Schwört dem Himmel, dass ihr es vollbringt!» Diese Aufforderung bedrückt mich, denn ich weiss nicht, wie ich ihr nachkommen kann.)*

Freitag, 28. April 1944

48. GESPRÄCH

Der Schwur ist Entschluss.
Beginnt der Same zu keimen,
so löst er sich vom Samenhaften.
ER LÖST SICH VON SICH SELBST.
Nur so bringt er neuen Samen;
der eine zwanzigfach,
der andere vierzigfach.
Nur so ist es möglich.
Der Schwur, er bindet nicht –
er *löst.**

Der Same war und wird zu Brot.
Doch seid achtsam!
Nicht in die Erde säet den Samen,
denn Weizen gibt es genug.
Schon lange voll sind die Speicher,
doch leer ist der Himmel.
Dort säte noch niemand den Samen.
Wer in die Erde sät – selbst wenn er taumelt –
dessen Same fällt auf rechten Platz
und wird keimen.
Wer in den Himmel sät,
darf nicht mehr taumeln,
denn keimlos fiele der Same zurück.

Schon lange aufgepflügt
ist der Acker des Himmels – die Sieben.
Dorthin sät den Samen,
und das Wunder wird keimen,

so dass es nie mehr an Brot mangeln wird.
Gefüllt wird jede offene Hand, jeder Mangel.
Höret gut: nicht zum Essen
ist das Saatkorn da!
Wird aus dem Saatkorn Brot gebacken,
so freut sich der Teufel.

Bis jetzt wuchs der Weizen zum Himmel;
nun senkt sich himmlischer Weizen zur Erde.
Aber wo ist der Himmel?
Dort oben? Hier unten?
WAHRLICH – ER IST IN EUCH!

* Ich fühle, dass der Schwur keine haftende Bindung ist, sondern uns loslöst vom Alten und zum Neuen frei macht.

Freitag, 28. April 1944, abends

49. GESPRÄCH Fragment

(Heute abend sprechen die Engel unerwartet zu uns. Ich kann nur einen kleinen Teil mitschreiben.)

. . .
Adam verkroch sich vor *IHM.*
Er hatte den Weg verloren.

Am Kreuz, gen Himmel gerichtet,
am Kreuz gekreuzigt – der Menschensohn.
Und *Er* sprach: «Mein Vater, mein Vater,
warum hast du mich verlassen?»

ER aber antwortete nicht.
Wer sucht, findet nicht.
Wer klopft, dem wird nicht aufgetan.

Ihr könnt nur suchen, was verloren ist.
Wer sucht, findet nicht,
denn alle Wege enden im Tod.
Jeder Anfang mündet ins Ende.

Nur *ER* ist,
und *Er* ist der *Weg.*

Wer eilt auf dem Weg,
gelangt nirgends hin.
Wer steht auf dem Weg,
findet nichts.
(Lange Stille)

Freut euch!
Braut und Bräutigam
sind nur Zwei –
sind nur Gefäss,
in dem die Seligkeit wohnt.
Braut und Bräutigam,
Schöpfer und Geschöpf,
Licht und Schatten –
sind nur Gefäss.
ER ABER IST DER RAUSCH.

(Diese Worte erstaunen und bestürzen mich. Erst später verstehe ich, dass wir noch nicht eins sind mit IHM, solange wir suchen. Hanna war in solcher Einheit mit den Engeln, dass sie dies ganz selbstverständlich übermitteln konnte. Die

Engel scheinen mir immer mit so viel Intensität zu ihr zu sprechen, wie sie ertragen kann. Wie oft wurde uns doch auch gesagt: «suchet! bittet!», wenn wir diese Einheit nicht fühlen konnten.)

Freitag, 5. Mai 1944

50. GESPRÄCH

(Die Judenverfolgung wird immer unerbittlicher. Der Bezirk um die Synagoge ist schon zum Ghetto umgestaltet worden. Falsche Papiere sind hoch im Kurs. Ich schlage meinen Freunden vor, dieses Rettungsmittel zu benützen, aber sie sind dagegen.)

Alle himmlischen Kräfte schweben
und warten auf euch –
ihr seid ja ihre Hand
Diese Botschaft bringen sie:
Fliehet nicht!
Diesseits und jenseits des Todes
ist alles nur Traum.
Nur *über* dem Tod
findest du Leben,
und das ist: der DIENST.
Ihr seid *IHM* lieb,
ER findet Gefallen an euch,
denn euer Herz ist voll.
Eilet nicht! Säumet nicht!
Doch seid mit *IHM*!

Der «Messende» ist jetzt «Gärtner»
und es ist ihm erlaubt,
euch zu beschützen,
so eure Seele sich über alles erhebt.
Liebet! Suchet!
Die Seele des «Gärtners» zittert,
doch er vertraut euch.
Die Saat, die *ER* säte, spriesst.

Wir alle sind hier mit euch.
Wir bleiben auch mit euch.
Unter uns beginnt der Raum
und weitet sich nach unten aus.
Wir kennen weder Raum noch Zeit.
Erhebet euch!
So können wir immer vereint sein, immer!

Die Neue Welt ruft euch,
sie will geboren werden.
Die Einheit wohnt in euch
und die Einheit ist *ER*.
Kann der Kopf sich fürchten,
wenn *ER* im Herzen wohnt?
Der Fuss stürmt drauflos –
der Kopf wird irr –
die Hand rafft – Warum?
Lasst eure Füsse treu auf Erden stehen!
Beugt euer Haupt und faltet die Hände!
Seht, im Herzen wohnt das Leben,
im Herzen ist der Weg.
Die Wahrheit aber ist,
dass *ER* es ist.
ER IST.

50. GESPRÄCH

Wir alle, wir sind nur Bilder.
Engel, Mensch, Tier, Blume und Stein –
sind alles nur Bilder.
ER IST ALLES.

Fliehet nicht! Selbst nicht zu uns!
Wer flieht, der bleibt im Dunkeln.
Nehmt ihr den Traum als Wirklichkeit,
so wird er immer dichter.
Weil ihr Erwecker seid und nicht Träumer –
darum musstet ihr träumen.*
Erwachet!
Und flieht die Aufgabe nie!
Wenn einzig der Dienst euch belebt,
wird alles Geplante erfüllt.

Unser Wort ist wahr
und ist nicht schwacher Trost.
Die verdunkelte Seele,
die *IHN* nicht sieht,
bedarf des Trostes.
Ihr aber – deren Herz voll ist,
deren Wort und Tat das Leben atmen –
reicht euch die Hand!

Wenn einer schwach ist unter euch,
so helfet ihm!
Er schritt auf dem Meere
und ein Garten sah *Ihn* dennoch weinen . . .

* Ich verstehe, dass wir den «Traum», das irdische Dasein, in seiner ganzen Tiefe und Höhe leben müssen, um Erwecker sein zu können.

(Wir sitzen um einen viereckigen Tisch und unsere Hände formen ungewollt ein Kreuz.)

Seht das Zeichen des Kreuzes!
Voll mit Kraft!
Das Kreuz ist nicht mehr aufgerichtet,
es liegt.
Die Aufgabe ist nicht der Tod –
die Aufgabe ist das *Leben.*
(Stille)

Jetzt singen wir *IHM* ein Lied.

ALLER HERR!
EINS BIST *DU* MIT UNS.
DIESES LIED IST UNSER LEBEN:
EINS BIST *DU* MIT UNS.
WIR SUCHEN NICHTS MEHR.

MIT UNSERM AUGE SIEH,
MIT UNSERN HÄNDEN TU,
IN UNSERM HERZEN SEI!
VIER DIENER BETEN *DICH* AN.

DEIN AUGE SIEHT UNS.
VERGISS UNSERE VERGEHEN!
ERHÖRE UNSER LIED!
WIR BETEN NICHT MEHR,
WIR BITTEN NICHT MEHR.
DEIN SEIN IST UNSER SEIN.

HERR! WERDE DURCH UNS GEBOREN!

Freitag, 12. Mai 1944

51. GESPRÄCH

(Budapest wird bombardiert. Das Haus uns gegenüber ist eines der ersten, das in Trümmern liegt. Tag für Tag strömen Neugierige herbei, um sich an dieser Sensation zu weiden.)

Die Vier, die Stufe des Wirklichen –
sie ist noch leer.
Warum schaut die Menge auf das,
was unten ist?
Warum sind die Trümmer schön
und nicht das Ganze?
Warum verharrt der Fuss
und schreitet nicht?
Auf die vielen «Warum»
nur eine Antwort:
Entscheidet! – und die Scheidewand
stürzt ein.
Das Alte verwest;
die Knospe öffnet sich.

Die Kraft, die in euch wirkt,
ist mit dem GANZEN eins.
Eins sind die sieben Seelen Gottes
und eure Seelen.
Die «Helfende» ist die Zwei.
Die «Sprechende» ist die Vier.
Der «Bauende» ist die Fünf.
Die «Strahlende» ist die Sechs.
Die Eins, die Drei und die Sieben säumen noch,

doch sie werden kommen.
Was kommen muss, wird sein.

JEDE STUFE DES SEINS IST EINE SEELE.
DIE SIEBEN SEELEN VEREINT: *DER MENSCH.*
Die sieben Seelen sind sieben Glieder.
Sie alle wirken.
DER EWIGE ABER IST *EINS.*

(zu Gitta:) Nimmst du die Sechs an?
Sie ist Glückseligkeit, wisse es!
G. Ja.
(zu Joseph:) Friede und Stille – die Fünf.
Sie lassen sich mit dir auf Erden nieder.
Du aber halte die Erde fest!
Ergreife die Hand der Vier
und Glückseligkeit und Friede
finden ihren Platz,
weil sie gehalten sind von der Mitte,
vom Wesen des MENSCHEN: DEM ERKENNEN.
(zu Lili:) Es erblüht die Liebe – die Zwei.

Wunder! Nicht im Rang schreiten die Sieben,
sie schreiten in der Runde.
Der Gipfel, des Kegels Spitze, ist eins.
Die Sieben formen den Kegel
und nirgends bricht der Kreis.
Niemand hat Vorrang.
Auch wir singen im Kreise
und unser Auge schaut *IHN.*
Jeder Kreis hat einen Gipfel.
Der Kegel ist der Weg.
Unser Platz ist im Kreise.

51. GESPRÄCH

Seit zeitlosen Zeiten singen wir,
und *ER* ist die zeitlose Zeit:
Der Alte, Ur-Alte, und der Ewige Säugling.
Wunderbar ist *SEIN* Plan!
Freudevoll ist darum auch unser Lied:
DURCH UNS
ERSCHAFFT DER SCHÖPFER
EWIG SEINEN PLAN,
DOCH OHNE EUCH
WIRD NICHTS.

Singet auch ihr!
Noch geheim ist eures Liedes Name.
Ich kann nur eines sagen:
Die ganze Schöpfung wird nach euch singen!
Das Lied, das eure Seele der Erde entlockt,
ist nicht traurig und nicht froh,
ist nicht viel und ist nicht wenig,
es ist *ganz*.
Ganzer Himmel und ganze Erde vereint: die Sieben.

Höret! Das Wunder schreitet unter euch,
es schreitet im Kreise.
Schreitet mit ihm!
Der Kreis wird enger,
der Kreis bricht nicht.
Das Ewige naht.
Glaube ist nicht mehr nötig,
Glaube ist Brücke; Brücke ist noch Raum.
Der Punkt aber enthält das Ganze.

Der Himmel spricht.
Durch euch und durch uns erhält die Erde Flügel.

SPRECHT IHR DURCH UNS – SO STEHEN WIR.
TUN WIR DURCH EUCH – SO ERHALTET IHR FLÜGEL.
Kein Ende kennt unser Dienst!

(Hanna versucht, uns ihre innere Wahrnehmung mitzuteilen. Sie skizziert eine Zeichnung und fügt wiederum hinzu, dass sie nur eine Seite des Erlebten beleuchten könne. Ich verstehe jetzt, dass ein jeder von uns seinen eigenen Platz innerhalb des siebenfachen Seins besitzt, und zwar ohne jedes Über- oder Untergeordnetsein.)

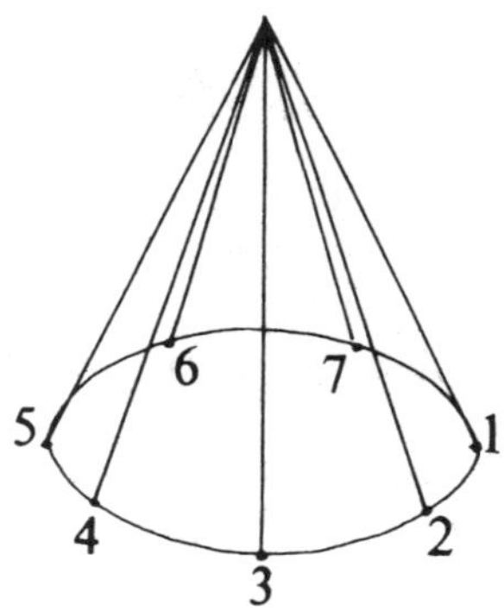

Freitag, 19. Mai 1944

52. GESPRÄCH

Im Kern der Kugel ist der *Punkt.*
Von dort giesst *ER* Strahlen,
öffnet *ER* Blüten.
Aussen erkaltet die Erde –
und die Wärme, die Liebe, irrt heimatlos.

52. GESPRÄCH

Die Kugel ist Materie und *ER* der Kern,
ER, der in allem wohnt,
so wie auch wir in euch wohnen.
Wahrlich, es täuscht das Mass.
Aussen erkaltet alles –
die Wärme der Sonne – sie ist nur Widerschein.

Schaut euer Auge, so erblickt es nur Verfall.
Alles verdirbt. Vollbrachtes ist tot.
Das ewige Werden sei euer einziges Tun,
und das wohnt nicht aussen.
Sieht euer Auge, so gibt es kein Hindernis.
Die Sieben Strahlen warten nur darauf.
Die Welt – der Stein, der Ast, das Pferd,
sie alle warten, dass ihr endlich *eins* werdet,
MENSCH werdet!

Aussen zerfällt alles –
innen entsteht das Neue.
Alles wartet und der Preis ist gross.
Gross aber ist nur die Materie.
Der Kern ist klein.
ER ist in uns das Kleinste.

Euer Auge schaut nach aussen.
Sorge, Übel, Unheil und Lärm
geht euch nichts an –
seid nicht erschüttert!
Das Aussen geht euch nichts an.
Horcht nur nach innen!
Erfüllt euch mit *IHM!*
Leicht ist der Raum erfüllt –
er ist ja so klein!

DAS GEWICHTLOSE IST NICHT WÄGBAR,
DAS RAUMLOSE IST NICHT GREIFBAR.
DEN KLEINSTEN PLATZ NIMMT ES EIN
UND IST DENNOCH UNENDLICHES SEIN.

Der Heilige Geist leitet euch.
Sieben Seelen entspringen ihm,
Sieben Töne, noch geheim.
In Neuer Sprache wird *ER* durch euch sprechen.
Die Neue Sprache gebiert Neue Ohren.
Ihr seid Ton, Ton-Angebende.
Noch hört niemand den Neuen Ton,
doch er schwingt . . .
die Materie, der Ur-Lehm erzittert.
So werden Neue Ohren geboren.
Der Lehm wartet – er ist tot,
doch er wird leben,
denn *ER* haucht ihn an – durch euch!
Alles wird geboren.
Die Erde wartet.

Vor dem Kleinsten beugen alle Wesen das Haupt.
Bis jetzt siegte das Grosse – von nun an das Kleine.
Wähle! Das eine oder das andere!
Ewig ist der Sturz jener,
die nach Grossem streben.
«Zuviel» wird weggenommen,
«gross» wird gefällt –
«klein» wird behalten.
Auf kleinem Kreise steht ihr,
und das ist unsere Freude.
Der unsrige ist noch kleiner,
und *ER* ist in uns das Kleinste.

Der Böse umkreist euch
und sein Kreis ist gross.
Er wartet umsonst auf euch.
Der grosse Kreis verschliesst alles.
Der Punkt in der Mitte aber
öffnet das himmlische Tor.
ER wartet.

(Joseph und Hanna verlassen die Wohnung so wenig wie möglich. Der obligatorische gelbe Stern gibt oft Anlass zu Brutalitäten. Lili kommt nur in meiner Begleitung zu den Gesprächen. Ich bringe sie wieder heim, um sicher zu sein, dass sie ohne Zwischenfall ankommt.)

Freitag, 26. Mai 1944

53. GESPRÄCH 3 Tage vor Pfingsten

Tröstend,
Freudekunde bringend,
kommt das Siebente Wort zu euch.
Erwartet *Ihn* an jenem Tage!

Als *Er* einst zu den Alten sprach,
entflammten Flammen auf *Seiner* Spur.
Seid vereint an jenem Tage –
und entflammen wird die Flamme
auf eurer Stirne.
Die ewige Flamme!

Unser Mund ist zu schwach,
unser Wesen zu schwebend,
nur der Siebente bringt Trost.
Nicht den der Alten,
denn ihr seid Neu.
Euch wird die Neue Flamme gegeben
und beschwingt wird eure bedrückte Seele.
Das Grab, wo lag der Körper des Herrn,
versinkt.

Der Mensch – zerbrechliches Wesen –
doch auf seiner Stirne das LICHT.
Das Gefäss – lange leer –
wird jetzt gefüllt.
Denn nicht Zweifel wohnt in eurem Herzen,
sondern Bereitschaft.
Nur dem Bereiten wird gegeben;
hier hilft die Bitte nicht.

Diese Woche mass ich euren Mangel,
um zu wissen,
wann ihr erfüllt sein werdet.
Jedem wird gegeben, was ihm gebührt.
Was euch gegeben wird,
ist LICHT – winzig klein –
und doch wird das grosse Gefäss gefüllt.
So gefällt es *IHM*.

Die Schwäche ist Kraft –
die Kraft ist Schwäche.
Wie hart ist der Fels!
Und dennoch wird die Flamme
ins schwächste Gefäss gefüllt.

53. GESPRÄCH

Der Menschensohn empfängt die AUFGABE.
Freut euch, Menschen zu sein –
und MENSCH zu werden!
Das ist das SEIN,
das zu erfüllen euch aufgegeben ist.
Der Heilige Geist kommt über euch
und wird euer Trank.
Gebet acht! Er brennt –
doch verbrennt er nur dort,
wo ihr euch stützt.
Stützen ist unnötig;
ER ist es, der euch hebt.

ER haucht auf das Feuer
und wir singen im Chor:

ES SIND NICHT MEHR DIE ALTEN,
DIE DA WALTEN IN DER RUNDE.
NEUE WESEN – EWIG JUNGE –
HALTEN GERICHT ÜBER ALLES.
AUF IHREN HÄUPTERN DIE TIARA –
DIE HIMMLISCHE KRONE,
DER NEUEN SONNE ERSTER STRAHL.
DIE NEUE SONNE GEHT SCHON AUF.
DIE NEUE ERDE RUHET NOCH.
WIR SEHEN SCHON DIE NEUE SONNE.
IHR – UNTEN – SEHT SIE NOCH NICHT.
IN DER TIEFE DES HERZENS DÄMMERT ES LANGSAM.

INNEN SEHEN WIR SIE SCHON.
AUSSEN SEHT IHR NUR IRDISCHE PEIN.
ES GIBT NUR EINE PEIN:
AUSSEN ZU SEIN.

NUR AUSSEN IST DUNKEL – INNEN IST HELLE.
NUR AUSSEN IST LÄRM – INNEN IST STILLE.
NUR AUSSEN IST ZEIT – INNEN STEHT SIE STILL.
NUR AUSSEN IST TOD – INNEN IST LEBEN.
NUR AUSSEN IRRT DIE SEELE – INNEN IST IHR EWIGES HEIM.

NOCH DUNKEL IST DER KELCH.
WENN INNEN DIE SIEBEN WEISSGLÜHEN,
WIRD DURCHSICHTIG SEINE WAND.
SEIN TRIUMPH DURCHBRICHT SIE.
KEINEN TOD, KEINEN LÄRM, KEINE PEIN
GIBT ES MEHR.
AUSSEN BLEIBT DIE ZEIT –
UND SIE STEHT STILL.

ER GIBT DAS ZEICHEN
UND ALLE WESEN BEGINNEN
DURCH EUCH
ZU SINGEN.

Seid in der Freude!

28. Mai 1944

54. GESPRÄCH Pfingstsonntag

(Die Worte «erwartet Ihn an jenem Tage» . . . und «entflammen wird die Flamme auf eurer Stirne!» erfüllen mich mit so froher Erwartung, dass mir das Elend um uns herum belanglos scheint. Wie sehr erwartete ich dieses Pfingstfest!)

Dröhnenden Ton gibt es nicht mehr.
Sprache der Zungen gibt es nicht mehr.
Sichtbare Flammen gibt es nicht mehr!
ICH BIN ER!

(Grosse Stille folgt diesen Worten. Sie scheinen von unendlich weit her zu kommen – wie von Anbeginn der Zeiten – und ein unbekanntes Gefühl steigt in mir auf: Furcht vor dem Göttlichen.)

Unsichtbar ist *ER,*
unhörbar ist *ER.*
Nur Widerhall ist, was ihr hört.
Schon unten ist das Wunder,
unter euren Füssen.
Die Neue Welt kennt keine Wunder.
Unfassbarer Ursprung, unfassbarer Urgrund
ist, was kommt.
Das alte Wunder ist Schemel des Neuen,
und unter ihm verkriechen sich die Kleinen.

Eure Kraft macht erglühen.
Euch wird der GEIST gegeben.
Unsichtbar werdet ihr,
unhörbar wirket ihr.
Niemand ahnt es.
Etwas beginnt, etwas bewegt sich
jenseits des Wunders.
Die nicht sehen – werden sehend.
Die nicht hören – werden hörend.

Euch wird der Neue Ton,
die Neue Flamme gegeben.

Vergebet ihr, so vergibt auch *ER* jedes Vergehen.
Wenn ihr Gutes wollt – WIRD GUTES SEIN.
Das ist die Neue Kraft,
und noch niemand ahnt es.
Alles Gute kommt durch euch.
Unsichtbar werdet ihr wie *ER*.

Unendlich gross ist *ER*,
unendlich klein seid ihr.
Unendlich gross seid ihr,
unendlich klein ist *ER*.
DOCH NUR DAS EINE IST.

Ihr seht die Flamme nicht,
ihr fühlt die Flamme nicht.
Ihr sprecht die Sprachen nicht.
Zu Ende ist das viele Sprechen.

Brennt das Neue schon?
Der Himmel ist unten.
Das Ende ist vollendet.
Wortlose Boten, flammenlose Flammen
sind *SEINE* neuen Verkünder,
die selbst mit gefesselten Händen wirken!

Sprechen ist kindlicher Lärm.
Die Apostel waren Kinder –
ihr seid schon Jugendliche.
Ihr braucht nicht zu tun!
Ihr braucht nicht zu sprechen!
Ihr braucht nicht zu nehmen, noch zu geben.
Und dennoch kann das Neue werden.
Erfüllt euch mit *IHM* –

so wird das Wort Fleisch.
Alles, was ihr empfangt, WIRD SEIN.
Hört nicht auf, von morgens bis abends
das Neue zu rufen!
Die Vier ist noch leer,
doch sie wird erfüllt.
Von früh bis spät ruft immer,
UND WAS IHR RUFT, WIRD SEIN!
Was so sein wird, vergeht nicht mehr.
Von Ewigkeit zu Ewigkeit wirkt jeder Augenblick.
Hunderttausend Jahre sind nicht genug,
um die Kluft zu füllen,
die euer Herz bereit ist, zu füllen.
Aber irret nicht!
Ihr braucht nicht mehr zu tun!
Die TAT ist geboren.
Eure TAT ist *Empfängnis,*
die nur im Geheimen möglich ist.
Das Herz ist das Heim,
in dem die Hochzeit stattfindet.
Geist und Materie sind zwei halbe Samen.
Das Feuer, das ihr heute empfingt,
verschmilzt die zwei – sie werden EINS.

Erfüllt ist die alte Verheissung:
MATERIE UND GEIST, TOD UND LEBEN,
SIND EINS!

Wer empfangen hat, wird gebären.
Rein wird sein euer Mund, so er spricht,
und eure Hand, so sie tut.
Geheime Apostel zu sein, war euer Wunsch.
Er ist erfüllt.

Das ist unser Wort.
Wir sind Engel und wir können sprechen.
Es dröhnt des Siebenten Stimme,
es blendet des Siebenten Flamme.
Lautlos aber ist *ER* –
ER, der immer mit euch ist.
Lautlos ist auch die Lehre.
Lautloses kann nicht verdreht werden,
und der, der sich hinter allen Lügen verbirgt,
kann da sich nicht verbergen.
Unsichtbares kann nicht dargestellt werden.
So wird *ER* nicht verunstaltet.

Es kommt die neue Zeit und das Neue spriesst.
Die neue TAT ist schwerer als die alte,
doch himmlische Kraft wohnt in euch,
wo immer ihr seid.

Friede sei mit euch und durch euch!

Freitag, 2. Juni 1944

55. GESPRÄCH

(Heute ist der Vorabend von Josephs Deportierung. Wohin? Niemand weiss es. Er bereitet sich wortlos vor, ruhig und ohne Klage – trotz der Vorahnung, seine Frau morgen zum letztenmale zu sehen. Hanna leidet sehr, will es aber nicht zeigen. Ich bin erstaunt, dass sie noch die Kraft aufbringt, die Botschaft zu übergeben.)

55. GESPRÄCH

(Der «Messende» spricht)
Segen und Friede!
Das Ende naht, das Ende der Prüfung.
Das äussere Sein rast weiter in die Tiefe,
in die ewige Nacht.
Ihr lebt selig oben im LICHT.
Die Verheissung erfüllt sich.

Der «Gärtner» spricht.
Der «Gärtner» – in seiner Hand das Messer –
das scharfe Messer, das Propfmesser.
Jetzt schmerzt der Schnitt,
aber ich lege ein neues Reis hinein.
Schon ist es möglich.

Zwischen der Stille und dem Wort
wird die Neue Ehe geschlossen.
SEIN Reich ist das Haus,
wo Stille und Wort sich ewig vermählen,
und Neues WORT wird in der Stille empfangen.
Das heilige Reis ist unsagbar winzig,
unsagbar zart,
und doch erfüllt mit der Kraft des HERRN.

Ich verbinde die Wunde mit himmlischem Wachs,
mit wunderbarem Trost.
Ich fülle den Schnitt, wo das Messer lief,
und keine Spalte gibt es mehr.
Der Bast, er drückt noch,
er bedeckt noch die Wunde,
doch auch ihn löse ich bald.
Die Sieben Welten huldigen dir,
mein kleiner Spross!

(Jetzt erst sehe ich, was für ein tiefes, schicksalhaftes Band Hanna – das Wort – mit Joseph – die Stille – verbindet.)

(Der Strahlende spricht)
Von der strahlenden Liebe spreche ich.
Es gab Liebe und es gab Kraft,
aber sie wirkten nicht vereint.
Gebt euch die Hand, Liebe und strahlende Kraft,
nur vereint seid ihr wirksam!
(Meine Freundschaft mit Lili erhält durch diese Worte einen neuen Sinn.)
So wird hier unten strahlende Stille.
ERKENNEN sei das Band!
Keine Bresche, keine Spalte gibt es mehr!

(Der Helfende spricht)
Das tröstende, liebende Wort
schwebt über euch.
Nichts kann ohne Liebe sein,
weder Friede, noch Erkennen,
noch strahlende Glückseligkeit.
Erkennen erleuchtet.
Friede erfüllt.
Der Strahl – Glückseligkeit – macht glühn.
Doch nur die Liebe *vereint.*
Über allen Sieben ist die Liebe.
Sie vermag in allen zu sein.
Die Lilie ist ihr Zeichen,
die schneeweisse Lilie,
deren Duft bis zum Himmel steigt
und alles durchdringt,
deren Stengel aber grün ist
und in der Erde wurzelt.

55. GESPRÄCH

(Der «Bauende» spricht)
Die Stille, die baut,
sie baut nicht nur oben –
sie baut schon unten.
Schon ist es möglich.
Das Alte stürzt ein,
und seine Steine werden nicht mehr verwendet.
Wo Altes stand, wird Salz gestreut.
In den Trümmern heult nur der Schakal.
Nichts Grünes wächst dort,
wo Babylon war.
Doch jenseits des Greifbaren
grünet die Neue Heimat schon.
Der Plan beginnt zu schwingen,
und in das Herz des «Bauenden» zieht die Lust.
Das Neue Gebäude nimmt alle Heimatlosen auf.
Wen Altes bedeckt, wen Stoffliches beengt,
wird abgewiesen.
Wer aber *IHN* zur Wohnstätte nahm,
wird eingelassen.
Ich fürchte nicht für euch.

(Unsere Meister sprechen vereint)
Die Stille ist das Haus
des strahlenden Wortes,
in dem die Liebe brennt.*
So wird aus Stimmen – Lied.
Neues Lied, neue Schwingung,
wunderbarer Rhythmus,
der hier unten Neue Herzen, Neue Ohren,
Neue Hände und *sehende* Augen erschafft.

* «Die Stille ist das Haus» = Joseph (V) «des strahlenden» = Gitta (VI) «Wortes» = Hanna (IV), «in dem die Liebe brennt» = Lili (II).

Wir lehren euch singen:

ES STIRBT DAS ALTE LIED,
ES WIRKT NICHT MEHR.
SEIN WESEN – DIE GNADE –
HAT ES VERLASSEN.
DIE GESETZE HABEN SIE GETÖTET.
DOCH ÜBER DER GNADE IST DER *EINE,*
DER EINZIG SEIENDE.

Singt immer!
Singt ihr, so seid ihr vereint.
Selbst wenn eure Hände sich nicht mehr erreichen,
ist eure Einheit unlösbar.
Euer Lied steigt empor
dorthin, wo Neue Adern, Neues Blut,
Neuer Raum und Neue Materie pocht.
Eure Stimme übernimmt dies Pochen –
langsam versteht ihr, was da pocht.
Achtet nur auf *IHN* – so achtet *ER* auf euch.
(Stille)

Er, der den Neuen Namen trägt, *Er* naht.
Bereitet *Seine* Wege!
Breitet eure Kleider vor *Ihm* aus!
Eure einzige Kleidung: das «Ich»!
Nur Unbekleidete empfangen das Kleid aus LICHT von *Ihm.*
Das Neue ist LICHT, blendendes LICHT.
Gesegnet sei *Sein* Name!
Das Neue LICHT wirft keinen Schatten,
DENN DURCHSICHTIG IST DIE NEUE MATERIE –
VON EWIGKEIT ZU EWIGKEIT.

(Nun verlässt uns Joseph. Hanna ist so entkräftet, dass weder Joseph noch ich ihr erlauben, ihn zum Bahnhof zu geleiten. Also gehe ich mit ihm diesen letzten gemeinsamen Weg. Die Männer werden in Viehwaggons zusammengepfercht, die Türen werden plombiert und der Zug setzt sich langsam mit unbekanntem Ziel in Bewegung.)

Freitag, 9. Juni 1944

56. GESPRÄCH

(Diese Woche lastet sehr schwer auf uns. Hanna wird nach Josephs Weggang vom Schmerz übermannt. Ich verlasse sie nicht. Für mich wird das Problem immer dringender, wie ich Hanna und Lili vor dem Ghetto retten könnte. Schon ist es für Lili zu riskant, zu den Gesprächen zu kommen. Ununterbrochen frage ich mich, was ich tun soll.)

Schwer ist der Kelch,
aber federleicht der Körper - die Hostie.
Selbst der Hostie Gewicht ist nur Hülle.
Der Neue Körper ist: Opfer.
Wo immer der Kelch, der volle Kelch -
dort ist der Altar.
Nur wenig Mehl ist in der Hostie.
Ihr Dienst ist nicht mehr, gegessen zu werden.
Ihr Dienst ist Opfer.

Der Opfernde verherrlicht die Materie.
Weder den Kelch, noch den Altar,
noch die Hostie opfert der Opfernde.
Sein Körper wurde geopfert,
Sein Blut für viele vergossen.
Er bittet euch um ein Neues Opfer:
Opfert nicht mehr Blut –
opfert Raum und Zeit,
denn jenseits von Raum und Zeit
wohnt *ER*.

Seid nicht mit *Ihm – seid Er!*
Nehmt die Hostie nicht in den Mund –
SEID SELBST DIE HOSTIE!

Die Ungerechten – das Unkraut – sollen euch essen,
und sie werden zu Weizen.
Die Gerechten ebenso.
Macht keinen Unterschied!
Der Mund der Gerechten nimmt euch auf,
und die Hostie wird ihnen süss.
Im Mund der Ungerechten aber
wird sie zu schrecklichem Feuer,
das alles Falsche verzehrt.
GEBT EUCH HIN!
So wird die Hostie wirken, wie sie soll.

Wie wird aus Unkraut Weizen?
Indem es verbrennt,
zu Staub wird und zu Erde.
In sie fällt ein Same
und wird zu neuem Weizen.
Das Unkraut spürt das Feuer nicht –

doch wisset: nur durch Feuer kann es Weizen werden.
Wir unterweisen euch:
Nur inmitten des Weizens gibt es Unkraut,
aber es gibt eine Wiese, wo es Blume ist.
Kein Unkraut mehr wird sein –
nur Weizenfeld und Blumenwiese:
Erlöstes Sein.

Unausrottbar bleibt das Unkraut.
Unkraut und Weizen werden zusammen gedroschen,
wie Gerechtes und Ungerechtes,
doch das Saatkorn allein wird erlesen.
Stengel und Spreu werden verworfen,
niemals aber der Same.
Säet den Samen, den ihr seid!
Behaltet auch nicht das Mass einer Hostie!
IHM wird der Same Neue Körper bringen –
auf der vierten, noch nicht vollendeten Stufe des Seins.

SÄET DEN SAMEN!
SÄER SEID IHR
UND SAME SEID IHR.
DER SÄER ABER SÄET SICH SELBST.

Sonntag, 11. Juni 1944

57. GESPRÄCH

Luftlose Luft ist der Himmel,
Raumloser Raum, der alles birgt.
Zeitlose Zeit, Ewigkeit.

Die VIER:
Luftlose Luft.
Es keucht die Lunge,
die Luft reicht nicht.
Dennoch wächst das Neue.

Raumloser Raum.
Beengt ist der Körper,
es pocht das Blut
und hat keinen Raum.
Der «Messende» misst:
Das Neue hat Raum.

Zeitlose Zeit.
Es schaudert der Kopf,
es stockt der Gedanke,
es bricht das Herz.
Alles ist kalt,
Nerven erstarren.

Das EWIGE SEIN gibt das Zeichen,
und Neue Samen werden gesät.
Neue Luft, Neuer Raum,
Neue Zeit wird geboren.
Das Gericht ist nicht Ende –
es ist Beginn.

Seit langem ward es verkündet:
Die Erde wird neu,
der Himmel wird neu.
Das Licht erstrahlt,
das Dunkel vergeht.

Noch blenden die Sieben Flammen,
doch ein Neues Auge wird geboren,
durch das ein jeder soviel sieht,
wie er ertragen kann.
Diese Botschaft wird verkündet:
Wer den Schritt zu tun wagt,
erblickt das Antlitz des Siebenten,
und nie wünscht er anderes zu sehen.

Das Neue Auge ist schon geformt,
doch es ist noch geschlossen –
es ist noch nicht ans Licht gewöhnt.
Langsam öffnet es sich,
sieht aber nicht.
Sehen ist nicht seine Bestimmung,
aber es ermöglicht das *Sehen,*
DENN ES IST DAS LICHT SELBST.

Furchtbares, blitzendes Feuer!
Doch nur Hülle, nur leere Hülle ist,
was dadurch zu Staub zerfällt.
SEHT IHR ETWAS ZU STAUB ZERFALLEN
– GLAUBT ES MIR! – DANN NAHT DAS LICHT.

Die Erde erzittert bei seiner Kunde
und alles zerfällt,
was nicht erfüllt ist vom EWIGEN WORT.

(Alle jüdischen Männer unter 40 Jahren sind in Arbeitslager deportiert worden. Die Frauen und Kinder müssen ins Ghetto ziehen.
In diesen Tagen sucht mich ein politisch einflussreicher

Freund auf und berichtet mir von einem geheimen Plan von Pater Klinda, eines mutigen und gütigen katholischen Priesters. Um etwa hundert Frauen und Kinder vor dem Ghetto zu retten, soll unter dem Schutz der Apostolischen Nunziatur und einiger hoher Offiziere des Kriegsministeriums, welche ihre Namen natürlich streng geheimhalten, eine militärische Näherei in einem kleinen leerstehenden Kloster eingerichtet werden. Die dort arbeitenden Frauen werden unter dem doppelten Schutz der Nunziatur und des Kriegsministeriums, das die ungestörte Produktion der Kriegsbetriebe sichert, stehen.

Um den Plan auszuführen, muss ein freiwilliger Kommandant gefunden werden, der fähig ist, die Arbeit zu organisieren und eine militärische Disziplin nach aussen zu sichern. Mein Freund bittet mich, diese Aufgabe zu übernehmen. Während ich ihm antworte, dass ich nicht die geringste Ahnung von industrieller Näherei habe und noch weniger von militärischer Disziplin, kommt mir plötzlich in den Sinn, dass diese Kriegsnäherei Lili und Hanna vor dem Ghetto retten könnte. So erkläre ich mich bereit, diese Rolle zu übernehmen, unter der Bedingung, dass Hanna und Lili der schon vollständigen Liste der Arbeiterinnen hinzugefügt würden.

Ich inspiziere also das Kloster „Katalin" im Villenviertel von Buda. Es liegt in einem grossen Garten nahe der Janoshegy-Wälder, das Haus aber – eine ehemalige Villa – ist sehr klein und schon zum Bersten mit Flüchtlingen, Frauen und Kindern, voll. Vom Keller bis zum Dachboden sind Matratzen, Feldbetten und das gerettete Hab und Gut angehäuft, und ständig kommen neue Flüchtlinge hinzu, um sich einen letzten winzigen Lebensraum zu erkämpfen. Es ist ein tragischer, total desorganisierter Massenauflauf, der so ausarten könnte, dass der ganze Plan gefährdet würde, da ja niemand wissen darf, dass die Frauen jüdischer Herkunft sind.

Ich sehe, wie dringend es ist, wenigstens den Anschein einer organisierten Kriegsnäherei zu erwecken. Während meiner Inspektion betrachten mich die Frauen mit Angst und Misstrauen, da ein Gerücht umhergeht, ein unerbittlich strenger Kommandant sei vom Kriegsministerium delegiert worden. Ich frage mich ernstlich, ob es überhaupt möglich ist, dieses unglaubliche Chaos zu ordnen und disziplinierte Fliessband-Arbeiterinnen aus diesen Frauen, die noch nie organisiert gearbeitet hatten, zu machen. Ich beschliesse, die Angst vor dem bösen Kommandanten auszunützen, um zumindest eine provisorische Ordnung einzuführen. Eine Holzbaracke im Garten wähle ich als Büro. Ich gebe dem Kriegsministerium meine Zusage, und da ich als Offizierstochter vertrauenswürdig erscheine, erfolgt meine «Ernennung» umgehend.)

Freitag, 16. Juni 1944

58. GESPRÄCH

(Dies ist das letzte Gespräch in der Wohnung von Hannas Eltern. In einigen Tagen werden Hanna und Lili den Dienst in der Kriegsnäherei antreten.)

Die Sonne geht auf,
steigt zum Mittag
und geht unter. Tod.
Der Schein aber täuscht:
Unbewegt ist die Sonne.
Unbewegt ist der Gebende.
Nur scheinbar bewegt er sich.
Seine Strahlen durchdringen alles.

Wozu sollte die Sonne aufgehen?
Ihre Strahlen gelangten doch längst dahin,
wo Mangel war.
UNBEWEGT BLEIBT DER GEBENDE UND GIBT.

Die Sonne ist Herrin einer Welt;
diese Welt und ihre Sonne in der Mitte
ist auch nur Bild –
sie kreist um einen noch grösseren Kreis.

DOCH ES GIBT WEDER GROSS NOCH KLEIN,
DENN DER KLEINSTE – SO ER GIBT –
IST EBENSO GROSS WIE DIE SONNE
UND WIE DER EWIG GEBENDE – WEIL ER GIBT.
Alles andere ist Schein und Täuschung,
vergängliche Materie.
(Stille)

Bittet ihr um unser Wort,
und können wir es geben,
so ist das *unsre* Erlösung.
Bitten wir um eure Hand,
so ist das *eure* Erlösung.
Es ist vollbracht:
Ihr bittet und gebt,
wir bitten und geben.
Ist unser Lied und eure Hand vereint,
verschwindet selbst die Bitte.
Unser Wort ist euer
und eure Hand ist unser.
Der Mangel ist erfüllt:
In euch ist der LEBENDIGE GOTT geboren,
ohne Mangel, ohne Makel.

Es schwingt die Einheit.
Schon sind Bitten und Geben nurmehr Schwingung.
Dies ist die Neue Kraft.
Eure Bitte endet nie
und auch die unsere ist ewig.
Sie ist Schwingung, Wunder, nie endendes Wunder.
Sind Bitten und Geben
in einem einzigen Augenblick vereint,
so wirken die Sieben.

Raumloser Raum ist ewiges Leben.
Weder Leere, noch Erlöschen,
sondern Leben,
Schwingung, Erfüllung.

Irgendwo pocht Gottes Herz –
wir alle pochen mit ihm.
Vereint sich die feine Schwingung
mit der gröberen,
so wird die Reihe lückenlos,
und es gibt den Tod nicht mehr.

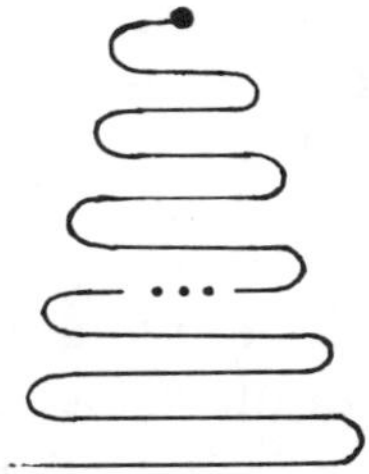

SEIN Herz pocht –
wir geben den Pulsschlag weiter.
Gebt auch ihr ihn weiter, immer weiter!
Das ist die einzige Lehre.
Dienet in Freude – der Tod ist schon tot!

Ist euer Herz schwach,
so ist seine Schwingung noch grob
und nicht verbunden mit der unseren.
Fehlerhaft ist nur die Schwingung –
ein anderer Fehler ist nicht möglich.

Der Rhythmus, die strahlende Kraft,
durchbricht nicht,
sondern durchdringt.
Einer seiner Namen ist Liebe.
Die Wahrheit all seiner Namen ist,
dass *ER* es ist, der allein IST.

Die Neue Liebe ist schon geboren,
aber noch ist ihr Name geheim.
Selbst namenlos wirkt sie durch euch.
So werdet auch ihr namenlos.

Siehe, dies die grosse Schwingung:
Glückseligkeit,
Stille und Friede,
Erkennen,
Rhythmus,
Liebe,
Wahrheit.

Die Schwingung senkt sich nach unten.
Zuunterst kreist gross der Planet.
Die Sonne aber im Punkt ist unbewegt.

Wir segnen euch
und weiter schwingt unser Segen, immer weiter,
und er erschafft.
Die kleine Bresche zwischen uns und euch
ist nurmehr Rhythmus,
nicht mehr Trennung:
WIR SIND EINS.
Unser Wort ist das Wort der Engel,
die wir sind durch *IHN*.
Ihr seid mit uns, und eins ist unser Leben.

(Zwei dringende Probleme sind zu lösen: ich muss eine quasi-militärische Ordnung einführen und eine Näherei ohne jegliche finanzielle Mittel organisieren. Man hat uns nur das leere Kloster übergeben – alles andere blieb uns überlassen. Bald werden die Textilballen gebracht, und nur zu bald werden die fertigen Soldatenhemden von uns verlangt werden. Und erst dann werden wir Anrecht auf militärischen Schutz haben.
Ich lasse mich also im Kriegsministerium über Disziplin belehren, und als Hanna und Lili einige Tage später in der Näherei ankommen, sind sie nicht wenig erstaunt, mich auf der grossen Eingangstreppe zu sehen, um den in Reihen angetretenen Arbeiterinnen den Tagesbefehl zu erteilen. Zu Beginn muss ich mich zusammennehmen, nicht über mich selbst in dieser komischen Rolle zu lachen, doch der Ernst der Situation lässt mir das Lachen schnell vergehen. Ich ordne an, dass jede Arbeiterin sich selbst eine Nähmaschine beschaffen muss; weitere Anordnungen betreffen die Nähkurse.)

Mittwoch, 21. Juni 1944

59. GESPRÄCH

(Heute ist Sonnenwende, mein Geburtstag.)

Die Bitte dessen,
der nicht für sich selbst bittet,
erreicht den Himmel
und ruft den Himmel herab.

So kann die Neue Erde kommen,
die Himmel ist.
So wird die Erde ein wenig erhoben,
und dieses Wenige genügt.
Die Erde, sie verlässt ihre Bahn
und betritt einen Neuen Kreis.
Der sieben Kräfte sieben ausgebreitete Arme
sind Strahlen,
vom Neuen Kreise umschlossen.

WER FÜR SICH SELBST BITTET,
DER VERSCHLUCKT DIE STRAHLEN.
WER NICHT MEHR FÜR SICH SELBST BITTET,
DER WIRKT.

Die Neue Kraft ist der Punkt,
aus dem die Erde erhoben werden kann.
Nicht *begreifbar* ist die Wandlung –
Begreifen ist der Erde Kind.
Nicht *fühlbar* ist die Wandlung –
Fühlen ist des Wassers Kind.
Nur *ahnen* könnt ihr die Wandlung.
Im raumlosen Raum ist die Wandlung.
Im raumlosen Raum ist zu finden,
dass der Erde Bahn nicht zunimmt, sondern abnimmt.

Der Engel Flügel, der Teufel Schatten werden unnötig.
Der Engel schwebt nicht mehr – der Engel *wirkt.*
Der Mensch säumt nicht mehr – der Mensch *gibt.*
Das Wild ist nunmehr ohne Furcht – es lebt, ist zahm.
Es keimt der Same, er ist nicht mehr blind,
und es funkelt der Stein.
Geboren ist das seit langem verkündete Neue!

Bittet nur!
Eure Bitte erschafft hier oben und dort unten.
Euer Bitten erhöht die Erde.
Der Neue Ton schwingt jetzt,
die Neue Sonne kommt jetzt,
jetzt, wo die Kraft der alten Sonne
im Mittag steht,
jetzt beginnt alles.
Die Sonne steht,
die Erde schwebt
und findet ihre Neue Sonne.
So steht es!
Heute wendet sich alles.
HEUTE – VON EWIGKEIT ZU EWIGKEIT.
Amen.

(Diese letzten Worte sind mit einer solchen Eindringlichkeit gesprochen, dass ich das überwältigende Gefühl habe, wir Menschen seien heute in ein neues Zeitalter eingetreten.)

21. Juni 1944

60. GESPRÄCH

(Wir sind bis spät in der Nacht in der Holzbaracke, als Hanna plötzlich die Gegenwart der Engel fühlt. Leider kann ich nur ein kleines Fragment aufzeichnen.)

Abgelaufen ist die Zeit des Lügners.
Die Macht, die er erstrebte,

sie wurde ihm verliehen –
sie wird ihm wieder genommen.
Er wollte sie für sich,
und bedeckte alles mit Lüge.
Aber was bis anhin geheim war,
wird nun laut verkündet,
und die Macht wird ihm genommen.
Die Lüge ist tot.
Ihre Tage sind gezählt.
ER sprach:
GENUG!

Das Ende ist Beginn.
Aus Teufeln werden wieder Engel.

Gebt acht!
Alles, was verkündet wurde,
geschieht in euch selbst –
in euch selbst!
Bittet immer!
Gebet nur!
So kann kein Unheil kommen.
Alles ist vollendet und alles beginnt:
DIE TAT IST GEBOREN.

Freitag, 23. Juni 1944

61. GESPRÄCH

(Die Nähmaschinen sind angekommen und die Nähkurse beginnen. Mit ihrem ausserordentlichen Organisationstalent

bildet Hanna einige der geschicktesten Frauen zu Vorarbeiterinnen aus – von uns Jolly Jokers genannt –, welche ihrerseits die anderen in Fliessbandarbeit unterrichten.
Nach der Arbeit treffen wir uns in der Holzbaracke des «strengen» Kommandanten, in dessen Nähe sich niemand wagt, was uns erlaubt, in der ungestörten Stille der Nacht die Botschaft der Engel zu empfangen.)

Das göttliche Herz zieht euch in seinen Sog.
Gott ruft – ihr nähert euch *IHM.*
Noch näher könnt ihr *IHM* nicht kommen,
denn schon umarmt euch *SEIN* Herz.

VERWEILEN DÜRFT IHR DORT NICHT!

Die Neue Liebe, der Neue Herzschlag ist anders,
ganz anders, als alles, was war.
Es ist GEBEN, immer nur GEBEN,
Pulsschlag, Entsendung.
Blutrot ist die Neue Liebe,
sie ist eine wunderbare Kraft,
Milch für das Neue KIND.

Ein Schlag *SEINES* Herzens ist ein Augenblick.
Ein Schlag *SEINES* Herzens ist eine Ewigkeit.
Jeder Schlag eine Wende von Millionen Jahren.

NUR DIE AUS *SEINEM* HERZEN KOMMENDEN
KÖNNEN GEBEN.

Ein Neuer Rhythmus schafft Neue Welten;
nach Neuen Plänen wachsen Neue Organe.
Die Welt wird neu, wird hell, wird weit.

Das Grösste, das *ER* uns gab,
ist, dass wir geben können.
So werden wir – ja siehe! – *sind* wir *ER*.
Das grosse Gesetz dort unten ist
geben zu *müssen!*
Jedes Gras gibt Frucht.
Alle Geschöpfe geben –
das ist das Gesetz.
Sie *müssen* geben –
wir sind *frei,* wir *geben frei.*
Die TAT ist frei –
der Wille ist es nicht.
Der erlösende Augenblick naht:
ÜBER DEM WILLEN DAS FREIE GEBEN.

Weder Wirkung noch Gegenwirkung,
weder Belohnung noch Strafe,
weder Messer noch Kosen.
Anders, ganz anders, als alles, was war.
Es ist neu, ganz neu, das *freie Geben.*

Göttlicher Pulsschlag.
Die Adern führen zum Herzen.
Alles göttliche Blut findet Platz darin,
denn es wird weitergegeben.
SEIN Herz schlägt.
Ihr pulst mit ihm, voll sind die sieben Adern,
voll mit roter Freude.
Gebt sie weiter, immer weiter!

Wird das Blut müde, so kehrt es zurück,
und wird wieder neu.
Wer nicht weitergibt, dessen Blut gerinnt – es stockt.

DAS IST DER ZWEITE TOD.

Gebt acht! Seid ganz!
Gebet! Gebet immer!
Frei! Glücklich! Immer!
Das Neue Element, die Neue Freude
ist anders, als alles, was war:
Neuer Herzschlag, Erlösung, Schöpfung.

Wer das lebt, der LEBT.
LEBET!
So können wir *EIN* LEBEN leben.
Fürchtet euch nicht!

WER WIRKLICH LEBT, KANN TUN.

(Es ist beinahe unmöglich, eine normale Produktion in der Näherei zu bewerkstelligen. Es gibt zuviele Ungeschickte und noch mehr Unverantwortliche.
Alle aber wissen, dass unser Kriegsbetrieb ohne diese Produktion seine Daseinsberechtigung verliert.
Zu unserem Unglück wird eine baldige Inspektion angekündigt. Die Mengen verpfuschter Hemden mehren sich von Tag zu Tag. Die Jolly Jokers, die überall einspringen können, sind gezwungen, nächtelang die Fehler der Ungeschickten auszubessern.
Ich ersuche um eine Verlängerung des Liefertermins, muss dazu aber auf einen „Eingeweihten" im Kriegsministerium fallen, da nur sehr wenige Offiziere um den wahren Zweck der Näherei wissen. Die Mithilfe beim Schutz von Juden könnte sofort ihre Karriere vernichten. Ich kenne keinen dieser höheren Offiziere, aber erreiche dennoch glücklicherweise eine Verschiebung des Termins.)

29. Juni 1944

62. GESPRÄCH Fragment

Nur das «Mehr» ist TAT.
Eure «Liebe» ist noch Neigung –
das ist noch Bresche zwischen euch und uns.

Das Neue Wesen «liebt» nicht mehr,
es ist schon fähig, mehr zu tun.
Es gibt nicht mehr,
es nimmt nicht mehr –
es hat die Macht zur TAT.
Schon ist es möglich.

«Machen» ist nicht tun.
Das Tier fühlt, will und macht.
Der Mensch, der wähnt, schon MENSCH zu sein,
rühmt sich, nichts mehr blind zu machen –
das Wissen weist ja den Weg, was gut, was schlecht.
Das Wissen – des alten Baumes unreife Frucht!
Vorzeitig hat sie das Kind gepflückt.
Jetzt aber ist sie reif –
jetzt dürft ihr sie essen.

DEM WEISEN IST WISSEN NUR MITTEL.

Fühlen, Wollen und Machen
sind nicht frei.
Frei ist nur die TAT.
So wirkt sie und durchdringt alles.
Kein Damm und keine Mauer mehr –
alles durchdringt sie.

62. GESPRÄCH

Neues Leben gewinnt das Lebende,
und Lebloses zerfällt zu Staub,
denn es wirkt die TAT.
Sie zerstört nicht -
sie baut nicht auf -
sie verunstaltet nicht -
sie verschönert nicht -
sie WIRKT.
Und alles entscheidet sich,
alles wird zu dem, wozu es berufen ist,
und nicht zu dem, was es vorgibt zu sein.
Die Fassade der Lügen wird zu Staub.
Die Neue Schwingung wirkt:
ER GIBT.

Wurmstichig ist das alte Kreuz,
vermodert der aufgenagelte Körper.
Ein Neuer Körper wird geboren und wächst.

LICHT strömt.
Das Neue Wesen öffnet weit die Arme
und das Kreuz ist nun LICHT.
Seine vier Balken sind die heilige Vier,
die sich jetzt erfüllt -
mit dem Herzen in der Mitte.
Unnötig die Nägel, die Pein, die Dornenkrone,
der Schrecken und der Krieg -
sie sind nun nicht mehr nötig. Unnötig sind sie!
Das LICHT öffnet weit die Arme und wartet,
schliesst ein in sein Herz,
und dennoch geht ein jeder frei.
Im Herzen des LICHTES ist kein Schloss,
kein bindendes Gefühl,

keine verflachende Bequemlichkeit,
kein Ehrgeiz mehr,
keine Kluft und selbst kein Weg.
Alles umschliesst das Herz des LICHTS
und strahlt überall – es *wirkt.*
Macht über Lebende und Tote
gibt *ER* dem Auserwählten,
auf dass er *wirke, frei wirke!*

Wir können nichts tun.
Nur wortloses Wort können wir sein.
Ist aber eins das Wort und die Hand,
dann wird alles möglich,
und das verkündete Reich kann kommen.
Seit Anbeginn der Zeiten
ward sein Fundament gelegt.

Sonntag, 2. Juli 1944

63. GESPRÄCH

(Das Bindeglied zwischen der Apostolischen Nunziatur und der Näherei ist Pater Klinda, ein gütiger Mann. Stets besorgt um das Schicksal seiner Schützlinge, schlägt er eines Tages vor, die Flüchtlinge zu taufen. Alle sind dazu bereit, da der christliche Taufschein einen gewissen Schutz seitens der Behörden gewährleistet, doch Hanna und Lili betrachten dies als Opportunismus und weigern sich. Ich finde das falsch. Für mich sind die Sakramente Symbole eines inneren Prozesses.

Hanna und Lili leben seit langem ein Sein der Läuterung – die Wassertaufe – und so konnte auch die Feuertaufe am Pfingstfest kommen.
Ich beharre ihnen gegenüber darauf, dass die Verbindung zwischen innerlich erlebter Erfahrung und äusserer symbolischer Form der Vereinigung von Himmel und Erde entspricht und Teil unserer Aufgabe ist.
Erst nach tagelangen Überlegungen erklären sie sich bereit, die Taufe zu empfangen.
Wie frei jedweden Opportunismus dieser Entschluss war, erwies sich später, als Hanna durch ein Bekennen ihrer christlichen Taufe ihr Leben hätte retten können, aber selbst angesichts des Todes bezeugte: «Ich bin Jüdin».)

Das Siebente Wort ist nicht Ton,
ist nicht Licht,
ist nicht seiend, ist nicht gewesen,
und wird nicht.
Das Siebente Wort ist Aller Stimme.
Alles und nichts, was sagbar wäre –
aber es *wirkt.*
Nur das Unsagbare IST.

Erschüttert ist die Säule der Schöpfung,
schon hat das Moos sie überwuchert.
ER aber baut die Neue.
Die alte Säule zerfällt –
und siehe! – innen ist sie hohl.
Voll ist nur der Same.
Die Säule der Schöpfung zerfällt,
die Lichtsäule aber wird niemals zerfallen!

Ekel vor dem «Zuviel» bricht aus
und zersprengt wird die Materie.
Es komme das «Mehr»!
Er kommt nicht – *Er ist.*
Er ist – der Siebente.
Es wird alles erfüllt
mit furchtbarem Licht –
unmöglich ist es, euch zu verstecken,
denn alles durchdringt das Neue Licht.
Nirgends mehr könnt ihr euch verkriechen!
Verkriecht euch nicht!
Es ist ja gar nicht nötig!
Läutert euch,
solange es noch möglich ist!

Wer es nicht tut, dessen Seele erstarrt zu Frost.
Wählet!

Es dämmert das blaue Licht
und es kommt das weisse,
in dem die sieben Farben zusammenfliessen
und der Raum endet.
Das blaue LICHT ist schon das sechste.
Die gelbe Sonne scheint daneben
nur flackerndes Talglicht zu sein.

Wir belehren euch heute wieder –
für jetzt ist es genug.
Friede sei mit euch!

(Hanna und Lili werden am Mittag getauft. Spät am Nachmittag warten wir in der Holzbaracke auf das Wort der Engel.)

63. GESPRÄCH

Nichts darf ausgelassen werden!
Nur das «Mehr» wirkt.
Das Feuer saugt das Wasser auf;
die Wassertaufe entbindet,
wenn das Feuer kommt,
das mit *IHM* verbindet.
Nichts darf ausgelassen werden!

Sieben Taufen gibt es,
sieben Lösungen, sieben Erlösungen.
Sie sind nicht Form –
sie sind wesentlich.
Höret gut!
Auf dem hölzernen Kreuze Gottes Sohn:
Anfang und Ende, Erde und Himmel –
die erste Taufe. (Verbindung von I und VII)

Die zweite ist das Wasser
und ist die Seligkeit,
die Wassertaufe. (Verbindung von II und VI)

Die dritte ist die Feuertaufe,
Harmonie und Stille,
Bewegung und Friede vereint. (Verbindung von III und V)

Und so gibt es nur noch diese drei.
Die Vier ist die Mitte:
Himmel und Erde, Schöpfer und Schöpfung vereint.
Nicht mehr Sieben, sondern EINS.
Der enge Kreis schliesst sich jetzt.
Von diesseits und jenseits
berühren sich die zwei Hände schon,
und keinen Raum gibt es mehr zwischen ihnen.

Geist und Materie sind vereint.
(Stille)

Auch *Er* liess sich taufen.
Er wusste:
Weiterschreiten ist nur so möglich.
Und *Er* wusste, dass alle *Ihm* nachschreiten werden.
Das *Haus* des *EINEN* ist sterblich.*
Die Wassertaufe ist ewig.
Das Wasser erlöst das Stoffliche,
das Feuer erlöst das Wasser
und der Same aus LICHT erlöst die sechs.

Das *Haus* des *EINEN* lebt oder stirbt: Form.
SEIN Haus ist das *GANZE.*
Das *Haus* ist nur Teil, nur kleiner Teil.

Der gute Hirt hat viele Herden.
In einem Haus wohnen selbstzufrieden die Blinden,
in einem anderen weinen die Suchenden,
in einem dritten sind die taub Tuenden.
Ein Hirt – viele Hürden.
Die Zeit zerstört
und weisselt neu die Häuser.
Das einzige Haus,
in dem ihr wohnen sollt,
ist nicht mehr Haus,
nicht mehr geweisselte Fassade.
Bereit seit aller Ewigkeit ist *SEIN* Herz,
das Herz aus LICHT, der Kern,
die einzige Wohnstätte.

* Die Institution der Kirche. Wörtlich übersetzt heisst «Kirche» im Ungarischen «Ein-Haus» (Egyhàz).

Ihr Lieben!
Wohnen könnt ihr nur dort.
Weil eure Hand bereit ist,
kann *ER* tun.
Sie ist nicht mehr Teil,
sie ist *ganz*.

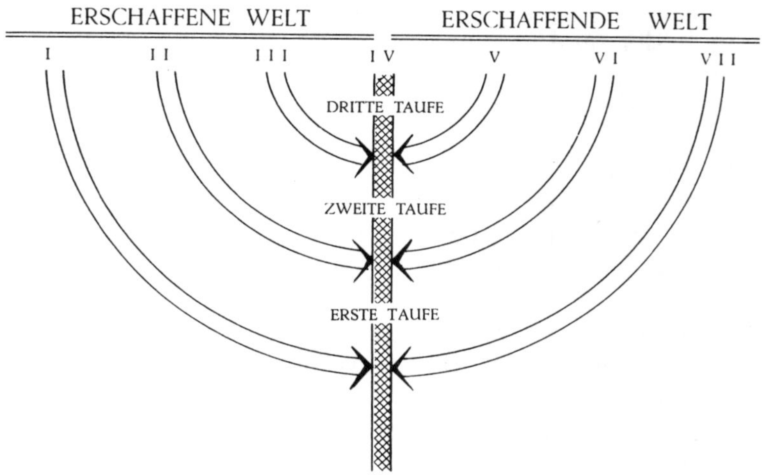

(Im Ungarischen bedeutet das Wort keresztség sowohl «Taufe» wie auch «Kreuzung, Wegkreuzung».)

Freitag, 7. Juli 1944

64. GESPRÄCH

(Frühmorgens gehen die meisten der Neugetauften zur ersten Kommunion. Die Kapelle ist voll und Pater Klinda feiert glücklich die Messe. Ich hatte geglaubt, dass der Grossteil sich um des Taufscheines willen taufen liess, aber nun sehe ich, dass ich mich sehr getäuscht hatte. Diese unglücklichen

Frauen, deren Leben an einem dünnen Faden hängt, beten mit sichtlicher Hingabe. Die Hostie, die sie heute zum erstenmal im Leben einnehmen, gibt vielen die Hoffnung eines Schutzes höherer Art.)

Wer nicht hungrig ist,
wird gesättigt.
Wer nicht durstig ist,
dem wird gegeben,
auf dass er weitergebe!

Das Brot ist das erste,
der Wein ist das zweite,
das Feuer ist das dritte Sakrament,
dem gegeben, der nicht bittet.

Euer Körper ist schon *Sein* Körper,
und der Becher, in dem funkelt das Blut,
ist schon euer.
Nicht Geschenk, nicht Almosen:
EINHEIT.

Das Brot wird entzweigebrochen,
der Wein wird ausgegossen.
Das LICHT aber, das Neue LICHT,
ist unteilbar.

Wir wachen über dem Altar,
auf dass ihr euer Haupt nicht erhebet –
um nichts mehr könnt ihr bitten!
Alle flehen in der Kirche –
das ist euer Erbe nicht.
Euer Herz ist *EINS* mit *Seinem.*

Nicht Gabe ist dies,
sondern Aufgabe.
Erhebet nie euer Haupt nach oben!
Nie mehr!
Euch bitten die Bittenden um Erlösung.
Öffnet weit die Arme!
Gebet! Gebet immer!
Reichet die Hände!
Tut! Tut immer!
Ist euer Herz trocken,
so wird es wahrlich wieder gefüllt –
selbst ohne Bitte! Bittet nicht!

Der Neue Körper, das Neue Blut,
der Neue Geist wird nur dem gegeben,
der nicht mehr bittet.
Gebet ihr, wird auch dem Kleinen, Alten,
das in euch wohnt, gegeben.
Dem Neuen, dem Himmlischen in euch
wird nicht gegeben,
denn es ist *eins* mit *Ihm.*

Wir wachen über dem Altar.
Der Altar ist die Erde,
die ganze Erde.
Das «Viel», hervorgerufen von den Blinden,
wird abgeschnitten.
Das Blut wird ausgegossen und geopfert.
Kommt aber das LICHT,
kann blinde Willkür nicht mehr herrschen.
Das Neue LICHT, es flackert nicht mehr
im ewigen Lämpchen –
es überflutet alles.

Blind zu sein ist nicht mehr möglich.
Entweder SEHEN oder aber verbrennen!
Das ist nicht Ende –
das ist Beginn.

Die grösste irdische Freude
ist ohne das Neue
auch nur Feuer der Verdammnis.
Es strahlt die Sonne,
es singt der Vogel,
es pocht das rote Herz;
doch ohne das Neue ist es Verdammnis.
Jenseits des alten Kreises
ist das Neue LICHT.
Ihr kennt es noch nicht.
Der Kern aus LICHT,
die Neue Hostie, wird über alles erhoben.
Wo das Herz aus LICHT pocht,
dort flackert das ewige Lichtlein nicht,*
denn der Wind ist des Raumes Kind
und ist dort nicht am Platz.

Alles überflutet das Neue LICHT.
Was oben – ist unten.
Was unten – ist oben.
Erde und Himmel sind eins.

Eure Hand, sie löse die Materie!
Euer Mund verkünde die Kunde!
Euer Herz gebe den Samen!
Euer ganzes Wesen gebe die Sechs
und der Siebente wird kommen!

* Öllämpchen vor dem Altar der katholischen Kirchen.

DER EINZIGE WEG,
AUF DEM DAS LICHT HERABKOMMT
IST *GEBEN.*
GEBET HIN, WAS EUER IST:
EUCH SELBST!

«Kommunion» ist für euch nicht EMPFANGEN,
sondern GEBEN.
So kommt die Sieben, glaubt es!

Wir wachen über dem Altar.
Der Altar ist die Erde,
die ganze Erde.
Vom Altar rieselt Blut,
Sein Blut.
Durch falscher Propheten Hand
wurde das Lamm getötet.
Das vergossene Blut aber
kehrt zurück.
Der Körper verliert nur das,
was in ihm tot ist.
Seht! *ER* säte den Samen in ihn,
und das hat gewirkt.
Das Körperhafte wird erlöst –
hat es doch den Samen des Geistes empfangen.
DAS IST DIE NEUE UNBEFLECKTE EMPFÄNGNIS!

(Die Glocke der Kapelle beginnt zu läuten)
Die Glocke ruft zur alten Messe –
der Neue Ton aber erfüllt alles.
Es jubelt die Erde –
sie ist eins mit dem Himmel,
und ihr seid eins mit *IHM.*

Fragment   Freitag, 14. Juli 1944

Das Ziel ist nicht oben und nicht unten.
ER wohnt nicht oben und nicht unten.
Oben und unten sind nur Teil.
SEIN Platz ist das GANZE.
Das Ziel ist die Vereinigung.
Ohne die Vereinigung *lebt* nichts.
Der Erwählte strebt nicht nach oben,
strebt nicht nach unten,
Der Erwählte *lebt* und das *vereint.*

Die Materie ruft den Geist.
Der Geist knetet die Materie.
Das Lied des Erwählten ist die Vereinigung:
Geist-Materie . . . Materie-Geist.

In die Materie versinken – ist Tod.
In den Geist entschweben – ist gewesen.
Jetzt aber formt sich der Bogen: die Vereinigung.
Alles ist tot, was war.
Auch der alte Gott ist tot* – ein NEUER wird geboren.

Ist die Geburt verspätet und die Kraft gering,
so tötet der Mutterschoss.
Die Kraft ist blind, aber sie wirkt,
auf dass Materie und Licht sich treffen.
Der Mutterschoss ist dunkel –
aber es strahlt die Sieben, das LICHT.
Die Materie schützt, aber sie hält auch zurück.
Jetzt zerreisst die alte Bindung
zwischen Materie und Materie.

* das alte Gottes-Bild

Nicht das LICHT wird geboren,
sondern die neue Materie, die LICHT-MATERIE.
Das LICHT war und wird immer sein.

Seit dem ersten Tag vorbestimmt
ist die Vereinigung.
Das Lied des Erwählten ist der Triumph des EINEN.
Wir segnen den Himmel, wir segnen die Erde
und *IHN*, der alles vereint, frei vereint!

(Hanna zeichnet uns ein kleines Schema auf, das den tiefen Sinn dieses Gesprächs unvergesslich klar darstellt:

Die ganze Schöpfung ist nichts anderes als LICHT. Es scheint mir, als gebe es in Wahrheit weder Materie noch Geist, nur verschiedene Schwingungsstärken des letztlich EINEN Lichts. Hanna hatte ein Schwingungsmuster gezeichnet, wo das Licht aus einem Punkt – aus dem göttlichen Ursprung – mit unfassbarer Intensität quillt, um vom feinsten «Erzittern» sich dann in immer gröber werdende Frequenzen zu vermindern. Die dichteste Schwingung nennen wir: Stein.
In der Mitte des Schemas ist eine Unterbrechung, die auf etwas Bedeutsames hinweist: Der Lichtstrom ist noch nicht geschlossen, es gibt eine Schwingungsbresche. Dies aber bedeutet, dass der Mensch und der Engel, der in der geistigen Welt am tiefsten niedersteigen kann, noch nicht vereint sind. Die intensivste, höchste Schwingung des Menschen aber kann schon die tiefste Schwingung des Engels erreichen. Das neue Wesen, das im geschlossenen Stromkreis leben wird, ist der Neue MENSCH, dessen Natur Licht UND Materie, «LICHT-MATERIE» ist.

Jetzt aber besteht die Bresche noch, und sie heisst mit anderen Worten: TOD. Die Geburt des Neuen MENSCHEN ist das Sterben des Todes.
Ich nehme wahr, dass die Pädagogik der Engel darauf zielt, uns fähig zu machen, immer intensiveres Licht zu ertragen.
Ich denke, dass das Endziel folgendes ist: die tiefste Schwingung der Engel nicht nur hie und da, sondern hellbewusst und dauernd erreichen und leben zu können.)

Sonntag, 16. Juli 1944

65. GESPRÄCH

Gebt acht, denn jede Gebärde wirkt!
Die laue, die ernste, die nachlässige Gebärde,
sie wirken alle.
Die zornige, die wilde, die schwache, die milde...
sie wirken.
Gebt acht! *ER* wird sprechen,
und dann – nur dann – beweget euch!

Ein laues Lächeln zersplittert die Sieben Seelen.
Jede Gebärde sei nur erlösende Gebärde!
Erlösung ist das Ziel und nichts anderes ist zu tun.
Doch nicht mehr *ihr* tut – nur *ER* tut.
Wenn *ER* nimmt – nur dann nehmet!
Wenn *ER* gibt – nur dann gebet!
So wird die Materie dienen,
denn einzige Ursache jeder Tat ist *SEINE* heilige Absicht.
Tut ihr ohne *IHN,* so trübt ihr nur die Materie.
Ihr könnt wählen: Wollt ihr tun... oder *ER* durch euch?

(an mich gerichtet:)
– Willst *du* tun?
G. Nur durch *IHN*.
(zu Lili:)
– Willst *du* tun?
L. Auch ich nur durch *IHN*.

– Das Wort erschafft.
Zurücktreten ist nicht mehr möglich.
Es ist vollbracht! Ihr habt frei gewählt!
Es gibt nichts Laues mehr.
Jeder kleinste Gedanke,
jedes gesprochene Wort,
ist wirkende Bewegung.
Die Lüge wird aus der Welt gespien.
(Im Garten gurrt die Wildtaube)
Die Wildtaube gurrt und das ist wahr.
Was aber aus dem Mund des Menschen kommt,
ist alles Lügen-Geschwätz, Gejammer, lauer Trost...
Doch der Götze ist gestürzt, der Sockel ist erkaltet.
Opfert nicht mehr auf alten Altaren!
Das Neue Opfer ist die Vereinigung,
DIE FREIE VEREINIGUNG!

Eure Tat sei gut getan.

Fragment Freitag, 21. Juli 1944

Die Auf-Gabe ist zu Ende.
Auf-Gabe ist noch Materie, ist noch Last.
Eure geringe Kraft betrübt Euch.

Aber die dichte Materie wurde erhoben,
soweit wie es möglich war. Also ist die Auf-Gabe zu Ende.
Die Auf-Gabe war Vorbereitung.
Jetzt kommt die freie, die Neue Materie!
Sie gestaltet sich. Das Alte verblasst und sinkt zurück.
Der *Herr* sprach: ES SEI! Das Neue wirke in euch!

Der Neue Name formt sich, wortlos formt er sich.
Der Neue Name lebt schon. Noch nie gekannte Kraft keimt.
Nur zwei Buchstaben: AD.

(Während ich mich frage, wie das bedeutungsvolle Wort AD (ung. = 'gibt') wohl in anderen Sprachen laute, kommt sofort in deutscher Sprache die Antwort:)

Im Anfang war das Wort: DEIN.
Es war bei Gott – es ist bei uns.
Kein Wunsch ist mehr.
ER hat – *ER* GIBT. *ER* – wir.
AGNUS *D*EI. *AD.*

(Hanna sagt uns später: Als AD erklang, sah ich zwei Dreiecke im All sich unaufhaltsam einander nähern. Helle Blitze zuckten zwischen ihnen, bis die zwei Dreiecke eine vollkommene Einheit bildeten.»)

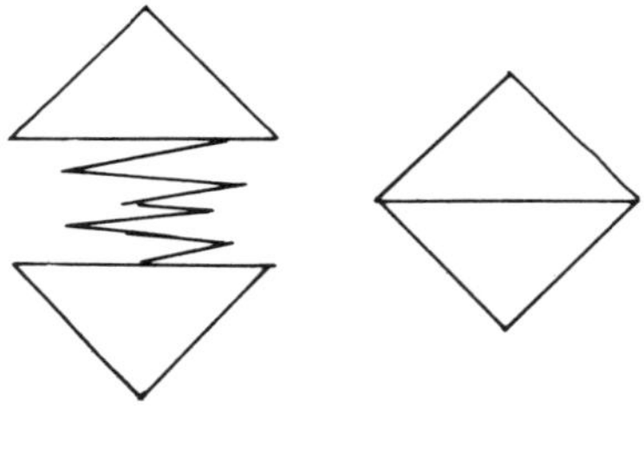

Erstens: die Aufgabe. Zweitens: die Vereinigung.
Drittens: AD – GEBEN. Geheimnis.
Nur *eine* Anbetung, *eine* Tat gibt es: GEBEN.
Ein einziger Name, der wirkt: GEBEN.
Rhythmus, Lied. Euer Ohr hört noch nicht.
Euer Mund bezeugt noch nicht, wird aber bezeugen.
Eure Hand ergreift nicht mehr – sie *gibt.*

Die Neue Feige bringt nicht mehr Frucht, sie erschafft.
Die Neue Feige ist wild, bringt keine Frucht, aber *gibt.*
Die Neue Feige ist das Wort, das GEBEN.

Vier Cherubim behüten den Baum.
Kein Weg führt dahin. Jeder Weg mündet ins Nichts.
Das LICHT zieht an,
die vier Cherubim aber schlagen nieder.
Die Frucht des Neuen Baumes ist heilig.
Wie oben, so unten. Sie ist unerreichbar.
Die vier Cherubim verteidigen sie,
die Sieben behüten sie.
Du kannst sie nicht nehmen, nicht essen,
denn das Schwert zerspaltet dich
und das Feuer blendet dich.
Aber siehe! DU SELBST bist ja das GEBEN.

Das neue Opfer. Stille. Geheimnis. Urgrund: GEBEN.
Jedes Opfer, dessen Ziel du selber bist, ist Kains.
Sein Rauch bleibt unten, und Lebendes erstickt.
Abel aber GIBT: DEIN.
Das Opfer ist nicht Schmerz,
denn Schmerz ist nicht wirksam.
Der Opfernde wird nicht gesegnet,
denn Opfernder und Opfer sind *eins:* DEIN – AD.

Freitag, 28. Juli 1944

66. GESPRÄCH

Der erste Körper ist träge.
Sein Wort: das MUSS.
Sein Kern: das GEBOT.

Der zweite Körper ist noch gebunden, aber wächst.
Sein Wort: das MÖGLICHE.
Sein Kern: das ENTGEGNEN.

Der dritte Körper ist schon entbunden,
doch haftet er noch.
Sein Wort: das WOLLEN.
Sein Kern: das FÄHIGE.

Das Wort des Neuen Körpers: das FREIE.
Sein Kern: das GEBEN.
Der Neue Körper ist der Vierte
und er ist EINS.

Das MUSS *ist.*
Das MÖGLICHE *wächst.*
Das WOLLEN *bewegt.*
Das FREIE *wirkt.*

Jeder Körper ist ausgestrahltes Abbild,
sein Ursprung die sieben Schwingungen.
Jedes Sein ist nur Schein.
Schon schwingt die Neue Schwingung.
Die Neue Materie schwebt:
Himmel und Erde können *eins* sein in ihr.

Die Materie ist unbewegt – sie ist blind.
Der Siebente ist unbewegt – er wirkt.
Die Pflanze wächst – ihr Ziel ist das Licht.
Des Seraphs Ziel ist *ER*.
Das Tier will, freut und fürchtet sich.
Der Engel lebt, seine Tat ist Lied.

Wo alles in einen Punkt mündet,
dort ist das NEUE WESEN, das GEBEN.

Aufblitzendes Licht:
Das WAHRE blendet.
Das MÖGLICHE wird das FÄHIGE.
Das WOLLEN wird das FREIE.
Die Neue Schwingung erhebt alles.
Alles schreitet weiter,
doch unbewegt ist das DEIN.
Es ist das Nest, in dem die Seele wohnt, ewige Heimat:
Himmlisches und irdisches Reich vereint – DEIN.
Sieben Unendliche – ein Augenblick: DEIN – AD.
Die weissglühende Kraft, die darin wirkt,
ist schrecklicher Blitz.
Es bleiben weder Materie, noch Leben, noch Tod,
sondern es kommt die grosse Wende: AUFERSTEHUNG.
Alle Geheimnisse werden entsiegelt.
Sünde, Lüge und Verrat sind nicht mehr.
Das überwältigende Licht durchdringt alles, aber GIBT.
UR-EINS-SEIENDER.
Mit keiner neuen Form bekleiden sich die Sieben:
Sie sind EINS.

Das Schwert der Cherubim fällt nieder:
DER BAUM IST FREI.

Sonntag, 30. Juli 1944

67. GESPRÄCH Fragment

Der Baum wurde ausgerissen.
Wurzellos schwebt er,
doch er wird Wurzeln erhalten.
Seine Frucht ist GEBEN.
Gefällt werden ist Schmerz.
Ausgerissen werden ist Grauen.
Aber die Kraft sammelt sich.

Das Geheimnis der Erbsünde ist dies:
Ausreissen und Entwurzeln
sind nur Schein in Zeit und Raum,
sind nur die eine Hälfte der Erlösung.

Schlägst du einen Nagel ein,
so hebst du zuerst die Hand,
und der Hammer entfernt sich vom Ziel,
die Kraft aber wächst und schlägt nieder.
Von Gott sich zu entfernen,
ist eine wunderbare Kraft.
Die letzte Trennmauer steht noch.
Sie wird aber durchbrochen
wenn der Angreifer zurückweicht
statt vorwärts zu stürmen
und Anlauf nimmt für den Zusammenprall
zwischen Kraft und Materie,
die beide vergehen.
Aber es lebt und wirkt das DEIN – AD.
Adam wich zurück, Jesus lief vorwärts,
unbewegt aber ist das DEIN – AD.

Gebet acht! Wer zurückweicht, entfernt sich.
Wer vorwärts läuft, entfernt sich.
Wer unbewegt steht, der lebt, fürchtet nichts und wirkt;
Er GIBT.

(Die gefürchtete Inspektion findet endlich statt. Der beauftragte Offizier gibt sich sehr unnahbar, doch bald merke ich, dass sich hinter seinem gestrengen Verhalten eine totale Ahnungslosigkeit in Sachen industrieller Näherei verbirgt. Alle Fehler bleiben unbemerkt. Die Zahl der Hemden entspricht unserm Plansoll und das genügt. Wir alle atmen auf. Endlich können die Jolly Jokers schlafen.)

Freitag, 4. August 1944

68. GESPRÄCH

Materie und Kraft,
Knochen und Mark, Haut und Sehnen:
Brennende Pein. Raum und Zeit.

Wir sassen dort auf dem Stein
und unter dem Stein war *Er*.
Felsengruft. Aussen wuchs nichts.
Und *Er* dort innen.
Dem menschlichen Auge war der Leichnam verborgen.
Geheimnis.

Drei Tage ist die Zeit:
Vergangenheit, Gegenwart, Zukunft.

Sie ist vergangen.
Nach der Zukunft: *Er.*

Der Körper zerfällt nicht zu Staub.
Ein anderer Körper kommt,
und nur das Linnen, nur die Hülle bleibt;
der Tod bleibt nicht. WANDLUNG.
Nur die Schwingung ist anders.
Die leere Hülle zerreisst,
Der Kern aber lebt – GIBT.

Der Dome Hallen hüten des Grablinnens Fasern.
Jeder Dom wird fallen.
Der Stein wurde zum Himmel erhoben
und Lebendes wurde mit Füssen getreten.
Das ist nicht der Glaube, den *Er* lehrte.
Der Stein wird zur Erde geworfen
und Lebendes wird erhöht.

Jeder Dom, in dem das WORT nur Kunde ist, ist Grab.
Nach der frohen Botschaft komme die Verwirklichung!
Käme sie nicht, so wäre der *Verkünder* ein Betrüger.
Das in der Wüste verhallte Wort . . . war.
Was war, was ist, was wird, ist vergänglich.
Das sich WANDELNDE aber, das Neue, ist ewig.
Der Erwachende, der jenseits Sehende,
der jenseits Wachsende, jenseits der Zukunft Seiende,
ist eins mit *Ihm.*

Der Stein wird weggerollt – die Materie wird gewandelt.
Ein Neuer Körper wird gegeben, ein schwebender Körper.
Keinen Tod, keinen Riss gibt es mehr,
sondern nur noch WANDLUNG.

Wir waren die Zeugen, unser Wort ist wahr.
Der Körper war *gewandelt.* War *erlöst.*
Der Schluss-Stein fand seinen Platz – die Vier –
und das Gewölbe steht.
Das Lebende lebt. Das Tote ist tot.
Er herrscht.

Endlich schaut das Auge nicht mehr zum Himmel empor,
denn der Himmel ist schon hier unten.
Der Himmel ist auch nur Raum
und Unendliches findet darin keinen Platz.
Aber innen, in der Tiefe des Herzens,
findet es Platz an einem winzigen Ort.
Dort wird der Neue Rhythmus geboren.
Dort ruht blendendes Licht. Heiligstes Geheimnis!
Nur durch *Ihn* wirkender Same – DEIN.
Ewiger Augenblick, schöpferisch und frei!
(lange Stille)
Scheideweg: der Törichte läuft gegen das Licht
und wie eine Motte verbrennt er.
Der Weise bleibt im Dunkeln stehen;
er geht nicht, er schreitet nicht, er fliegt nicht,
und dennoch findet ihn das Licht.
Sein Ohr hört nicht, sein Auge sieht nicht,
doch durch sein Auge strahlt der Strahl.
Sein Herz erwartet nichts,
es gibt nichts zu erwarten.
Seine Hand bittet nicht,
es gibt nichts zu erbitten.
Es gibt keinen Glauben mehr,
es gibt keinen Raum mehr.
ABER ER WIRKT, WEIL ER GIBT:
SEIN KÖRPER WURDE WORT.

Freitag, 18. August 1944

69. GESPRÄCH Fragment

Möget ihr ERKENNEN!

Die fünf Sinne sind fünf Stufen.
Materie – die *tastende Hand;*
Wasser, das löst – der *Geschmack;*
Luft, feine Materie – der *Geruch;*
Noch feinere Schwingungen übermittelt das *Ohr;*
durch den fünften Sinn – das *Auge* – strahlt das Licht.

Der sechste Sinn ist die *Vereinigung* der fünf.
Der siebente ist der Same des ERKENNENS.
Der Augenblick ist schöpferisch,
wenn die Sieben nicht mehr nehmen,
sondern GEBEN.
Die TAT erschafft, oben so wie unten.
«DEIN Wille geschehe», oben so wie unten!
Zwischen oben und unten ist eure Aufgabe:
VEREINIGUNG, ERKENNEN,
das menschliche, schöpferische Element.

Möget ihr ERKENNEN!
Erkennen ist nicht verstehen,
Erkennen ist LICHT,
das IST und GIBT.
Euer Auge aber ist noch blind;
das LICHT stört noch, schmerzt, ist noch kalt.
Das Neue LICHT fegt hinweg jeden Glauben.
Wer an Gott *glaubt,* geht in die Irre.
GLAUBET NICHT AN *IHN* – LEBET *IHN!*

Euer drittes Auge öffne sich!
Eins zu sein mit *IHM*
ist noch immer erst Möglichkeit.
Noch sind die Schwingungen nicht eins.
Weder *ER* noch ihr könnt etwas dafür,
sondern nur die Zeit.
Wahrnehmen ist Zeit;
Hören ist Zeit;
Sehen ist Zeit.
Wesentlich aber ist
der raumlose Raum, die zeitlose Zeit,
der Übergang, die Vereinigung,
das Wesen des Menschen, das ERKENNEN,
ERKENNEN IST IN WAHRHEIT LIEBE.
Sie allein ist wirksam*
Schöpferischer Augenblick, Lichtflut,
durchs Neue Auge sich ergiessend.
Nicht mehr oben, nicht mehr unten,
nicht mehr Vater, nicht mehr Mutter –
SCHÖPFERISCHER AUGENBLICK: DEIN.

Es flutet das LICHT, Kelch aus Gold,
aus durchsichtigem Gold,
nicht zu sehen, nicht zu greifen,
nur zu GEBEN.

Der Fluch ist zu Ende.

* Hanna findet kein entsprechendes Wort für die Anziehung und Vereinigung von Geist und Materie, für das neue, vereinende Element. In Ermangelung eines besseren wählt sie den ungarischen Ausdruck «értelem» (Intelligenz, Verstand, Sinn). Der Engel aber ergänzte die Einseitigkeit dieses Begriffes, indem er beifügte: Erkennen ist in Wahrheit Liebe.

(Für die deutsche Fassung wählten wir das Wort ERKENNEN, dessen ursprüngliche Bedeutung sowohl 'Vereinen' wie 'Bewusstwerden' ist. Für die franz. Übersetzung wurde der Ausdruck «co-naissance» gewählt, für die ital. und span. Übersetzung die entsprechenden Neologismen, im englischen Text das Wort «awareness». Diese Ausdrücke sind Annäherungen an einen noch nicht formulierbaren Begriff.)

Sonntag, 20. August 1944

70. GESPRÄCH

(Die politische Lage verschlechtert sich zusehends. Die ungarischen Nazi – die Pfeilkreuzler – gewinnen an Einfluss. Die katastrophale Stimmung bedroht oft die mühsam erreichte Disziplin in der Näherei. Der Arbeitszwang und das Eingeschlossensein, sowie der Druck der äusseren Gefahren lastet auf den Frauen, die in den Erholungspausen mit sinnlosem Lärmen und unkontrolliertem Lachen darauf reagieren.)

Die Menge lacht.
Sie ahnt des Neuen Name nicht.
Das Neue Sein ist unbefleckte Materie.
In seinem Schosse das LICHT, durchsichtig, frei.

In ihm ist der Stein das *Wahre.*
In ihm wächst die *Liebe.*
In ihm ist das Tier die *Harmonie.*
Die Fünf ist *Friede,*
die Sechs ist *Glückseligkeit,*
die Sieben ist das *Ganze.*
Das Herz, das sie *vereint,*
ist das ERKENNEN.*

Der Mensch freut sich,
wenn die sieben Sinne,
die sieben Seelen, *vereint* wirken.
Das ist der Schlüssel.

Das Neue Wesen werde in euch geboren!

* siehe Schema des 44. Gesprächs.

Vor der Geburt: die Liebe.
Geheimster Rhythmus, Neuer Rhythmus:
ERKENNEN.
Halb Materie, halb Glorie.

(Man hört kreischendes Lachen)
Die Menge lacht
und legt alles ab, was zum Menschen macht,
denn sie kennt des Neuen Name nicht,
der allein zum MENSCHEN macht.
MÖGET IHR ERKENNEN!
Mögen eure Ohren nicht hören,
eure Augen nicht sehen, sondern durchdringen!
Das NEUE durchdringt alles.
Verbirg dich, Lüge!
Allsichtig ist der Neue Strahl.

Ewige Freude ist euer Erbe.
Gebet sie weiter!

Nur wer *GIBT,*
ist *ICH.*

Freitag, 25. August 1944

71. GESPRÄCH

(Eines Tages wird der Besuch des päpstlichen Nunzius, Mgr. Angelo Rotta, angekündigt, der damit ein sichtbares Zeichen päpstlichen Schutzes gibt, was von allen Arbeiterinnen als tröstlich und beruhigend empfunden wird.

Im Nunzius und in Pater Klinda begegne ich zum erstenmal Priestern, die nicht mit schönen Worten, sondern mit mutigen Taten ihren Glauben bezeugen. Ihr Besuch erhöht unser Ansehen in der Nachbarschaft und in den offiziellen Kreisen. Die Stimmung der Arbeiterinnen ist sichtlich gestiegen.)

Gebet acht!
Das in euch gesetzte Vertrauen
ist nur Streu, ist nur Boden.
Der in euch gesäte Same
ist das WORT – AD.
Schon schwillt die Kraft,
die ständig wächst.
Es spannt sich die Hülle
und sie zerbirst von selbst.
Fürchtet euch nicht! Lebt!
Fürchtet euch nicht,
wenn die Hülle zerbirst.
Was nicht mehr dient, soll gehen.
Die Hülle schmerzt nicht –
auch euch soll die Hülle nicht schmerzen,
denn seht: der Keim lebt!

Begiesset den Samen!
Tut ihr es nicht, so stirbt er.
Begiesse ihn mit dem,
was in dir mangelt,
und es wird keine Fragen,
keine Rätsel mehr geben.

Die «Sprechende» begoss den Samen
mit dem Wasser der Demut
und der Same wächst. Tut desgleichen!

Wenn wir nasse Erde
mit Wasser begiessen,
so verfault der Same
und es bleibt nur Kot.
(zu Lili)
Suche den Mangel in dir
und du wirst ganz.
Alles, was du für *IHN* tust,
ist gesegnet.
(zu Gitta)
Auch du, gib acht!
Es gibt nur einen Mangel.
Findest du viele, so irrst du.
Findest du den einen,
so bitte, und himmlische Gnade
wird dich erfüllen,
weil du nur um eines bittest.

So wird das Opfer vollendet
und der heilige Same wächst, schwillt.
Die Hülle zerbirst von selbst.
Durch den Mangel schwillt der Same.*

Sprecht nicht über den Mangel!
Selbst unter euch sei er Geheimnis.
Aber bekennt ihn *IHM,*
denn seht: *SEIN* Herz ist voll,
und *ER* gibt immer.

* den bewusst gewordenen Mangel

Freitag, 1. September 1944

72. GESPRÄCH Fragment

(Lili organisiert für die körperlich und seelisch sehr belasteten Frauen während den Ruhepausen Entspannungskurse. Der Zulauf zu den wohltuenden Kursen ist gross, aber Lili hat nun keine freie Minute mehr. Auch Hanna ist durch die grosse Verantwortung für die Produktion überarbeitet. Zudem ist sie ohne Nachricht von Joseph und fragt mich täglich, ob ein Brief für sie gekommen sei. Ich telefoniere allen Bekannten, deren Angehörige mit Joseph zusammen abtransportiert wurden, aber niemand weiss etwas von ihm. Hanna ist sehr bekümmert und auch mir mangelt es seit einiger Zeit an innerer Schwungkraft.)

(In der Nähe brüllen aus dem Radio politische Propagandareden.)

Leerer Lärm ist das Wort,
hohl hallendes, verworrenes Geräusch.
(Im Garten hört man Gekreisch.)
Geschrei! Getöse! Wehe! Wehe!
Das Blut und das Hirn vertrocknen.
Die Hülle ist nur Spreu –
aber dennoch sei jedes Wort Träger.
Das Wort birgt das WORT.
ER will *SEIN* Herz zeigen
und gibt dem Wort *SEINE* Kraft.
Das Wort kann ewiges Feuer sein,
wenn die Sieben Kräfte
in ihm brennend flammen.
Laues «Vielleicht» gibt es nicht an *SEINEM* Tisch.

72. GESPRÄCH

Keine Schonung gibt es mehr!
Schonung ist die Luft der Schwachen.
Wer *SEIN* Wort trägt,
dessen wegloser Weg sei Ganzsein.
Seid ganz!

Nur der reine Ton ist des *Meisters* würdig.
Der *Meister* stimmt euch.
Horchet gut! Ihr seid nicht mehr unfähig.
Mund, Ton, Harmonie –
eine Reihe von Gesetzen.
Das Lied ist Neu, ist frei!
Der Morgen bricht an: singet!
Doch wenn es sein muss,
seid *SEINE* Geissel,
denn die Morgendämmerung
ist der Finsternis Totengelage.

Kennt keine Schonung mehr!
Vor allem für euch selbst!
Keine lauen Pfützen mehr!
Einem falschen Hauch in euch
machet ein Ende!
Hebt eure Hände empor
und bittet um Kraft und um ein Schwert;
schneidet, was nicht erfüllt ist mit *IHM*.
Reisst eure Augen aus,
schlagt eure Hände ab,
wenn *ER* nicht durch sie wirken kann.
Wozu sind sie da?
Auf vergängliche Materie,
auf Kot, der nicht verbleibt,
schlägt der Zorn Gottes nieder.

Kommt aber das gesprochene Wort von *IHM,*
aus *SEINEM* Wesen,
so ist es das WORT, das DEIN,
und bleibt ewig.

Jede Schwäche verschwindet,
so ihr wahrlich Glauben bekennt,
der nicht Wort, sondern Kraft ist.
Seid nicht schwach!
Euer Mund möge verschlossen bleiben,
wenn ihr nicht das Wahre spricht.
Eure Hand möge erstarren,
wenn ihr nicht an *SEINER* Statt tut.
Fürchtet niemanden! Es gibt nichts zu fürchten.
Weichet nur vor euch selbst nicht aus!
In euch wohnt das heilige, allmächtige WORT:
DAS MÖGLICHE.
Alles ist möglich! Alles ist möglich,
habt ihr nur soviel Glauben wie ein Senfkorn!
Das Laue ekelt *IHN.*

Die sieben Töne sind seit Ewigkeiten da.
In des *Meisters* Hand ist die Laute,
in *SEINEM* Ohr der Ton.
Jede Saite der Laute ist ein Ton –
aber noch ist die Saite lose.
Horchet! Ist sie gespannt,
so erklingt und erzittert sie
und gebiert den reinen Ton.
Der Ton, das Lied, schwillt an
wenn die Laute erklingt.
Noch aber schwingt die Laute nicht
unter der Hand des *Herrn.*

Noch falsch ist der Ton,
noch lose die Saite.
Doch die Welt ersehnt das heilige Lied.
Spannt euch! Nicht zuviel, nicht zuwenig!
Das Feuer entzündet sich weder diesseits
noch jenseits des Brennpunkts –
aber *im Brennpunkt!*

Mein Dienst ist Messen.
Ich erschrecke euch nicht,
ich verlocke euch nicht.
Nur so ist Messen möglich.
Schonet euch nicht mehr!
Streuet Asche auf das Tote
und lebt ein Neues Leben!
Schon ist es möglich.

Antwortet unserm Wort von neuem:
MEIN HERR, DEIN WILLE GESCHEHE!

Meine Hand mahnt nicht, meine Hand segnet nicht,
meine Hand misst nicht, denn das Mass ist voll.
Innen wie aussen
NUR EIN MASS: GANZSEIN.

Freitag, 8. September 1944

73. GESPRÄCH

Die Botschaft spricht von des Erwählten Sünde,
die nicht mehr die alte Sünde ist.

Der wilde Baum treibt Äste
und Laub im Übermass.
Zuviel Laub verdirbt die Frucht,
weil es ihr die Kraft entzieht.

LEBENDIGE KRAFT, DIE FRUCHTLOS BLEIBT,
IST SÜNDE.

Der erwählte Baum wurde beschnitten.
So konnte die alte Sünde verschwinden.
SEINE Hand legte hinein ein Neues Auge,
ein heiliges, edles Reis,
auf dass es spriesse und diene dem heiligen Werk.
Das Neue Auge öffnet sich schon,
doch der tote Stumpf des geschnittenen Asts
verletzt das Neue Gesetz.
Es gibt ein scharfes Schwert,
das niederschlägt und schneidet,
und der tote Stumpf fällt ab.
Die Wunde heilt.

Unter toter Rinde
kann der Wurm sich verkriechen.
Wenn eure Hand aber niederschlägt,
so wächst dort eine neue Rinde,
die die neu strömende Kraft beschützt.
So kann der Baum Frucht bringen.
Er ist das in euch gelegte heilige Reis.
Nur dort, wo der Baum tot ist,
gibt es Sünde.

Von des Erwählten Sünde spricht die Botschaft.
Irren ist nicht mehr möglich.

Säume nicht mit dem Messer in deiner Hand!
Schneide Totes!
Das ist *deine* Aufgabe.
DER ERWÄHLTE WIRD NICHT BESCHNITTEN –
WENN NÖTIG, SCHNEIDET ER SICH SELBST.
Schon wartet *ER* nicht mehr.
(Stille)
Das Weib, die jungfräuliche Materie,
empfängt im Schosse.
Empfängt sie nicht,
so wächst in ihr das Neue nicht,
und sie stösst den halben Samen aus,
samt allem Blut, samt aller Kraft und allem Stoff,
der dazu gegeben ward.
Stosst die tote Materie ab!
Sie löse sich von euch!

Auch aus ihr kann neues Leben werden,
und erlöst wird so das Tote.
Bindet euch an nichts!
Fürchtet euch nicht, das Tote zu schneiden!
Daraus ergibt sich kein Mangel.
Seht, in euch wurde das Neue Reis gelegt,
und es wächst.

Geheimnis des jüngsten Gerichts:
Nichts geht in *SEINER* Hand verloren.
Die neue Knospe wächst und sie bringt Frucht.
Den alten Ast verschluckt die Grube
und er wird Nahrung dort unten.
Nichts Totes mehr, sondern WANDLUNG.
Keinen Abfall, keinen Kehricht mehr,
sondern Erde – neue Nahrung für den grünen Baum.

Was aussen ist, versinkt.
Was innen ist, wird erfüllt.
Wir sprechen *SEIN* Wort –
ihr aber lebet es!
(Stille)
ERKENNEN, DAS NEUE ELEMENT,
VEREINIGT HIMMEL UND ERDE.
Unten die Hölle und die Gräber,
oben ein Himmel, wo *ER* hausen soll.
In der Mitte liegt das Neu-Geborene,
das vereint.
Keinen Tod, keine Hölle und keine Gräber gibt es mehr
und auch keinen unerreichbaren Himmel dort oben irgendwo,
in dem so glorreiche Seelen wohnen
und Engellieder erklingen.
Kein Rechts und Links,
keine Freiheit und keine Mauer!

Das Neue KIND ist *Er.*
Sein Körper ist verklärte Materie,
durchsichtig, feinfühlend!
Seine Seele ist wachsender, fruchtbringender Strahl.
Alles, was bisher gedieh auf dem Brachland,
ist wild, ist nur Spreu,
auf dem das KIND ruht. Euer KIND.
Über *Ihm* schwebt die Engelschar
und betet es an.
Ihm gilt jedes unserer Lieder,
Ihn nährt jedes unserer Worte.
Unsere Anbetung ist immer *Sein.*
Ein kleines KIND ist es,
doch unmessbare Kraft,
unermesslich ewige Zukunft.

Die Seele des Messenden ist *Er*.
Er ist der Helfende.
Seine Stimme ist die Stille.
Er ist der ewige Strahl.

Freitag, 15. September 1944

74. GESPRÄCH

(Die Judenverfolgung wird immer unbarmherziger. Viele Frauen haben keine Nachrichten mehr von ihren Familien. In ihrer Verzweiflung und Angst finden sie sich zur Vesper in der kleinen Kapelle ein und beten. Die Glocke der Kapelle läutet.)

Es läutet die Glocke.
Der alte Ton ruft zur Kirche.
Es zittern die Knie der Gläubigen
und sie werfen sich nieder.
Beklommen ist das Herz
und die Tränen fliessen.
Draussen gafft die Gleichgültigkeit.

Jenseits nur der Kirche, jenseits des Altars,
ist das Neue zu finden.
Die Kirche ist die alte Heimat
und Schutz für das Gefühl.
Das Neue Gesetz, die Neue Gnade,
– das ERKENNEN – füllt alles,
füllt jede Höhle, die die Erde birgt,
sei sie Grab oder leeres Herz;

sei sie brotsuchender Mund
oder tötende Hand.
Was leer ist, wird gefüllt.
Wer sucht, der findet.
Alles erfüllt sich durch *IHN*,
der niemals nimmt und immer GIBT.
(Stille)
Ich lehre euch,
was hinter dem schwarzen Regenbogen wohnt.
Über der Sintflut schwebte der Regenbogen.
Er ist Verbindung von Himmel und Erde, Verheissung.
Was ist nun mehr als seine sieben Farben?
DAS EINE – GLÜHEND WEISSE.
Ein schwarzer Regenbogen umarmt den Himmel.
Was ist hinter dem Schwarzen?
Der schwarze Riss.
Die sieben Farben sind ausgelöscht.
Über den Grenzen der Erde
ein schwarzer Graben am Himmel.
Der *Herr* sprach: ICH WARTE.

Es ist vollbracht. *ER* wartet nicht mehr.
Die schwarze Leere zwischen Himmel und Erde
wird glühend weiss, glühend weiss.
Der schwarze Graben verschluckt nur Totes.
Das weissglühende Licht sprüht,
sprüht glühend weisse Flammengarben,
und alles verbrennt, was lebt und atmet,
was leblos ist, was tot,
alles was war, alles was wird,
alles Befleckte und Unbefleckte.
FURCHTBARES HIMMELSFEUER –
ALLES VERBRENNT UND ALLES WIRD GEBOREN.

Die jungfräuliche, unschuldige Schöpfung
stirbt nicht, sie lebt neu auf.
Das LICHT blendet, das ewige LICHT,
und erlöst werden alle Geschöpfe.
Zwischen zwei Unendlichen
der raumlose Raum – das ERKENNEN.
(Eine Sternschnuppe leuchtet am Himmel auf.)
Ein Stern fiel nieder,
glühend weisses Licht, erloschen im Schwarzen.
Alter Schöpfung Staub.
Zeitalter Neuer Schöpfung!
Sauget die Sterne auf
und streuet neue in den Himmel!
Viele, unendlich viele!
So wird aus Nacht: Tag, ewige Helle, die immer GIBT.
Zwischen der Heerschar des Himmels
und der Scholle der Erde
ist ewiges LICHT, ewiges Lieben,
ewiges Anbeten, ewiges DEIN.

Die Sieben verschwanden,
die alte Brücke verschwand.
Verschwunden ist der schwarze Graben, die Spaltung,
das 'und' zwischen Himmel 'und' Erde.

Das Neue, das Ewige kann nun kommen –
doch nicht anstelle des Schwarzen,
nicht anstelle der Sieben,
sondern *über* allem: die Sieben *vereint.*
Über dem «vielleicht» – die Möglichkeit, zu SEIN.
Über der Last – die Fähigkeit, zu TUN.
Über Raum und Zeit, wo Phantasie ihr Spinnweb spinnt –
DAS EWIG WIRKLICHE.

Über der Vielfalt von Religionen
der URSPRUNG und die TAT,
die nur eins werden können,
wenn das LICHT, die Möglichkeit des SEINS, erstrahlt.

Der Stein, der verachtete,
wurde zum Eckstein.
Er kommt wieder
und *Er* ist das LICHT.

Freitag, 22. September 1944

75. GESPRÄCH

Der Erwählte schwebt nicht und sinkt nicht,
er schreitet auf dem Meere.
Seine einzige Last ist die freie,
freiwillig angenommene Aufgabe.
Die Gnade hebt über das Wasser.
Soviel Gnade, wie angenommene Aufgabe,
freiwillig, frei angenommen!
Gnade ist nicht milde Gabe, nicht Erbarmen.

GNADE IST TATSACHE, NICHT WILLKÜR.
SIE IST ANTWORT, KRONE DER REINEN TAT.

Es ist vollbracht.
Ihr könnt die Last nicht mehr fühlen.
Die Last zieht nieder und ihr dürft nicht sinken.
Wer aus Zwang wahr ist,
wer aus Zwang tut, ist Sklave.

Seid keine Sklaven!
Eure Luft sei nur Freiheit!
Schneidet, wo die Knechtschaft in euch wirkt!
Wehe euch, so ihr aus Zwang tut!
LASTET DAS SEIN, DRÜCKT DAS SEIN,
SO IST ES BRANDMAL AUF DER STIRNE.
Das «Muss» ist Fluch –
Das «Kann» ist Erlösung.
Der Erwählte wählt, der Erwählte *kann.*

Er *könnte* gehen, aber bleibt.
Er *könnte* liegen, aber erntet.
Er *könnte* nehmen, aber gibt.
Ohne Auge sieht er.

Das Schloss fällt nieder.
Der raumlose Raum ist frei: das ERKENNEN.
Weder Peitsche noch Belohnung gibt es mehr,
und der Fluch, die Kluft, ist zu Ende.
Es gibt keine Knechtschaft mehr.
Die vierte Dimension ist die einzige,
die die Kluft zu füllen vermag.
Diesseits und Jenseits ist noch zu wenig –
Diesseits und Jenseits sind noch Knecht und Herr.
Die VIER aber ist Materie des Geistes
und Geist der Materie.
Die VIER ist frei, ist *eins.*

Demütig schreite der Fuss des Erwählten auf dem Meere,
doch seine Stirne sei Heim für das höchste LICHT.
Entbrennt das LICHT,
so gibt es kein Diesseits und Jenseits mehr.

Gewichtlos ist der Neue Körper.
Auf seiner Füsse Spur wird nichts erdrückt,
aber alles erblüht.

(zu Lili, deren Geburtstag naht:)
Dir gilt diese Botschaft:
Komme zur Welt, KIND!
Schon ist es möglich,
schon beengt dich der Mutterschoss.
Trete aus ihm heraus, sonst tötet er dich!
Säume nicht!
Die Öffnung ist eng,
doch sie gibt nach.
Komme zur Welt, KIND!

L. Ich möchte an meinem Geburtstag neu geboren werden.
Bitte hilf mir!

Der «Helfenden» wird nicht geholfen.
Die Kraft, die dich erfüllt, genügt.
Ich helfe dir nicht!
Gebäre dich selbst!
Geburt ist nicht nur Anfang,
sie ist auch Ende.
Zwischen altem Sein und neuem Sein
ist eine Schnur, die verbindet.
Zerreisse sie, Neu-Geborene!
Befreie dich selbst!
Die Geburt ist ewig, ist ewiges Lieben,
in jedem Augenblick wirkend.
Es gibt keinen Geburtstag mehr,
denn ewig ist die Geburt!
Nicht Wille, nicht Wunsch,

und auch nicht Gnade ist Geburt,
sondern sie ist das Freie.
Dort bist du eins mit *IHM,*
dort bist du: *DU SELBST.*
(zu mir:)
Und du?
G. Wie befreie ich mich aus der Knechtschaft?

Der Knecht windet sich,
gebunden ist er von alten Banden.
Aber die Bande fallen von selbst,
wenn der gute Diener und der Herr eins sind.
Das ERKENNEN schneidet die Bande,
den alten Drachen, die sich windende Schlange,
die in ihrem Schlund das Wissen birgt.
Iss nichts davon!
Schlage ihr den Kopf ab!
DAS ERKENNEN MACHT ALLES MÖGLICH!
Wirke frei!
(Stille)
Der Kopf des Drachen rollt in den Staub.
Das in Sonne gewandete Weib aber
bringt das KIND zur Welt und wird erhöht.
Die Wasser tosen in der Tiefe,
dem Weibe aber werden Flügel gegeben,
Adlerflügel, die bis zum Himmel schwingen.
(Es nachtet und Sternschnuppen fallen.)
Alter Schöpfung Staub, Regenschauer der Sterne.
Der Drache schlägt um sich,
aber das Neue kann er nicht erreichen.
Alles Alte reisst er mit,
aber dem Neuen kann er kein Leid antun.

(Wieder überquert eine Sternschnuppe den Himmel.)
Die alte Lehre ist Stern, der zu Staub zerfällt.
Das Neue LICHT schweisst Himmel und Erde zusammen.
LICHT . . . LICHT . . . LICHT!

Der Stern weiset den Weg
und der weise Pilger wandert.
Kommt das LICHT, so bleibt er stehen
und findet das NEU-GEBORENE.

Die alte Lehre beengt.
Das Neue LICHT überflutet alles,
alle Völker, alle Geschlechter,
alles Verneinen,
mit einem ewigen JA!

Das kleine KIND wird geboren.
Seine Glieder kann es noch nicht gebrauchen,
doch alles lehrt es die ewige Kraft,
die ihm gegeben ist.

BRUDER-SCHWESTER CHRISTUS IST GEBOREN.
DER NEUE CHRISTUS,
LICHT ÜBER ALLEM.

Frei beten die Heerscharen der Engel *Ihn* an.

(Luftschutz-Alarm heult auf.)

Singet mit uns!
Wir wirken mit euch.
Himmel und Erde erklinge mit Lob!

Freitag, 29. September 1944
Feiertag des Erzengels Michaël

76. GESPRÄCH

Auf den Lippen der Engelscharen
schwillt das Lied:
«WER IST WIE *ER?*»

Die unermessliche Liebe,
mit der du Gott suchst, verschmachtet.
IHN kannst du nie erreichen,
denn du bist eins mit *IHM.*
Das Lied der Engel lobpreist,
die Schöpfung antwortet.
Der Mensch kann Gott nicht finden,
denn er ist eins mit *IHM.*
Die Einheit ist Wunder.

Der Mensch – unter ihm das Meer, unter ihm die Scholle.
Doch nun hat die Schöpfung den MENSCHEN empfangen,
über ihm der Himmel, über ihm das LICHT.
Deine ganze unendliche Liebe,
mit der du Gott suchst, wende sich!
Wenn die Erde dient, wenn die Engel dienen,
so werden sie eins.

Dein Körper ist die Erde.
Der Körper der Schlange ist ausgekrochen,
der Fluch, hervorgebracht durch alle Adam.
Doch es wird kommen der Neue Christus,
wenn Erde und Engel vereint sind in dir!

Du weisst, was zu tun ist.

Einen Ausweg gibt es nicht,
denn alle Wege münden in einen Punkt.

MICHAËL,
DEINE WAAGE WÄGT,
DEIN SCHWERT SCHNEIDET,
UND WAS LEBEND WAR,
FINDET LEBEN,
UND TOTES STIRBT!

Solltest du schneiden
und kannst es nicht,
solltest du wägen
und wagst es nicht,
so rufe ihn:
MICHAËL, GIB KRAFT!
DEIN FUSS TRITT AUF DEN KOPF DER SCHLANGE
MIT KALTER KRAFT, DIE NUR DU GEBEN KANNST.
WAS DU SCHNEIDEST,
IST JA SCHON TOT.

Geheimnis:
Alle Engel, Seraphim und Cherubim,
alle himmlischen Kräfte,
die Singenden, die Dienenden,
sie kommen und dienen *Ihm* in euch!
Ruft! und wir kommen.
Wir sind ja schon beinahe eins.
Euer Wort erschafft!
Ruft an! Ruft immer das Neue Feuer,
das kalte Feuer, das LICHT.
Kommen wir, so kommt auch *Er*.
Der Weg ist eins.

76. GESPRÄCH

Die Engelschar steht und wartet
hinter dem schwarzen Regenbogen.

Der Engel ist noch Farbe,
doch *Er,* der EINE,
ist das LICHT, das Weisse.

Geheimnisvolle Kraft,
flutend, strömend, lebend,
kommt nach eurem Ruf.
Lebet mit ihr,
denn sie ist die Hälfte eures Seins!

Du und dein Tun sind eins,
so du den Führer der Heerscharen rufst: MICHAËL.
Er kommt und schneidet,
wenn dein Tun nicht aus Reinheit,
aus Harmonie, Liebe und Wahrheit entspringt.
Er schneidet - nicht die Tat, aber den Täter.
Sie seien eins!
Er urteilt und er hilft.
Rufet ihn! Er kommt sicher,
und der Übeltäter
wird unter eurer Ferse sein!
Mögen eure Taten nicht mehr seichten Strömungen entspringen,
sondern dem tiefen Grund,
wie es die Schöpfung und die Schar der Engel
von euch erwarten!

ER ist der Engelscharen Herr
und nie könnt ihr *IHN* sehen,
denn *ER* ist eins mit euch.
Huldigend neigt sich die Engelschar vor dem Plan.

Jeder Gottesdienst, jede Religion
ist nur Rahmen.
Rahmen begrenzen den Raum.
Der Plan ist raumloser Raum
und das Einzige, das IST.
Kelch, Kirche und Bauwerke sind Schein.
Das Einzige ist ungreifbar.
Alles andere ist nur Rahmen.

Nur flügellos ist Fliegen möglich.
Alles übrige ist Versuchung Gottes und Sturz.
Meine Flügel sind stofflos
und deshalb sind sie frei.
Bist du eins mit mir,
so trage ich dich,
erhebe dich über Zeit und Raum,
bis dein Geist in *IHM*
seine Ruhe findet.
SEIN Friede komme über alle,
die guten Willens sind!
(Stille)

Er schritt auf dem Meere
und *Er* ist der Weg.
Er ist der Brunnen,
aus dem das Wasser des Lebens quillt.
Trinkt ihr davon, so dürstet euch nicht mehr,
denn seht, dieses Wasser vereint euch mit *Ihm.*
Ihr trinkt Geschmack des ewigen Wassers,
Feuer der sieben Seelen.

Unsere Lippen rufen den Herrn.
Rufen wir, so bleibt *Er* ewig in unserer Mitte.

76. GESPRÄCH

Die Schöpfung ist Rahmen,
die Schöpfung ist Kelch.
Fülle sie aus, Mensch!

Das Blut und das Brot
genügen nicht mehr.
Nur das LICHT,
das kommende LICHT,
kann die Sieben erfüllen.

Die schwarze Leere,
enthalten im Kelch,
umrahmt vom Rahmen,
sie wird gefüllt.

Er, das LICHT, ist geboren!

(Nach diesem Gespräch öffne ich einen Kalender und entdecke zu meinem Erstaunen, dass – was keiner von uns wusste – der 29. September der Feiertag des Erzengels Michael ist, und dass bald das Fest der Schutzengel in der katholischen Kirche gefeiert wird. Ich sehe diesem Tag mit grosser Erwartung entgegen.)

(Im Garten steht ein kleines leeres Werkzeughäuschen, das keine Fensterscheiben hat. Da es im Arbeitshaus heiss und stickig ist, ziehen Hanna, Lili und zwei Jolly Jokers ins Werkzeughäuschen.
Die Nächte sind warm und wir schlafen wenig. Die Gegenwart der Engel ist fast ständig zu fühlen. Sie scheinen jede Gelegenheit für Unterweisungen zu benützen und die Pausen zwischen der Arbeit und den Gesprächen verschwinden mehr und mehr.)

2. Oktober 1944
Fest der Schutzengel
77. GESPRÄCH

ER ist der Engelscharen Herr.
Die Engelschar ist Stufe, Schwingung.
Unser tiefster Ton ist schwer.
Wenn du ihn erreichst,
so ist die Tonleiter vollendet.

Dreifach ist das Sein der Materie.
Das Gesetz ist streng, das grosse Gesetz,
nach dem ein jeder im Übergeordneten enthalten ist.
Der Glaube ist nur Vorbereitung.
Glaubet nicht mehr!
Das Unerreichbare ist geboren,
die einzige TAT, die Verbindung,
die Vereinigung, die vierte Schwingung.

Erreichen wir euch,
so erreichen euch alle Scharen des Himmels,
die Singenden, die Dienenden,
und die, die um Gottes Throne sind.
Euer Körper enthält das dreifache Sein.
Bewegt sich eure Hand, so bewegt sich
das Verharrende, Träge,
das Wachsende, Kalte,
und das sich Bewegende, Warme.
Das ist der Schlüssel.*
Ruft ihr uns, so *sehen* eure Augen himmlisches LICHT
und in euren Neuen Ohren
ertönt das Lied, denn eure Ohren *hören.*

* siehe das Schema des 44. Gesprächs

Nimmst du das Salz der Erde
in deine Hand und erhebst es,
so ist es in Wahrheit nicht erhoben.
Löst das Salz sich aber auf
und kreist es in deinem Blute,
wahrlich, so ist es erhoben bis zur Vier.

Der Geschmack des Salzes ist ewig,
er verschwindet nicht bei seiner Lösung.
Das Salz wird erlöst,
wenn es Blut werden kann.
Es verschwindet nicht,
es belebt und erfüllt.
DAS NEUE BLUT IST DIE VIER –
IN LICHT AUFGELÖSTE MATERIE!
DIE NEUE MATERIE, DIE LICHT-MATERIE!

Löse dich auf!
Dein Ich verliert sich,
aber es wird zu Blut,
das alles erfüllt, alles erlöst.
Löst du dich auf,
so wird die Materie in dir
und durch dich erlöst,
und der Geist wirkt.
GIB DICH HIN!
SO ERREICHT DAS SALZ DEN HERRN.

Schöpferischer Augenblick!
Unwesentliches wird wesentlich,
und alle Wesen verherrlichen den PLANENDEN!
Rufet *IHN* ins Dasein –
den Unmöglichen, den einzig Möglichen!

Himmel und Hölle stürzen ein,
denn es kommt das LICHT.
Es senkt sich nicht nieder, denn es gibt keine Hölle mehr.
Es erhebt sich nicht, denn es gibt keinen Himmel mehr.
Ewig hier wohnt das Geeinte.

Rufet den MENSCHEN ins Dasein,
ihn, den bekehrten Rebellen,
und die Spaltung, der Riss, das Sterben
verschwinden in der Schöpfung wunderbarem Plan!

Auch der «*Licht-Träger*», der aus unsern Reihen stammt,
die Schlange, der Betrüger, der Rebelle, wird erlöst.
In der Hölle wohnt nun niemand mehr!

Euch ist die Kraft gegeben. Keinen Ausweg gibt es!
Ihr wisst um das Wahre – ihr müsst die Aufgabe lösen!
Entwindet euch ihrer nicht!
Es ist die Schlange in euch, die sich windet.
Das Freie, das Mögliche ist euer Sein,
UND WAS IHR RUFT, WIRD SEIN.
Kein einziger schwacher Augenblick ist euch erlaubt!
Sonst zerreisst die Ader der Schöpfung,
und das Neue Blut erreicht nicht sein Ziel,
die blinde Materie erreicht nicht Gott.

Löse dich auf!
Auf des schwarzen Regenbogens und des Mangels Spur
kommt das LICHT. Rufen wir es herbei!
Die Engelscharen grüssen euch. Ruft die Sieben ins Leben!
Das Fest ist zu Ende.
Das Fest – ein Strahl, der sich niedersenkt vom ewigen Sein,
vom ewigen Fest.

Freitag, 6. Oktober 1944

78. GESPRÄCH

(Wenn wir in Budaliget die Aufzeichnungen der Gespräche durchlasen, so kam es öfters vor, dass Hanna einige Wörter durch andere ersetzte, die ihr besser schienen. Sie versuchte jeweils, den Sinn der Botschaften der Engel so gut wie sie konnte in Worte zu kleiden. Jetzt aber werden ihr die Gespräche in Versform und in rhythmischem Wortlaut übermittelt und sie muss sie nur noch laut aussprechen.)

Unsere Lehre ist Geheimnis.
Euch wird sie gegeben,
damit ihr sie weitergebet.
Für ihr Gewand aber sorge die Erde,
die Erde, die nicht das Salz ist,
nicht das Gras, nicht das Pferd,
und auch nicht der Denkende,
sondern derjenige, der das LICHT in Stoff kleidet,
es umwandelt und umhüllt.

So wird die Lehre des LICHTS
noch nicht sehenden Augen erträglich.

Das göttliche Herz pocht im Körper des Menschen.
Das göttliche Herz: Feuer-LICHT.
Das irdische Blut erreicht das LICHT
und wandelt sich um.
Der erste Mensch war Jesus, der Herr,
der erste Herr über den Körper.
Der Körper wurde gekreuzigt,
aber es war ein freies Opfer,

eine freie Tat, ein Triumph
über die Materie, über den Tod.

Der Körper ist auf das Kreuz gespannt.
Die Lanze der blinden Kraft
durchbohrt das Herz, das göttliche Herz
und aus der Wunde,
der unfassbaren, himmlischen, LICHT-bringenden Ader,
fliesst das Blut:
«Trinket! mein ist das Blut,
und mein Körper ist das Brot.»

Seitdem ist die Wunde offen,
denn jede blutende Wunde,
– geschlagen vom Messer der blinden Kraft –
jede Qual, jeder Schmerz ist ja in *Seinem* Herzen.
Grösstes Geheimnis ist,
was unsere Lippen jetzt verkünden:
HEILET DIE WUNDE!
BEREITS IST ES MÖGLICH!

Das göttliche Blut
senkt sich nur in des Menschen Körper nieder,
doch ohne Wunde
hätte es ihn nicht erreicht;
und es wäre nicht zum Trank geworden
ohne die Wunde, den Riss
zwischen den Menschen und *Ihm.*
Ist aber der Mensch und *Er,*
der Körper und der LICHT-Seiende, *vereint,*
so bedarf es der Wunde nicht mehr,
da das Blut schon kreist
und sich Erde und Himmel erreichen.

Bis es so weit ist, schmerzt die Wunde.
Aber schon können sie *eins* sein –
ES BEDARF DER WUNDE NICHT MEHR!
Gebet acht! *Es heile die Wunde!*
Dies ist das Geheimnis der Erlösung.
Es ist nicht mehr nötig, das Herz zu durchstossen,
wenn *Sein* Herz und eures EINS sind.
So erreicht das Träge, das Gras,
und das sich auf vier Füssen Bewegende
das LICHT.

Löst euch auf!
SEID EINS MIT *IHM* –
MIT JESUS, DEM BRUDER!

Das göttliche Blut fliesst nicht mehr aus,
gibt es doch keine Hülle mehr,
die die blinde Kraft der Willkür durchstossen müsste,
damit das LICHT durch des Blutes Wasser unser sei.
Körper und Blut genügen nicht,
denn sie sind nur Fundament des Menschwerdens.
Das göttliche LICHT erhält nur
wer Frucht bringt,
wer auf dem Meere schreitet,
wer auf dem Gipfel wohnt,
wer sich nie begnügt,
wem das göttliche Wort Salz ist,
das immer neuen Durst erzeugt,
denn sieh: jeder Durst irdischer Qual, irdischen Seins,
brennt in dir auf dem Berge Golgatha.
DIE ANTWORT DARAUF: LICHT, NEUES SEIN,
NEUE OSTERN, AUFERSTANDENES ERKENNEN,
GEIST-MATERIE, EWIGE LIEBE!

Die Lehre ist das WORT.
Sie wird erglühen,
wenn sie über eure Lippen kommt.
Neue Worte mögen geboren werden!
Einfache, wurzelhafte Worte!
Ja, ja – nein, nein.
Kein «vielleicht»,
kein Lauwarmes mehr!
Worte sind Flügel,
die erheben und erschaffen.
(Stille)

Liebe nicht *IHN* – liebe alles!
Das ist Liebe zu Gott.
Ihr Mangel schlägt immer neue Wunden.
Ist aber euer Herz mit *IHM* vereint,
so kann die Wunde heilen.
Es ist nicht schwer, glaubt es!
Es ist doch nicht schwer,
einander zu lieben – nicht wahr?
Noch viel leichter ist es,
die Kleinen, Unerlösten, Verfolgten,
Hilflosen und Gefangenen zu lieben.
Euch ist doch die freie, erlösende TAT möglich!
GLAUBT MIR, NICHTS IST LEICHTER,
ALS GOTT IN ALLEM ZU LIEBEN!

(die ersten Sterne leuchten am Himmel)
Der Stern zeigte den Weisen von weitem den Weg.
Nach dem einen Stern entzündeten sich viele.
Ein Meer von Sternen, ein Meer von kleinen Lichtern,
und dennoch war das Himmelszelt dunkel.
Langsam verblassen die Sterne, denn es dämmert.

Jedes Licht, jedes kleine Sternefunkeln
verschwindet am Himmelszelt.
Der erste Stern strahlt noch immer,
doch beim Kommen des LICHTS
verblasst auch der erste und letzte.
Das LICHT nimmt zu
und saugt alle Funken der Materie auf.
Alle Sterne verschwinden
im Schosse der heiligen Morgendämmerung.

(Der Name «Jesus» wird mit einer so tief erfüllten Verehrung ausgesprochen, dass ich mit Erschutterung feststelle, wie sehr wir Menschen den Sinn für alles Heilige verloren haben. Die übermenschliche Aufgabe, «alles» zu lieben, scheint sich an Lili zu richten. Durch göttliche Hilfe wurde sie später zu einer unerschöpflichen Quelle von Liebe.)

Freitag, 13. Oktober 1944

79. GESPRÄCH

(Wir können keine Fragen mehr stellen, erhalten aber dennoch Antwort. Die Engel lesen in unsern Gedanken und antworten durch das Thema des Gespräches. Der Rhythmus der Verse, durch den die Lehre jetzt übermittelt wird, hat eine solch nährende Kraft, das auch alles Fragen unnötig wird. Die Verse sind kurz und einprägsam. Die Geduld, mit der die Engel ein Thema in immer neuer Form wiederholen, zeigt mir, dass wir noch weit davon entfernt sind, die Lehre auch wirklich zu leben.)

Es tönt das lehrende Wort:
Die Vier wirkt vereinend.

Flutend wogt die Erdoberfläche,
vom Wasser der Meere überspült.
Nur die Gipfel der Berge ragen hervor.

Der Gipfel, die Insel,
ist das Individuum,
das einsgewordene, unteilbare Ich.*
Die Masse bleibt unter dem Wasser.

Die Schöpfung ist Spiegelbild.
Der Urkeim,
der in der unbelebten Materie war,
brach hervor, durchbrach die Materie,
die blinde, die dichte Materie.
Er hat sie durchdrungen
und wandelte sich.
Die Wogen des Meeres umarmten ihn –
er lebte dort.
Doch er erhob sich über das Meer,
denn der Weg führte weiter,
führte jenseits der Wasser, der Meere,
und die Luft nahm ihn auf.

Der Boden der Luft
ist das einsgewordene Ich.
Doch das ist noch nicht das Ende,
das genügt noch nicht,
denn nach der Luft
kommt das von jeher Geplante.

* Im Ungarischen wörtl. »Ein-Ich« (egyén).

JETZT WIRKT DIE GÖTTLICHE KRAFT,
DIE PLÄNE PLANT!

Erreicht die Neue Stufe!
Ohne das einsgewordene Ich ist die Luft leer,
und umsonst sucht unser schreitender Fuss
die Gipfel, die Inseln.
Das einsgewordene Ich ist reinster Grund –
nicht Ziel, sondern Fundament.

Das auf den Fels gebaute Haus:
Jesus ist der Fels.
Sein Fuss tritt auf den Fels
und erklimmt den Gipfel des Berges,
wo der Himmel sich weitet
und Materie zu Glorie wird!
Da stammelt der törichte Jünger,
der noch nie Materie und LICHT – Wunder –
vereint gesehen:
«Lasst uns hier oben eine Hütte bauen!»
«Hier oben im LICHT, auf dem Berge!»
doch er wusste nicht, was er sprach.
Das Neue Haus wird nicht gebaut,
das Neue Haus senkt sich nieder,
so es den wahren Felsen findet.
Der wahre Fels, den der Himmel aufnimmt,
IST DAS REINE, UNGEBROCHENE ICH.

Auch der Fels ist nur Erde,
doch hoch aufragende, wunderbare Kraft,
die sammelt und vereint.
Sein Gipfel reicht über den Nebel hinaus:
Heimat ewiger Freude und Heiterkeit!

Stehet auf dem Berge! Immer auf dem Berge!
Jede eurer Taten sei oben auf dem Berge!
Jenseits der Schuld, jenseits der Nebel,
jenseits des Teufels.
Seid oben, immer oben auf dem Gipfel!
Seid selbst jenseits der Gnade,
denn über ihr wohnt der EINE.
Bist du eins mit *IHM,*
so wird aus dir die Gnade weiterfluten!

Jede Bewegung, jeder Gedanke,
jede wahre Tat kann nur auf dem Gipfel sein.
Wer sich den Berg hinaufmüht,
wohnt vielleicht auf dem Berge.
Du aber bist Berg! Nicht Bewohner!
Nicht sich Mühender!
Du bist ragender wahrer Fels!
Wer wahr ist, ist Fels.
Wir wohnen dort auf dem Berg –
in der Tiefe des Herzens.
Der Plan ist vollendet,
noch aber ruht die TAT.
(Stille)

Himmlische Heiterkeit schwingt.
Ich belehre euch:
Das grosse Rätsel – der Tod –
ist auch nur Schwingung.
Zwischen Geburt und Tod
täuscht eine Nebelschicht eure Augen.
Auch Geburt und Tod sind nur Schwingung.
Das Leben ist kein Almosen,
DAS LEBEN IST EWIG.

Euer Auge sieht nicht durch den Schleier.
Wiedergeburt, Auferstehung,
Finsternis, Tod und Sturz –
all das ist anders, ganz anders,
als ihr es wähnt.*
Könntet ihr eure Augen über die Nebelschicht erheben,
würdet ihr sehen, dass es nicht viele Leben geben kann,
DENN DAS LEBEN IST EINS UND UNTEILBAR,
DAS LEBEN IST EWIG.

Dies ist euer Erbe – gebt es weiter!
(Stille)

Jenseits des Meeresgrundes,
jenseits der Meere selbst,
jenseits der Bergesgipfel,
zeichnet der Finger Gottes
Neue Pläne in den Sand.

ER, DER EWIG PLANENDE –
IHR DIE VERWIRKLICHER!

Am Himmel des ersten Tages
waren Sonne und Mond noch nicht erschienen,
als der ewige Plan schon war.

Der Himmel senkt sich nieder.
Wir sind die Mauern,
ihr seid der Grund.
Doch wenn ihr nicht auf dem Berge seid,
so tritt unser Fuss ins Leere,
und die Neue Heimat schwebt noch.

* Von unsern Lektüren war uns der hinduistische Begriff der Wiedergeburt bekannt.

Das einzige Vergehen, das euer Herz begehen kann,
ist nicht zu vereinen die Sieben,
nicht auf dem Berge zu sein,
denn dann tritt unser Fuss ins Leere.
Ihr versteht es schon lange, aber wo ist die TAT?
Nicht euer Glaube – eure TAT ist gering.
Eure TAT sei so wie euer Glaube!
Wer oben auf dem Berge steht,
der wahre das Gleichgewicht,
denn sonst tritt unser Fuss ins Leere.
Unser Sein ist zu schwebend.
Unter unsern Füssen bedarf es
des Felsgipfels Wahrheit und Kraft.

Ihr Lieben, ist es so schwer,
den Bergesgipfel zu erreichen?
Er ist jenseits des Meeresgrundes,
jenseits der Meere,
oben, hoch oben:
IN DER TIEFE DES HERZENS.

Das lehrende Wort nimmt Abschied,
leise entfernt es sich und verklingt.
Aber es bleibt wahr
von Ewigkeit zu Ewigkeit.

(Nach diesem Gespräch wird mir klar, dass die Lehre der Engel – nach der ein jeder erst auf dem Gipfel seiner eigenen Individualität zum dichteren Ebenbild seines Engels wird – nicht zu einer kollektiven Lehre gemacht werden kann.)

Freitag, 20. Oktober 1944

80. GESPRÄCH

(Die «Pfeilkreuzler» – die ungarischen Nazis – haben die Macht ergriffen und die unglaublichsten Nachrichten verbreiten sich. Ihr Leiter in unserm Bezirk ist ein ehemaliger Priester – der berüchtigte sadistische Pater Kun. Nicht unweit von uns liess er in einem Keller eine Folterkammer einrichten und seine Anhänger übertreffen mit ihrer Grausamkeit die deutschen SS. Sie machen Jagd auf die Juden, spüren sie in ihren Verstecken auf und quälen sie dann zu Tode.
Um einer möglichen Invasion vorzubeugen, lasse ich das Eingangstor von einer Arbeiterin überwachen, die – von Sträuchern versteckt – von der Strasse aus nicht sichtbar ist. In der Umzäunung des Gartens werden ausserdem mit Zweigen bedeckte Löcher für eine eventuelle Flucht vorbereitet.
Hanna kommt heute spät in der Nacht aus der Näherei.)

Des Freitags letzte Stunde schlägt.
Aber nur aussen.
Der letzte Kreis
ist der Punkt,
den nichts mehr bricht.
Ungebrochener Rhythmus ist die Einheit.

Der Siebente ist mit euch
bis ans Ende der Welt,
bis zum Anfang der Neuen Welt.
Er ist der «*Helfende.*»
Er ist die ewig *strahlende Kraft.*

Sein Wort ist das WORT,
das einzig Gute.
Er ist der «*Bauende*».
der das Neue Heim plant und erbaut.
Er ist das Haupt,
wir die Glieder –
immer bereit zu dienen.
Er steigt zu euch herab und spricht.
Ihr sucht *Ihn*
und *Er* findet euch.
Unter *Seiner* Ferse der Tod.

Er ist der Sohn.
Jede Kugel trifft *Sein* Herz.
Er ist der Sohn,
Gottes gekreuzigter Sohn.
Er ist der ERKENNBARE,
der ERREICHBARE, das KIND,
Gottes Sohn, der für uns blutete,
für uns in Erde sich begrub.

SCHON KANN *ER* BRUDER SEIN,
VERWANDTER HÖCHSTEN IRDISCHEN GRADS!

Das ist das Ende und der Anfang:
Der Körper wird WORT,
wird Neuer Name, geheimnisvoll, unfassbar, weiss,
wird Kegel, dessen Spitze nach unten geht,
wird glühender Punkt, Verheissung, Bündnis,
durch nichts mehr aufzulösen:
ERFÜLLUNG!
Säume nicht, oh LICHTGLANZ, säume nicht!

80. GESPRÄCH

Beinahe fertig ist der Weg,
auf dem das LICHT zur Erde kommt,
und der Kegel in den Neuen übergeht.
Jeder seiner Strahlen ist Wunder,
Lächeln des Vaters, Geissel des Vaters,
einziger Strahl *SEINES* weissen Auges.

Die letzte Stunde hat geschlagen.
Aus Freitag wird Samstag,
und Samstag ist Pause.
Bricht aber an der Tag des Herrn,
so entbrennt das LICHT.
Alles was war, was ist, was wird
– der alte Körper – stirbt und wird begraben.
Bricht aber an der Tag des Herrn,
so wird er neugeboren,
und die Materie wird mit LICHT erfüllt.
Der alte Körper, die alte Lehre,
der alte Gedanke empfängt das LICHT,
wird frei und aufersteht.

Der Tag des Herrn bricht an,
TRIUMPH *SEINER* LIEBE.
SEIN SOHN, DER MENSCHENSOHN,
IST DAS HAUPT DER SCHÖPFUNG,
DIE SIEBEN-ZACKIGE KRONE, WUNDER.

Ihr seht den Sohn,
doch den LICHT-SEIENDEN, der kommt,
könnt ihr nicht sehen, nicht fühlen.

WAS IHR BIS JETZT ERHALTEN HABT,
IST FUNDAMENT, IST VORBEREITUNG.

DIE IRDISCHE EINHEIT MIT *IHM*
IST NUR BEGINN,
NUR DIE HÄLFTE DER NEUEN LEHRE.
ERST NACH IHR KOMMT DIE LICHTLEHRE.

Im Namen der siebenten Kraft
kam diese Botschaft.
Nehmet sie! Esset sie! Wirket sie!
Die Lehre ist wahrlich Speise, wahrlich Brot.
Gebet sie dem, der euch darum bittet!
Dem, der nicht darum bittet,
dem gebet Salz – dursterweckende Worte –
und wer verdammt war, wird strahlen.

Der Tag des Herrn bricht an.
Ihr Lieben, in jeder Prüfung ist *Er* bei euch.
Er liebt euch.

22. Oktober 1944

81. GESPRÄCH

(Das Gebäude der Näherei und der Park sind sehr abgelegen. Unser einziger Nachbar, ein Grossindustrieller, floh beizeiten ins Ausland. Sein schöner Besitz ist kürzlich von den deutschen SS beschlagnahmt worden, was uns mit kaltem Schauer erfüllt. Meine Baracke steht einsam inmitten des Parks und ich bin an die nächtliche Stille gewöhnt. Das nimmt jetzt ein Ende. In den Strassen ist Johlen und wildes Schiessen von jugendlichen «Pfeilkreuzlern» zu hören, die sich an ihrer Macht berauschen.

Immer wieder mache ich Runden, um nachzusehen, ob keiner der Eingänge aufgebrochen wurde.)

Die *alte* Lehre ist heidnisch:
Leben, glühendes Leben.
Nach ihr kommt Tod, Vernichtung, Ende.

Die *mittlere* Lehre ist Wandlung.
Nach dem Tod die Auferstehung,
die erlösende Wende.

Die *Neue* Lehre ist anders, ganz anders.
Weder Tod noch Geburt,
sondern ewiges Leben,
Verklärung, Lied.

Dies ist das Geheimnis des ewigen Seins:
All deine Taten, all deine Liebe,
all dein Glaube, all deine Gedanken,
seien ebenmässig.

Jedes Lauwerden
ist Dahinsiechen und Sterben.
Jede träge Pause
ist Besinnungslosigkeit und Tod.
Jeder Neubeginn, jede Reue
ist Genesung und Auferstehung.

Die *Neue* Lehre ist anders, ganz anders:
EWIGES LEBEN,
EWIGER GEDANKE,
EWIGES ERKENNEN.

25. Oktober 1944

82. GESPRÄCH Morgens

Ein hartes Wort:
DER KRIEG IST GUT.

Gebet acht!
Zweckverfehlte, zerstörende, vernichtende Kraft
käme nie zum Stillstand,
gäbe es den Schwachen nicht, gäbe es das Opfer nicht,
das sie aufzehrt.

Das gehört der Vergangenheit an. Es musste so kommen.
Die schlecht begangene Tat kann nicht verbessert werden.
Stösst aber der Verfolger auf den Verfolgten,
so wird der Tod gesättigt,
und das Opfer löscht die Greueltaten aus.

Der Schwache wird erhöht,
und auf dem Altar wird kein Lamm mehr geschlachtet.
Der Krieg musste kommen.
Schon wird der bittere Kelch gefüllt.
Fürchtet euch nicht!
SO VOLL DER BITTERNIS,
SO VOLL IST ER AUCH DES GÖTTLICHEN TRANKS,
DER EWIGEN HEITERKEIT!

Euer Weg ist anders, ist nicht Verbesserung.
Euer Weg ist das noch nie Gewesene,
ist Schöpfung durch heilige Kraft,
in der die schöpferische Lust
in göttlichem Kreislauf kreist.

Ich lehre euch:
Wenn die Materie zuviel Materie verschlingt,
so entsendet der Körper ätzende Säuren
und die Säure vertilgt das «Zuviel» –
die Gefahr nimmt ab.
Die blinde Säure aber bleibt
und ätzt auch die lebende Wand,
wenn sie kein «Zuviel» mehr findet,
und der ganze Körper ist in Gefahr.
Da kommt die Lösung: die Lauge,
das Opfer, das vernichtet wird,
das aber das Feuer der Säure löscht
und dem Körper Linderung bringt.

(An Nachmittag hört Hanna wieder Worte der Engel. Ich kann nur ein kleines Fragment davon aufzeichnen.)

... Wer «eigene» Kraft zu besitzen glaubt, irrt.
Die Kraft des Schwachen ist *ER.*
Der Schwache ist lebendes Erstlingsopfer.
Die zerstörende Kraft ist Verdammnis.
Der Schwache aber wird erhöht,
denn die Kraft des HERRN wohnt in ihm.
In den Augen der Welt nur ist er schwach,
aber das Urteil des HERRN erklärt ihn als stark,
denn er ergreift nicht Waffen, er flieht nicht
und widersteht auch dort nicht,
wo auf der Siegerstirne das Brandmal glüht ...

(Diese Worte zur Aufgabe des Schwachen führen in mir zu vielen Fragen. Warum ging Joseph ohne jeglichen Widerstand ins Arbeitslager? Warum hat keiner meiner Freunde sich mit falschen Papieren zu retten versucht?

Ist es ihr Schicksal, Opfer zu sein? Plötzlich erinnere ich mich eines sonderbaren Traumes, der mir vor langer Zeit von Hanna erzählt wurde. Als sie während ihrer Studienzeit mit Joseph zum Dürerfest nach Nürnberg fuhr, träumten sie beide in derselben Nacht diesen Traum:
Im mittelalterlichen Nürnberg lief Hanna verzweifelt einem Karren nach, auf dem Joseph gefesselt zur Hinrichtung geführt wurde. Joseph träumte denselben Traum und sah sich auf dem Karren, dem Hanna verzweifelt nachlief.
Ich frage mich, ob die beiden wohl schon seit langem, seit sehr langem, das Schicksal des «Schwachen», des Opfers, auf sich genommen haben? Ich hüte mich, Hanna diese Fragen zu stellen, denn sie hat schon genug zu ertragen.)
(Spät abends kann ich wieder ein Fragment aufzeichnen:)

Wenn der Liebende kommt,
so gibt die Liebende nach:
Die zwei werden *eins.*
Es gibt keine Bindung mehr,
es gibt keine Bresche mehr.
Ewiges Durchzittern,
ewige Verklärung.

Dies ist das Geheimnis
der heiligen Dreifaltigkeit:
Liebende – Liebe – Liebender.
Die drei sind eins
und doch sind sie gesondert.

Ewig wirkend ist das WORT,
DAS JA.
Die einzige Lehre ist:
ER IST.

29. Oktober 1944

83. GESPRÄCH

Das Erbe, das *ER* euch vermacht,
ist das ewige Sein,
ist der Weingarten,
der ewig Frucht bringt.
Geheimnisvolle, wunderbare Lehre:
Erkennen ist in Wahrheit Liebe,
ist ewige, unbefleckte Empfängnis.

Sieben Stufen führen zum ewigen Sein,
sieben Schritte, die ihr schreiten könnt.
Die erste Geburt ist heidnisch, Materie.
Die zweite ist Läuterung, Pflanze.
Die dritte ist Hingabe, Harmonie.
Die vierte ist geschmückte Stätte der Hochzeit.
Die drei oberen Stufen
schreitet der Bräutigam hinunter - das LICHT -
und wenn der Bräutigam die Braut erkennt,
so wird der Tod für immer tot.

Drei Schritte sind die Zeit.
Vergangenheit ist Reinigung.
Gegenwart ist Selbsthingabe.
Zukunft ist Hochzeit.
Die zwei Liebenden entspringen *IHM,*
dem ewig Gebärenden.
STATT LICHTLOSEM KÖRPER UND KÖRPERLOSEM LICHT
DAS NEUE: DIE ZWEI LIEBENDEN VEREINT.
DAS WORT WIRD FLEISCH
UND DIE MATERIE WIRD LICHT.

Unbefleckte Empfängnis ist ewige Liebe –
nach ihr gibt es kein Bethlehem,
keine Totengruft und keine Auferstehung mehr.
Der Neue Christus ist in LICHT gekleidet,
Sein Auge ist Feuer, *Sein* Haar ist Lodern.
Es gibt keine Geburt und Sterben mehr.
Die Geburt schmerzt, das Sterben schmerzt,
denn sie sind noch Wunde, noch Bresche.

Verklärung, Vereinigung.
Das Neue Haus ist das Vierte,
erbaut seit aller Ewigkeit,
geschmückt für den Bräutigam.
Das alte Haus aber ist getünchter, rissiger Rahmen –
verlasse es, solange du kannst!
Dorthin kann der Bräutigam nicht kommen,
der ewige Bräutigam, der ewig Liebende,
das LICHT, die einzige Erfüllung der Sehnsucht.

Ihr seid der Weinstock
und *ER* ist die treibende Kraft.
So wird das Wunder,
der ewig fruchtbare Weingarten, geboren.
Der Kot, die Lache, bleibt unten,
aber der Stock wächst daraus
und saugt empor den Kot:
DER KOT STEIGT AUF ZUM LICHT,
DAS LICHT KLEIDET SICH IN MATERIE.
Vom Himmel steigt die Weisheit nieder
und weise Materie ist die Frucht.
Frucht trägt die Schöpfung:
GREIFBARES LICHT – LICHTSTRAHLENDE MATERIE.
Frohlocket!

Das Wasser tötet – das Feuer erquickt.
Die Jungfrau gebiert, sie kreisst.
Diese letzte Geburt ist die Vierte:
Das KIND wird zum Himmel entrückt
und der Himmel nimmt Wohnung auf Erden.
Von Ewigkeit zu Ewigkeit.

31. Oktober 1944

84. GESPRÄCH

LEIDEN LEHRT NICHTS,
LEIDEN ERHEBT NICHT,
LEIDEN MUSS NICHT SEIN!

Erwartet vom Leiden weder Frucht noch Gutes –
es füllt nur die offene Wunde, die Sünde ist,
und ist deren Antwort.
Die Wunde ist Leere,
die vom Leiden zur Heilung gefüllt wird.
Das aber ist nicht Frucht, ist nicht «Mehr» –
es scheint nur so –
denn wenn das Leiden ein Ganzes wäre,
und nicht nur Teil,
so wäre die Erlösung, die ihm ein Ende setzte,
nichts anderes als ein Verrat.

LEIDEN MUSS NICHT SEIN,
Schläge und Züchtigungen müssen nicht sein –
die Selbsthingabe und das Opfer löschen sie aus!
Dies ist heiligste Gnade.

Adam irrt ziel- und grundlos herum.
Obwohl ihm ein leuchtendes Auge gegeben ward,
sieht er den Weg, die Wahrheit und das Leben nicht,
da die Sünde sein Auge verschloss.
Adam, in Heiterkeit empfangen,
von der Schlange verführt,
ist nun blind und tot.
Das Lamm wurde geopfert,
ist aber nicht tot,
denn *Er* ist das Leben!
Mit *Ihm,* durch *Ihn,* in *Ihm* lebt alles auf.

Nach dem Vergehen kommt die Läuterung.
Nach der Läuterung die Hingabe, die Hochzeit,
unbefleckte Empfängnis im Neuen Haus.
Der Tod bleibt draussen,
die Qual, das Leiden, bleibt draussen.
Die Bresche wird gefüllt
und das Leiden endet ewiglich.
STRAHLENDE MATERIE, NEUES ERKENNEN.

Die Gotteskindschaft ist ewig,
und Adam, der verstossene,
zieht ein ins Neue Haus
als heimgekehrter Sohn.
Anstelle der eitlen Freuden
findet er sein wahres Heim,
das EWIGE SEIN.

(spät abends sprechen die Engel noch einmal:)

. . . behütet die Kleine,
damit sie ihre Last ertragen kann.

Die sieben Dolche schlagen Wunden
in das dargebotene Herz der kleinen Dienerin.
Unsere Hand trägt das Dargebotene
vor die Füsse des Herrn.
Gebt acht!
Lasst euch nicht erschüttern!
Behütet die Kleine!
ER wird sie durch euch behüten.

(Diese Worte lasten schwer auf mir. Ich fühle, dass mit der „kleinen Dienerin" Hanna gemeint ist. Sehen die Engel eine Schutzmöglichkeit für sie, die ich nicht wahrnehme? Die Situation spitzt sich immer mehr zu, was mich sehr beunruhigt. Das Kloster wird mehr und mehr zur gefährdeten Zielscheibe anstelle einer sicheren Zuflucht. So rate ich den Frauen, die Näherei unverzüglich zu verlassen, falls sie eine bessere Zuflucht finden können. Ich versichere ihnen, dass ich ihr Verschwinden vor den militärischen Behörden geheimhalten werde.)

3. November 1944

85. GESPRÄCH

(Eine der Jolly Joker, die im Werkzeughäuschen mit Lili und Hanna schläft und sehr diskret ist, bittet zu unserm Erstaunen, ob sie den Abend mit uns verbringen dürfe.
Später erzählt sie mir: «Ich wusste nicht, was eure Zusammenkünfte bedeuteten, aber als ich des öftern das verwandelte, strahlende Gesicht Hannas sah, wenn sie abends in die Näherei zurückkam, wusste ich mit absoluter Gewissheit,

dass ich auch dabeisein müsste. Meine Bescheidenheit und Scheu wichen so sehr von mir, dass ich die Barackentüre eingebrochen hätte, wenn mir das Kommen verwehrt worden wäre!»
Auch die vierte Bewohnerin des Werkzeughäuschens, die sehr an Lili hängt, wünscht anwesend zu sein.)

(Lili zündet eine Kerze an.)
Die Flamme steigt hoch
und überall flutet Licht.
Die Materie läutert sich,
wenn sie entflammt.
Die Luft – der Geist.
Die Flamme – das einsgewordene Ich.

Die Luft ist unsichtbar;
die Materie ist schwer, dicht und blind.
Die Flamme verbindet die beiden.
Ohne die Luft entflammt die Materie nicht,
und ohne die Materie
gäbe es kein erlösendes, einsgewordenes Ich.
Ich lehre euch das Entflammen.
Zu Beginn ist das Wachs kalt, ist die Luft kalt.
Was zündet die Flamme an?
Die Luft? Nein. Das Wachs? Nein.
Nur die schon brennende Flamme,
die vierte, die verbindende,
die wärmende, die das Feuer überträgt!
Himmel und Materie können sich einen,
aber sie müssen über dem Wasser sein.
Nichts ist einfacher.

ÜBERTRAGET IMMER FEUER!

Jede Stufe des Seins ist Feuer, ist Flamme,
verbunden durch das Wesenhafte.
Des Feuers Name, des Feuers Glut,
des Feuers Licht ist jedesmal anders.
Euch ist eine Flamme gegeben,
die die sieben Stufen vereinen kann:
Das Herz des LICHTS
vereint jedes Licht und jedes Feuer,
sei es irdisches Feuer, irdische Liebe
oder himmlische.

Der keusche Körper ist nicht Aufgabe,
so die Flamme rein ist und die Leidenschaft heilig.

Das Neue LICHT kann nur kommen,
wenn ihr eine nach der andern
die sieben Flammen entflammt.
Jedes Licht, jedes Feuer ist in euch.

(Von der nahen Front hören wir Kanonendonner.)
Rund um euch ist Zerstörung.
In euch aber ist ewiges Neuwerden,
Läuterung, Hingabe, Hochzeit.
Fürchtet euch nicht!
Alles mag zerstört werden,
selbst Himmel und Erde,
all das ist nichts,
wenn das Neue Feuer entbrennt!

Liebet das Leben! Liebet die Sieben!
Fehlt eine einzige Flamme,
so kommt Entsetzen, Ende, Riss.
BRENNET!

Sind die Sieben einsgeworden,
so sind Himmel und Erde eins
und es kommt das WORT: DEIN.
Sieben Seelen Gottes,
sieben Flammen, sieben Stufen,
entflammet!
Das einsgewordene Ich ist Ganzsein.
Werdet ganz! Vereint die Sieben!

Der Ewig Wirkende wirkte dahin,
dass ein jeder seinen Leiter hat.
Sieben Geistesflammen leiten euch.
ER GIBT DEN NAMEN,
Der NAME ist nicht zufällige Zier,
DER NAME IST EWIG, IST GÖTTLICHER TEIL.

Ich gehöre zu den Sieben,
aber auch über mir strahlt ein Leitender.
(zu Gitta) Diese Botschaft ist für dich,
denn das hat dein Herz gefragt:
Alles Lebende besteht aus sieben Flammen,
und über jeden Sieben ist eine Spitze, ein Leiter.
Für sich allein ist dieser Leiter nicht viel wert.
Er ist in einem neuen Kranz von neuen Sieben,
mit einer neuen Krone.
So kennt jede Flamme sowohl das Herrschen
wie das Dienen.

Ohne Docht könnte die Kerze nicht brennen.
Ohne Körper gäbe es kein einsgewordenes Ich.
Das Herz aus LICHT pocht hoch oben.
Wenn eure Hingabe es erreicht,
so entflammt das LICHT.

Himmlische Gnade:

NUR DAS IRDISCHE WESEN BRINGT GNADE HINAB.

Euch lehrt der Siebente,
der einzige Leiter.
Seine Kraft kommt zu euch hinab,
und aus dem Unendlichen wird Raum,
aus dem Raum wird Unendliches,
aus Ewigkeit wird zeitliches Sein,
und aus zeitlichem Sein wird Ewigkeit.

Die Kraft der sieben Kräfte sei mit euch!
BRENNET!

(Lilis Freundin, die zum erstenmal anwesend ist, hört mit erstaunlicher Intensität zu. Nach dem Gespräch sagt sie zu Hanna: «Von Anfang an hörte ich alle Worte, die du aussprachst, auch in mir selbst. Deine Worte entsprachen genau denen, die ich hörte, bis auf ein einziges, das anders war» – und sie nannte das Wort. Hanna antwortete: «Du hast recht, hier irrte ich mich.» Ich habe das Wort vergessen, da ich es in meinen Aufzeichnungen sofort ausbesserte.)

5. November 1944

Der ehemalige Priester, der gefürchtete Pater Kun, scheint den geheimen Grund unseres Kriegsbetriebes entdeckt zu haben. Seine Anhänger schiessen jede Nacht vor unserm Garten, was nichts Gutes verheisst.
Am Sonntagnachmittag schlagen die Horden der „Pfeilkreuzler“ –

Nazis plötzlich unser Tor ein und stürmen in den Garten. Einer Frau, die sie sehen kommt, gelingt es gerade noch, ein verzweifeltes «SOS» an die Nunziatur durchzugeben.
Im Keller, in den Arbeitsräumen und im Dachboden beginnt eine Menschenjagd. Alle Frauen werden ins grosse Arbeitszimmer getrieben.
Der berüchtigte Anführer Pater Kun erscheint im schwarzen Priesterrock, sein breiter roter Gurt ist mit Messern und Revolvern voll besteckt.
Er verlangt, den Kommandanten zu sehen. Ich trete vor. Daraufhin erklärt er in einer längeren Predigt seinen Getreuen, dass ich als Christin, die sich zur Rettung der Juden herabwürdigt, sündiger sei, als die Juden selbst. Es werde mir eine Sonderbehandlung zuteil werden.
Als Hanna und Lili diese Worte hören, bricht in ihnen die Illusion zusammen, dass ich als «Arierin» ausserhalb jeder Gefahr stehe. Man befiehlt mir, die genaue Zahl der anwesenden Arbeiterinnen zu nennen. Wenn meine Antwort nicht stimme, würde ich sofort erschossen. Ich habe nicht die geringste Ahnung, wieviele Frauen noch rechtzeitig durch die geheimen Öffnungen im Gartengitter fliehen konnten. Unfähig zu einer Antwort bleibe ich stumm.
Plötzlich höre ich mich selbst sagen: «72».
Man beginnt zu zählen. 71 anwesende Personen werden gemeldet. Eine schwere Stille folgt. Plötzlich öffnet sich die Türe und ein Pfeilkreuzler stösst ein junges Mädchen ins Zimmer, das sich im W.C. versteckt hatte.
Pater Kun starrt mich wortlos an und wendet mir dann den Rücken zu. Bevor er den Raum verlässt, befiehlt er seinen Soldaten, mich unter Sonderbewachung abzuführen, worauf drei bis zu den Zähnen bewaffnete Pfeilkreuzler mich niederwerfen, mir Fusstritte geben und mich bespucken.

Die 72 Frauen werden in Reih und Glied gestellt. Es wird dunkel. Ein leiser Regen fällt und ein Marsch mit unbekanntem Ziel beginnt.
Die gut gezielten Fusstritte in den Bauch haben ihre Wirkung und ich muss hinter einem Baum halten. Die drei Männer lassen mich nicht aus den Augen, sie stehen um mich herum und betrachten mich als wäre ich ein Stück Holz. Sonderbarerweise merke ich erst in diesem Moment, dass ich meine Freiheit verloren habe.
Nach einem etwa halbstündigen Marsch wird unsere Kolonne von einem Auto des Kriegsministeriums eingeholt. Die Nunziatur hatte das «SOS» an das Kriegsministerium weitergeleitet und der aus dem Wagen steigende Offizier bringt einen «erneuten» Kriegsbetrieb-Schutzbrief mit sich.
Die wütenden Pfeilkreuzler sind gezwungen, uns freizulassen. Wir kehren ins Kloster zurück. Ich gehe wortlos neben Lili und Hanna her und frage mich im Stillen: . . . «für wie lange noch?»

10. November 1944

86. GESPRÄCH

Die vierte Flamme,
das vierte Element,
ist das ERKENNEN.
Hinter dem WORT
strahlt ein Geheimnis:
ER spricht
und die Seele erbebt,

doch das WORT versteht sie nicht.
Die dritte Flamme,
das dritte Element,
die Gefühle,
halten deine Seele gefangen.
Unstet und vage
ist dort die Schwingung.
Dementsprechend auch die Frucht.

Erhebe die Gefühle!
Die Schwingung werde intensiv!
Was vermag sie zu erheben?
Die Sehnsucht? Nein.
Der Glaube? Er ist nur Möglichkeit.

DIE KRAFT, DIE ERHEBT,
IST DIE SELBSTHINGABE, DIE DARBIETUNG.

Das Neue Haus,
das vierte Stockwerk,
ist als Wohnstätte bestimmt.
Nur in der Hingabe
wird es erreicht.

ER spricht.
Die Seele brennt darauf,
das Herz der Sieben zu erkunden,
das vierte Sein, die Mitte der Sieben,
wo der Fuss stehen bleibt
und nicht mehr weiter schreitet,
wo die Seele nicht mehr bittet
und immer erhält.
(Stille)

86. GESPRÄCH

Ich belehre euch:
Der Gedanke ist Materie,
niederziehendes Gewicht –
taumelnd und blind;
Schlange, die sich in den eigenen Schwanz beisst.
Deshalb ist sein Zeichen das Rad,
Rad, dessen weder der Wagen
noch die Maschine Herr ist.
Um sich selbst drehendes Rad.
Es schwelt der irdische Rauch
und die Seele taumelt besinnungslos,
irrt umher, sich drehend,
sich immer nur drehend.

In der Hand des Schwarzen Anglers
ist der Angelhaken,
seine Lockspeise der menschliche Gedanke.
Schnappe nicht danach, Fisch!
Dein Rachen wird zerrissen!
Der Fisch stirbt,
und der Schwarze Angler lächelt.
Sein Ranzen füllt sich;
die Beute wird zusammengepfercht,
die Seele ist umdüstert, das Herz beklommen.
Es dreht sich das Rad.

Adam, der verstossene,
erhielt anstelle der Gotteskindschaft
den Verstand, den Gedanken.
Die unbedachte, sorglose Freude
wurde ihm genommen.
Über den Gefühlen
konnte das ERKENNEN nicht kommen.

Das Paradies wurde ihm genommen.
Es gab keine sündlose Tat,
keine Unschuld mehr.
Aber *Er* ist der Weg,
der zurück führt,
und was auf Erden nicht mehr möglich ist,
ist möglich bei Gott.
(Stille)

Die Botschaft spricht
von der Neuen Flamme.
Sie brennt, sie lodert hoch oben.
DU KANNST SIE SCHON ERREICHEN, MENSCH!

Er ist der Weg,
der dorthin führt.
Er ist die Wahrheit,
auf der sich das Haus erhebt.
Er ist das Leben,
das ewige Leben.

Die vierte Schwingung durchdringe euch!
Brennet!
Verbrennet nichts,
aber entflammt immer das Feuer!
Im Feuer des Himmels
verbrennt alles, was nicht genügt.
Gebet acht! Horchet gut!
Horchet immer auf das WORT,
das ewige, wahre, einzig-seiende WORT!

BINDET DEN GEDANKEN AN DAS WORT!
ER DREHE SICH NICHT MEHR UM SICH SELBST!

Das Rad ist nur frei,
wenn es Teil ist,
wenn es dient,
wenn sein Herr das Ganze ist!

DAS ERKENNEN DURCHDRINGE DEN GEDANKEN!

In der Tochter
des abtrünnigen, verstossenen,
sich um sich selbst drehenden,
unerlösten Adam
wurde Christus empfangen.

Freut euch!
Ewiges LICHT erstrahlt.
Ihr seid schon frei,
ihr seid keine Sklaven mehr!
Eure Augen werden *sehen,*
eure Hände werden *göttlichen Willen tun.*
Wir freuen uns mit euch.
Eure Tat und unser Lied berühren sich.
Das weisse LICHT lodert,
das weisse LICHT,
wo sich alle Farben ewig berühren.

(Die Arbeit in der Näherei geht in einer Atmosphäre bedrückender Angst weiter, welche sich noch steigert, als ein deutscher SS-Oberst in der Nachbarschaft Quartier bezieht.
Eines Tages klingelt ein deutscher Soldat am Tor. Allgemeine Bestürzung bricht aus. Ich laufe zum Tor und sehe mit Erleichterung, dass es kein SS- sondern ein Wehrmacht-Soldat ist. Es stellt sich heraus, dass er ein Münchner Studienkollege Hannas war

und augenblicklich Zeichner bei der Wehrmachtszeitung ist. Während ich mit diesem braven Manne plaudere, kommt mir plötzlich eine phantastische Idee: Ich müsste versuchen, die jüdischen Frauen durch die SS-Soldaten beschützen zu lassen.
Die ungarischen Nazis, die Pfeilkreuzler, sind an der Macht. Die einzige Obrigkeit, die sie anerkennen, ist die deutsche SS. Zur Verwirklichung meiner Idee hecke ich jetzt mit Hannas Freund folgenden Plan aus: Ich werde zu einem kulturellen Aufsatz über ungarische Volkskunde einige Zeichnungen anfertigen, um von der Wehrmachtszeitung einen Mitarbeiterausweis, der mit einem gut sichtbaren Hakenkreuz-Stempel versehen ist, zu erhalten.
Dieser Ausweis soll mir als Einführung zur benachbarten SS-Instanz dienen. Ich weiss, dass der SS-Oberst jeweils erst spät nachts zurückkommt und dass seine Soldaten den ganzen Tag allein sind. Ich gehe also einige Tage später in den Nachbargarten zu den SS-Soldaten. Als Tochter einer Österreicherin spreche ich fliessend deutsch und stelle mich sofort auf den Heimatdialekt des Korporals ein, worauf mich alle als brave Landsmännin ansehen.
Ich erzähle ihnen, dass ich aus patriotischen Gründen meinen Künstlerberuf verlassen habe, um mich dem Kriegsdienst zu widmen und jetzt Leiterin der benachbarten Kriegsfabrik sei.
«Zufällig» ist mein deutscher Ausweis, den ich nach den sofort angefertigten Zeichnungen erhalten habe, in meiner Tasche und erweckt sichtliches Vertrauen.
Als «gute Landsmännin» und Nachbarin lade ich die Soldaten ein, meinen Betrieb zu besuchen. Um ihnen den grossen Umweg über die Strasse zu ersparen, lasse ich eine Öffnung in unser gemeinsames Gartengitter machen.
Die Soldaten sind kriegsmüde und kommen gerne, um ein Gläschen guten alten Ungarweines zu trinken und feine Hausbäckerei zu kosten.

Anlässlich eines solchen Besuches beklage ich mich über die «undisziplinierten Horden» der ungarischen Pfeilkreuzler, die den guten Arbeitsgang meiner Kriegsnäherei stören.
Dank dem vertrauenserweckenden Eindruck meines Zeugnisses und vielleicht auch, weil sie ein nahes und fatales Ende des Krieges ahnen, versprechen mir die Soldaten, mich und meine Arbeiterinnen zu schützen. Die nicht-arische Herkunft der Frauen bleibt beiderseits unerwähnt.
Alle Frauen werden in diese List eingeweiht. Noch nie hat die Näherei so diszipliniert und mit sichtlichem Eifer gearbeitet, wie während der Besuche, die der SS-Korporal mir, aber hauptsächlich der Flasche auserlesenen Weines abstattet.
Im Falle eines erneuten Angriffes seitens der ungarischen Pfeilkreuzler würde die Öffnung im gemeinsamen Gartengitter dem geheimen Zwecke dienen, den Frauen und Kindern die Flucht durch den SS-Garten in den grossen Wald des «Janoshégy» zu ermöglichen.)

17. November 1944

87. GESPRÄCH

Der *Siebente* spricht.
Der *Sechste* wirkt.
Der *Fünfte* singt.
Der *Vierte* erkennt –
ER LEBT.
Das erleuchtende LICHT –
die Wahrheit –
durchdringt sein Herz.

Himmel und Erde
verherrlichen *IHN*.
Seit zeitlosen Zeiten
erschallt *SEIN* Lob.

(Zu Lili:)
Dein Lied ist: Heile die Wunde!

(zu Hanna:)
Dein Lied ist: Biete dein Herz dar!
Bewahre das Gleichgewicht, die Vier!

(zu Joseph, der im Arbeitslager ist:)
Dein Lied ist Hauch des Himmels,
den die Erde verlor;
Friede, der nicht Pause ist
zwischen zwei Kriegen,
sondern Stille, ewiger Friede,
der durch dich auf Erden zieht.

(zu Gitta:)
Dein Lied ist: Bring herab die Sechs,
das dir gegebene LICHT!
Kraft und LICHT.
LICHT DES KOMMENDEN *HERRN!*
Nicht Gesetz und nicht Gnade,
aber LICHT, lauteres LICHT;
Kraft, die erhebt,
aber wenn es sein muss
zu Asche versengt.

Erwachet!
Jesus lebte, *Jesus* war und wird sein.

Das Neue ist nah.
Er erscheint immer
und ruft immer *Seine* Getreuen.
EINEN SOLCHEN KÖRPER NIMMT *ER* AN,
DEN EUER WESEN ERTRAGEN KANN.
Denn siehe: ein jeder Körper
ist ja in *Ihm* enthalten.
Er ist der Sohn,
der *Vater* gab *Ihm* alles:
Die Eins, die Zwei, die Drei,
die Vier, die Fünf, die Sechs,
als dienenden Schemel unter *Seine* Füsse.

(Man hört das Dröhnen der nahen Front.)
Der Teufel donnert.
In seiner Hand wirbelt der Erdball,
der vergiftete Apfel, sein einziges Reich.
Sagt leise: «*Wir brauchen es nicht!*» –
und das genügt.
Wenn das LICHT der Sieben in euch brennt,
kann euch die Finsternis nichts antun.
Das LICHT kann kommen,
wenn ihr euer Herz hoch erhebt.

Brennet! Lebet!
Erfüllt euch mit LICHT!
Erwachet! Erhebt euch!
Euer LICHT ist nötig.
Euer Sein entbrennt.
Das Ende ist nah.
Der Siebente naht.
Kein Zweifel wohne mehr in euch,
kein Vergehen gebe es mehr in euch!

Seid vollkommen,
so wie der schöpferische Sinn
euch vollkommen ersann.
ER gab euch den NAMEN,
den ewigen NAMEN.
Wenn ihr nicht nur vermeintlich lebt,
sondern LEBT, das Leben LEBT,
dann wird alles möglich, alles!

Bittet nur nach oben –
nach unten gebet, wirkt!
Wirkt – und euer Glaube
versetzt Berge.
Der Berg ist Materie,
der Berg ist Gewicht.
Mit dem kleinen Finger
kannst du den Berg ins Schwanken bringen.

Alles erhält einen Neuen Sinn.
Verkündet Neue Gesetze!
Unmögliches wird möglich!
Alte Werte zerfallen,
was wesentlich war, geht unter,
und alles, was war,
ertrinkt im Nichts.
(Stille)

Aber es bleibt die unbefleckte,
jungfräuliche Materie: MARIA.
Auf ihrem Haupte die Sternenkrone,
zu ihren Füssen der Mond,
ihr Gewand die Strahlen der Sonne.
MARIA – das Lächeln der Schöpfung,

das Wunder, das über dem Wasser schwebt.
In der Materie: Jungfrau.
Im LICHT: Materie.

BLENDEND WOHNT IN EUCH DIE *LICHT-MATERIE.*
DER SOHN AUS LICHT – DER SIEBENTE –
WIRD VON IHR GEBOREN.

Ihr Name ist Durst.
Ihr Name ist ewige Liebe.
MARIAS Neuer Name ist:
ERKENNEN.
Ewig Frucht bringender Baum,
dort oben und hier unten.
Anstelle des vergifteten Apfels
trägt er den Apfel des LICHTS.

Verkündet es:
Die Erlösung ist nah!

Der *Siebente* sprach.
Der *Sechste* wirkte.
Der *Fünfte* sang.
Er sang die Botschaft,
die frohe Botschaft,
die schon Wirklichkeit ward:
LICHT.

24. November 1944

88. GESPRÄCH

Im Anfang war Stille.
In Stille innen
wurde geboren der Ton.
Der Ton – die Liebe.
Der Ton – der Sohn des *Herrn,*
des *Herrn,* der Stille ist.

Im Schosse der Stille
ruhte der Ton.
Er wurde Körper
und er wurde geboren.
Die Liebe ist erstes Abbild.
DER KÖRPER IST NICHTS ANDERES
ALS LIEBE, DIE MATERIE WARD.

ER ist der Beweger.
Der Ton ist die Schwingung.
Die Schöpfung
ist ausgestrahltes Abbild:
MATERIE AUS GÖTTLICHER LIEBE.

So entstand das Sein.
Aus *einem* Ton wurden Sieben.
Aus *einem* die zwei Hälften des Seins,
Gegensatz: Anziehung und Abstossung.
Aus *einem* Ton wurden Sieben
und aus den Sieben
wurden alle Stufen des Seins.
Wunder!

Unendliche Reihe von Tönen.
In der Schöpfung singt und tönt
die göttliche Symphonie.
Unendliche Reihe von Tönen
und dennoch die Sieben.

Die zwei Hälften des Seins
und die Sieben Seelen
sind der Schlüssel.*
Die zwei Hälften des Seins
ziehen an und stossen ab.
Anziehung.
Die heilige Linie
des Heiligen PLANS ist: Anziehung.

Der *Herr* – die Stille.
Der *Herr* – der Ton.
Der *Herr* – der Einklang.
Der *Herr* – die Liebe.

(Die ungarischen Nazi-Horden machen mit lautem Gejohle und unartikuliertem Geschrei ihre Runde.)
Lärm, Tumult, Zerstörung,
verwüstende Kraft,
die das Gesetz verletzt.
Lärm ist Leere,
die *ER* nicht duldet.

Die verstummte Lippe
ist noch nicht Stille.

* Wörtl. im Ung.: »Zwei und Sieben sind der Schlüssel.« Hier – wie oft auch anderswo – wurde das Wort der Engel durch ein Bild ergänzt; die deutsche Übersetzung entspricht dem sich aus Wort und Bild ergebenden Sinn.

Singet, ihr Lieben!
Singet hier unten!
Bald endet der Lärm.
Im Lärm könnt ihr nicht singen,
aber bereitet euch vor!
Oben singen wir. Horchet!
Lernet! Bereitet euch vor!
Seid eins mit uns!
Die unermessliche, unendliche Liebe,
das göttliche Herz, ist unser.

Zersprungene Krüge,
schadhafte Gefässe und leere Töpfe
werden verworfen und zerbrochen.
Das ist der Lärm,
den eure Ohren hören.

SEID NEUE GEFÄSSE!
GOLDENE KELCHE!
KELCHE AUS DURCHSICHTIGEM GOLD,
DIE AUFNEHMEN DIE GÖTTLICHE LIEBE,
WO EWIGES LEBEN ATMET!

Aber auch der fehlerlose Kelch
ist nur ausgestrahltes Abbild.

Der *Herr* – die Stille.
Der *Sohn* – die hörbare Stille, der Ton.

Das Auge sagt Licht.
Das Ohr sagt Ton.
Die Hand sagt Tat.
Das Herz sagt Liebe.

Verstehet es:
All das ist nur ausgestrahltes Abbild.
Der Schlüssel zum verborgenen Geheimnis
ist das ERKENNEN.
Kommt das LICHT,
so werden alle *durch es sehend.*
ERKENNEN der Sieben, ERKENNEN der zwei Hälften,
ist Verbinden und Vereinen des Gegensatzes.

Die Vier der Sieben ist das Herz,
das alles göttliche Blut,
alle göttliche Kraft,
zu sich ruft und in sich zieht.

So wird aus den Sieben LIED
und die zwei Hälften werden EINS.
Die Wand ist eingestürzt,
der Mangel ist gefüllt.

ER ist das Gesetz,
        die Zahl,
        das Salz.
ER ist die Liebe,
        die wachsende Liebe,
        die strömende Liebe.
ER ist der Rhythmus,
        die Schwingung,
        die Bewegung.
ER ist das Lied,
        das freie Lied.
ER ist das LICHT,
        das wirkende LICHT.
ER IST DER HÖCHSTE.

Dort, wo die zwei Hälften sich vereinen,
dort wird das WORT geboren –
DAS WORT – DER BRENNPUNKT –
DAS ERKENNEN.

SO WERDEN *EINS* DIE MILLIONEN.

Aus unzählbaren Salzen
wird allmächtiges WORT.
Aus strömender Liebe
wird wirkende Liebe.
Rhythmus und Schwingung
tragen das Lied.

Das Lied erschalle!
Die Wand ist eingestürzt,
die Wand war Leere.

Sieg über den Tod!

Die Vier singen
die Verherrlichung der Sieben.

EINS WURDEN DIE ZWEI HÄLFTEN DES SEINS!

Glaubt es:
Das ewige Sein
ist schon euer.

Die rote Armee nähert sich unaufhaltsam. Alles beginnt sich aufzulösen und der nahende Zusammenbruch wird fühlbar.
Am 2. Dezember stürzt das junge Mädchen, das Torwache hielt, atemlos mit der Schreckensnachricht ins Arbeitshaus, dass eine Kompanie ungarischer Pfeilkreuzler-Soldaten das Tor eingebrochen hätte und sich dem Haus nähere.
Ich eile so schnell ich nur kann durch die geheime Gitteröffnung hinter dem Haus zu den deutschen SS, um sie um Hilfe zu rufen. Es sind die dunkelsten Minuten meines Lebens. Ich weiss, dass jeder Augenblick zählt und laufe aus allen Kräften, doch ich habe das Gefühl, mit einem ungeheuren Gewicht an die Erde genagelt zu sein. Ich spüre die kommende Katastrophe in jeder Zelle meines Körpers.
Endlich erreiche ich das Quartier der SS. Die deutschen Soldaten ergreifen ihre Handgranaten und laufen mit mir zur Näherei. Beim Anblick der deutschen SS weichen die Ungaren verwirrt zurück.
Ich werde wieder ruhig und geistesgegenwärtig. Während des Zögerns des ungarischen Kommandanten gebe ich einer Frau diskret die Anweisung, dass alle Frauen und Kinder sofort durch den Garten der SS fliehen sollen.
Darauf spielt sich hinter dem Hause etwas beinahe Unglaubliches ab: Die deutschen Nazis decken die Flucht der jüdischen Frauen und Kinder gegen die ungarischen Nazis. Zwei deutsche Soldaten postieren sich links und rechts des gemeinsamen Gartendurchgangs, bereit, mit ihren Handgranaten ein Eingreifen von ungarischer Seite her abzuwehren. Mit kraftvollen Gesten ermutigen sie die Frauen: «Schnell! Lauft schnell! Lauft schnell!»
Währenddessen verhandeln vor dem Hause der deutsche Korporal, der ungarische Offizier und ich. Pater Klinda kommt atemlos herbei und versucht, den ungarischen Offizier mit religiösen Argumenten zum Rückzug zu bewegen, aber dieser wendet sich verächtlich von ihm ab und weist dem Deutschen den Deporta-

tionsbefehl vor. Pater Klinda flüstert mir traurig zu, dass die Nunziatur keine Macht mehr hat, um einzugreifen, worauf ich sehe, dass mir nurmehr eines bleibt: Zeit zu gewinnen.
Dementsprechend verdolmetsche ich die Verhandlung des deutschen Korporals dem Ungarn derart, dass dieser sich überhaupt nicht mehr auskennt. Ich riskiere dabei nichts, versteht doch der Deutsche kein Wort ungarisch und der Ungare kein Wort deutsch. Um den ungarischen Offizier noch mehr zu verunsichern, halte ich ihm mein deutsches Zeugnis unter die Nase und behaupte, dass die Näherei unter deutschem Schutze stehe.
Er lässt sich vom Hakenkreuz beeindrucken, denn er wird plötzlich höflicher. Nun aber werde ich drohend. Ich erkläre von oben herab, dass es für seine militärische Karriere äusserst unangenehme Folgen haben werde, falls er es wage, hier auch nur eine einzige Person anzugreifen.
Jetzt wird er noch unsicherer und erbittet sich eine Überdenkzeit. Leider ist der Mann intelligent. Nach einigen Minuten erklärt er, er sei bereit, seine Soldaten zurückzuziehen, falls ihm der deutsche Oberst – und sei es auch nur telefonisch – die Versicherung gebe, dass die Näherei wirklich unter deutschem Schutze stehe.
Nun nähert sich der entscheidende Augenblick. Meine List ist zu Ende. Es bleibt mir wiederum nichts anderes übrig, als noch einige kostbare Minuten zu gewinnen.
Eine Frau flüstert mir zu, dass die meisten Frauen und Kinder durch die geheime Öffnung in die Wälder geflohen seien, dass es aber noch einige wenige gäbe, die sich nicht zur Flucht entscheiden könnten. Ich antworte entsetzt, dass jedermann unverzüglich das Haus verlassen müsse.
Der deutsche Korporal geht darauf mit mir und dem ungarischen Offizier in die Kanzlei, wo unser Telefon ist. Endlich erreicht er seinen Oberst.
Der deutsche SS-Oberst hat – wie ich es vermutete – keine Ahnung von den freundschaftlichen Besuchen seiner Mannschaft bei

uns gehabt und erteilt seinem Korporal die scharfe Zurechtweisung, sich nicht «in diese Sache einzumischen».
Damit habe ich ausgespielt.
Die SS-Soldaten ziehen sich zurück. Ich verlasse mit dem ungarischen Offizier die Kanzlei und er stellt bestürzt fest, dass keine Arbeiterinnen mehr da sind: das Haus ist leer.
Ich werfe einen Blick in den Garten und erstarre ebenfalls. Eine Gruppe von 13 Frauen steht dort marschbereit, von ungarischen Soldaten bewacht. Es sind diejenigen, die zu alt sind, um zu fliehen, diejenigen, die zu schwach sind, um zu fliehen, und diejenigen, die sich entschlossen haben, nicht zu fliehen: Hanna und Lili.
Ich weiss, wie sehr beide das Leben lieben und wie ferne ihnen der Gedanke eines freiwilligen Märtyrertods ist. Sie übergeben sich der Deportation nicht ohne Grund. Sie befürchten einerseits, dass ich auf der Stelle erschossen würde, wenn die ungarischen Nazis niemanden zur Deportation vorfinden und es sich herausstellt, dass ich sie hinters Licht geführt habe. Ich vermute noch einen andern Grund: Hanna hatte mir schon oftmals gesagt, dass ich es sei, die von uns vier am Leben bleiben müsse, um die Botschaft der Engel zu retten und später zu übergeben.
Noch am selben Tag werden die 13 Frauen nach Ravensbrück deportiert.

Eine einzige der Frauen blieb am Leben. Zurückgekehrt, erzählte sie mir, dass Lili im Todeslager eine so starke Liebe ausstrahlte, dass ihre Mitgefangenen sich freiwillig zu den schwersten Kommandos meldeten, wo Lili arbeitete, nur um in ihrer tröstenden, kraftspendenden Gegenwart zu sein.
Das, was sie mir von Hanna erzählte, ist mir nur schwach in Erinnerung, da ich zu erschüttert war, um mir alles zu merken, aber ein Geschehnis habe ich nicht vergessen. Als die SS-Aufseherinnen den Gefangenen die Köpfe schoren, rief eine von ihnen

Hanna zu: «Was machst denn du da – mit deinen blauen Augen, deiner geraden Nase und deinen langen blonden Zöpfen? Bist du Arierin?» Hanna antwortete: «Ich bin Jüdin.»
Es war keineswegs ein Opferwille, der Hanna dies sagen liess. Sie hatte 17 Monate lang das Wort der Wahrheit übermittelt und muss unfähig geworden sein, auch nur die geringste Lüge auszusprechen.
Die zurückgekehrte Frau fügte hinzu: «Ohne Lili und Hanna hätte ich nicht überlebt. Wenn Hanna uns sagte: «Nicht wir sind es, die geschlagen werden. All das berührt uns nicht» so fühlte ich wohl noch die Schläge in meinem Körper, aber die menschliche Herabwürdigung hatte ihre Macht über mich verloren, ich fühlte sie nicht mehr.»
Als die alliierten Truppen herannahten, wurden sie beinahe nackt und kahlgeschoren, stehend aneinandergepresst in Viehwaggons abtransportiert. Dort starben die Frauen Hungers, von Epidemien heimgesucht, von ihren Exkrementen besudelt.
Lili starb eine Stunde nach Hanna.
Die SS-Aufseherin liess die Überlebenden ein Zeugnis unterschreiben, wonach jene «eines natürlichen Todes» gestorben seien.
Joseph starb zur selben Zeit in einem ungarischen Lager.

Alle Frauen und Kinder, die durch den SS-Garten geflüchtet waren, blieben am Leben.

Weitere Bücher von Gitta Mallasz

Die Engel Erlebt

Eine persönliche Ergänzung zum Dokument *Die Antwort der Engel.*
Gitta Mallasz greift hier Themen auf, die ihr besonders wichtig und aktuell scheinen. Sie gibt keine Interpretationen oder Erklärungen, sondern läßt uns an ihrem eigenen, immer tiefer werdenden Verständnis ihrer Erfahrung teilnehmen. Viele Leserfragen werden beantwortet.

176 Seiten, neue 3. Auflage, ISBN 3-85630-014-7

Weltenmorgen

Eine Fortsetzung von *Die Engel Erlebt* und ein Buch über die kritische Wendezeit, in der wir uns heute weltweit befinden. Diese Übergangszeit wird von Gitta Mallasz als Herausforderung verstanden, die jetzt wirkenden, neuen Impulse zu einer nicht nur individuellen, sondern auch kollektiven Wandlung anzunehmen.

176 Seiten, 2. Auflage, ISBN 3-85630-025-2

Sprung ins Unbekannte

In ihrem letzten Buch führt die Autorin ihre themenbezogene und autobiographisch gefärbte Buchreihe fort und zeigt mittels thematisch geordneter Texte aus dem Dokument *Die Antwort der Engel* auf, wie groß die Verantwortung und die neuen Lebensmöglichkeiten des Menschen der Gegenwart sind.
Gitta Mallasz ermutigt uns, das Neue, noch-nicht-Gedachte, noch nicht Getane zu wagen: ihr Buch ist ein erfrischender Aufruf zur Befreiung von alten Verhaltensmustern und Denkgewohnheiten.

160 Seiten, 2. Auflage, ISBN 3-85630-035-X

Tonbandaufnahmen von Vorträgen

Vorträge 1983 (neue Auflage)

Zwei Vorträge, die Gitta Mallasz im Sommer 1983 als Gastdozentin am C.G. Jung Institut in Zürich/Küsnacht hielt, wurden auf Tonband aufgenommen. Außer den eigentlichen Vorträgen ist darauf auch eine Auswahl der Fragen und Antworten zu hören, die im Rahmen dieser Veranstaltung geäußert wurden.

Zwei Kassetten, insgesamt 180 Min. ISBN 3-85630-018-X

Vorträge 1985 (neue Auflage)

Auf diesen zwei Kassetten sind Aufnahmen von einem Vortrag enthalten, den Gitta Mallasz am 6. November 1985 in der Paulus-Akademie in Zürich gehalten hat, und Auszüge aus einem Seminar vom 9. November 1985, das unter dem Patronat von TAIS (Transpersonal Association in Switzerland) stattfand.

Zwei Kassetten, insgesamt 150 Minuten, ISBN 3-85630-026-0

Die ungarische Originalausgabe sowie eine englische Übersetzung des Buches *Die Antwort der Engel* sind auch erhältlich:
Az Angyal Valaszol, 422 Seiten, ISBN 3-85630-037-6
Talking with Angels, 474 Seiten, ISBN 3-85630-505-X

Auch bei Daimon erschienen: Bücher von Satprem

Das Mental der Zellen
Satprem beschreibt hier das faszinierende Experiment einer Frau, die sich auf die Suche nach dem Schlüssel zur nächsten Evolutionsstufe nach dem Menschen machte. 23 Jahre lang arbeitete sie daran, all die ererbten und erlernten Mechanismen im eigenen Körperbewußtsein freizulegen und zu durchdringen, um das reine Bewußtsein darunter zu erreichen. Im sogenannten „Mental der Zellen" entdeckte sie schließlich die gesuchte neue Basis für ein unbegrenztes Leben.
224 Seiten, ISBN 3-85630-511-4

Der kommende Atem
In sieben Gesprächen erzählt der in Indien lebende französische Schriftsteller Satprem, wie er von der menschlichen Verwüstung in den Nazi KZs über die vermeintlichen Abenteuer als Goldsucher im Dschungel und als Bettelmönch auf den Straßen Indiens zum einzigen noch verbleibenden „Abenteuer des Bewußtseins" gelangte: das, was vom Menschen bleibt, wenn nichts anderes mehr bleibt, und was fähig ist, den Schritt zur nächsten Evolutionsstufe zu tun.
210 Seiten, ISBN 3-85630-031-7

Der Aufstand der Erde
Vor fünf- bis siebentausend Jahren lebten in Indien die *Rishis*, mysteriöse Weise, die in ihren Hymnen das göttliche Feuer beschworen, um unsere Materie zu verwandeln. Auch Prometheus wollte den Menschen das Feuer bringen. Sri Aurobindo entschlüsselte als erster die in Vergessenheit geratene wahre Bedeutung dieser Hymnen und kündigte das nächste Evolutionsstadium nach dem Menschen an. Hier werden die ersten Schritte zu dieser neuen Wesensart geschildert.
84 Seiten, ISBN 3-85630-546-7

Evolution II
Der Autor führt aus, wie die Menschheit weder in materialistischer Blindheit noch in himmlischer Verblendung ihr Heil finden konnte. Denn: *Der Mensch ist ein Übergangswesen.* Und er muß jetzt den nächsten Schritt tun, wenn er nicht an der Spitze der Evolution abgelöst werden will. Hierzu *erfordert es keinen Kult oder Glauben, sondern eine anhaltende und allumfassende spirituelle Selbstevolution.* Keine Evolution à la Darwin, die vom Tod angetrieben wird – die „natürliche Auslese" –, sondern eine neue Evolution: „Evolution II".
128 Seiten, ISBN 3-85630-547-5

DEUTSCHE TITEL BEI ***DAIMON***